Ausführliche Informationen zu jedem unserer lieferbaren und geplanten Bücher finden Sie im Internet unter ↗ http://www.junfermann.de. Dort können Sie unseren Newsletter abonnieren und sicherstellen, dass Sie alles Wissenswerte über das Junfermann-Programm regelmäßig und aktuell erfahren. – Und wenn Sie an Geschichten aus dem Verlagsalltag und rund um unser Buch-Programm interessiert sind, besuchen Sie auch unseren Blog: ↗ http://blogweise.junfermann.de.

Copyright © Junfermann Verlag, Paderborn 2006

3. durchgesehene Auflage 2013

Layout: Gaby Teske

Autorenfotos: Hilla Südhaus

Bibliografische Information der Deutschen Nationalbibliothek

Die Deutsche Bibliothek verzeichnet diese Publikation in der Deutschen Nationalbibliographie; detaillierte bibliographische Daten sind im Internet über http://dnb.de abrufbar.

ISBN 978-3-87387-984-3

Dieses Buch erscheint parallel als E-Book (ISBN 978-3-87387-858-7).

Suzanne Grieger-Langer

Die 7 Säulen der Macht

Junfermann Verlag • Paderborn

2013

DANKE
MEINEN 7 SÄULEN DER MACHT

Ethik	7	ROLF REINER KILTZ
Weisheit	6	ILSE ROSE „NAGINA" SCHULZE
Kommunikation	5	RALF G. NEMECZEK
Liebe	4	UDO LANGER
Selbst-Kontrolle	3	INGRID GRIEGER
Leidenschaft	2	SANNI
Standfestigkeit	1	BERNHARD GRIEGER

Dieses Buch hatte in Ralf G. Nemeczek einen großartigen Geburtshelfer.

Lieber Ralf, ich danke Dir für all Deine Geduld, Unterstützung und Motivation. Das immer wieder Mut machen, das kritische Hinterfragen, um auf den Punkt zu kommen, den Witz in der Zusammenarbeit, die intensive Auseinandersetzung mit dem Inhalt und das Kämpfen, dieses Buch rund zu machen. Thanks for being a book-angel!

PERSÖNLICHE WIDMUNG

INHALT

Umgang mit diesem Buch

**Wenn Sie etwas in Ihrem Unternehmen bewegen wollen,
müssen Sie sich selbst bewegen –
Säule für Säule durch Ihr Machtpotential.**

Was leistet dieses Buch?

Dieses Buch eröffnet Ihnen, was wahre Macht bedeutet. Es zeigt Ihnen, mit welchen Qualitäten Sie Ihr persönliches Machtpotential voll ausschöpfen können. Sie bekommen theoretische Modelle an die Hand, mit denen Sie sich und Ihr Umfeld einschätzen. Und da vor jeder Veränderung die Erkenntnis steht, werden Sie mit Beispielen und Übungen in Ihrer Selbstreflexion unterstützt. Sie erhalten Handlungsalternativen für Ihre Mitarbeiterführung. Und natürlich profitieren Sie auch privat!

Reihenfolge

Die 7 Säulen der Macht® sind ein aufeinander aufbauendes System. Die einzelnen Säulen ergänzen und bedingen sich gegenseitig. Lassen Sie sich vom Buch leiten und folgen Sie seiner Struktur.

Struktur

- **Die Säule als Machtpotential** zeigt Ihnen, welche Chancen das jeweilige Machtpotential für Sie bereit hält und warum diese Qualität für Führungskräfte unverzichtbar ist.
- **Probleme mit der Säule** weisen Sie auf die Herausforderungen hin, denen Sie sich tagtäglich stellen müssen, wenn das jeweilige Machtpotential nicht voll entwickelt ist.
- **Theoretisches Konzept** meint mindestens ein griffiges, transaktionsanalytisch fundiertes Modell, mit dem Sie sich diese Säule der Macht professionell erschließen.
- **Anleitung zur Machtlosigkeit** zeigt Ihnen spaßeshalber noch einmal, wie man es *nicht* macht.
- **Fragen aus der Praxis** beantworten Ihnen als Gegenstück zum theoretischen Konzept die häufig gestellten Fragen meiner Seminarteilnehmer.
- **Übungen zur Reflexion** bieten Ihnen die Möglichkeit, Ihr Verhalten zu reflektieren und auf Ihr Arbeitsfeld zu übertragen.
- **Check Up** fasst auf einer Doppelseite die wesentlichen Aspekte zur Erinnerung für Sie zusammen.

Methode: Transaktionsanalyse

... eine geniale Methode mit Tiefgang und Klarheit. Inhalte der Transaktionsanalyse können Ihnen zur zweiten Natur werden: Analysemodelle laufen in Ihrem Bewusstsein mit und helfen Ihnen, sich bewusster und zielgerichteter zu verhalten.

Der eingängige Wortschatz ermöglicht es auch dem Laien – ohne jahrelanges Studium – intuitiv zu begreifen, worum es geht. Was ein ‚Antreiber' ist, verstehen Sie spontan – muss ich da noch viel erklären?

Die Transaktionsanalyse bringt komplexe Zusammenhänge auf einen einfachen grafischen Nenner. Im Sinne von Aha-Erlebnissen bringt sie nachdrückliche Einsichten und unterstützt das dynamische Wechselspiel zwischen Aktion und Reflexion.

INTENSITÄTSGRAD

Halten Sie für einen kurzen Moment inne: Wie intensiv möchten Sie Ihr Machtpotential und damit dieses Buch angehen? Wie stark möchten Sie profitieren?

Entscheiden Sie sich für einen Intensitätsgrad: von 1 bis 5!

1 Ich bin hier stiller Leser und möchte mich nicht mit mir selbst auseinandersetzen. Ich schaue mal, was ich so behalte, während ich dieses Buch als Klolektüre immer mal zur Hand nehme und mich freue, wenn ich meine Chefs dabei erwische, sich falsch zu verhalten.

2 Ich möchte das Buch oberflächlich angehen, um mir immer wieder selbst zu bestätigen, dass ich das alles schon kenne und selbstverständlich richtig mache.

3 Ich möchte vor allem erfahren, was es so gibt. Ab und an erkenne ich einige Verhaltensweisen bei mir wieder, aber das ist bei mir eine Ausnahme und bedeutet etwas ganz anderes.

4 Ich möchte für mich weiterkommen. Dazu setze ich mich gern mit mir selbst auseinander – mit viel Zeit und schonend.

5 Ich bin selbst ein offenes Buch und habe nichts zu verbergen – ich möchte alles wissen und auch wenn Erkenntnis weh tut, werde ich damit professionell umgehen und so viel wie möglich profitieren.

Willkommen zu einem besonderen Abenteuer –
willkommen zu einer Reise durch Ihre Persönlichkeit.

MACHT UND OHNMACHT

Macht ist ein großes Thema der Menschheit. Egal, welche Kultur, egal welche Branche, egal welches Geschlecht, egal welches Alter – alle wollen Macht!

Wenn Sie aber die Menschen fragen „Wollen Sie Macht?", werden die meisten antworten, dass ihnen Macht nicht wichtig sei. Viele werden sogar behaupten: „Macht? Nein! Macht brauche und möchte ich nicht. Damit habe ich nichts zu tun!"
Wie kommt es zu dieser Diskrepanz?

Macht wird allzu oft als etwas Negatives betrachtet. Für die meisten Menschen bedeutet Macht in erster Linie Ausbeutung und mächtig sein wird gleich gesetzt mit gemein sein. Anscheinend hat ein Großteil der Bevölkerung eine ganze Menge unangenehmer Erfahrungen angesammelt, um eine solche Einstellung zu gewinnen. Von Machtinhabern wird berichtet, dass einige ‚über Leichen gehen', ‚sie zwar viel Geld haben, aber einsam im Tower sitzen' oder ‚bald den xten Herzinfarkt bekommen werden'. Was hier beschrieben wird ist keinesfalls Macht. Hier wird Ohnmacht beschrieben, die vorgibt, stark zu sein. Und das ist es, was wir tagtäglich erleben – in den Medien, im Büro, zu Hause – eine sich stark präsentierende Ohnmacht. Sie ist so allgegenwärtig, dass wir glauben, sie sei die Macht. Ein positives Bild von Macht ist nicht mehr vorhanden oder über viele unangenehme Begegnungen mit Ausbeutern auf der Strecke geblieben. Mehr und mehr gewöhnen wir uns an eine aggressiv verkleidete Ohnmacht, die im Karneval der Politik und Wirtschaft das Parkett beherrscht. Dieser billige Abklatsch wahrer Macht ist die Kontrollmacht. Sie ist schon auf den ersten Blick daran zu erkennen, dass sie linear ist. Kontrollmacht ist einer Leiter ähnlich, auf der einzelne Sprossen zu vergeben sind. Hier kann man nur oben

sein, wenn ein anderer dafür unten ist. Je höher eine Führungskraft kommt, desto tiefer muss jemand anderes sinken. In dieser Hackordnung ist manchen jedes Mittel recht. Über Leistung, Beziehungen oder Manipulationen kämpft man sich nach oben und tritt dabei gern auch einmal den anderen auf die Füße. Notfalls erklimmt man seine Karriereleiter auf Kosten anderer. Wichtig scheint nur noch nach oben zu kommen, als sei die Luft dort besser. Das Oben des einen ist zwangsläufig das Unten des anderen. Die scheinbare Macht der einen Person ergibt sich aus der Ohnmacht des anderen. Die Frage ist nur, wer momentan am längeren Hebel sitzt. Dies ist nicht Macht, dies ist Kontrolle. Kontrollmacht jedoch ist das Spiegelbild der Ohnmacht und kommt einem Nullsummenspiel gleich: Meine Macht ist deine Ohnmacht – unter dem Strich dieser Rechnung bleibt nichts.

Der Sinn von Macht ist es, etwas zu bewirken und zu ermöglichen. Wenn aber Macht in einem Nullsummenspiel keinen Gewinn bringt, ist sie pervertiert. Sie reduziert das multidimensionale Potential von Menschen auf eine eindimensionale Leiter. Der Ausweg aus dem Dilemma der Kontrollmacht ist wieder in die Breite zu denken. Weg vom linearen ‚Entweder – Oder‘, geht es nicht darum, entweder er oder ich, sondern wir beide können unseren Platz finden ohne uns gegenseitig im Weg zu stehen.

Mit dem Phänomen der Macht verhält es sich wie mit der Sonne. Wenn wir uns zu zweit in die Sonne setzen, wird sie nicht weniger, im Gegenteil, wir können uns gemeinsam daran erfreuen. Steht einer von uns aber vor dem anderen, wird es für die Person im Hintergrund bisweilen düster. Ein einfacher Schritt zur Seite bewirkt schon aus dem Schatten heraus zu treten und das volle Potential ist wieder verfügbar. Die daraus entstehende Verschiedenartigkeit der Führungskräfte wird den Unternehmen zusätzlichen Gewinn bringen.

Führungskräfte sind nicht besser oder schlechter als andere Menschen. In ihren Positionen betätigen sie allerdings längere Hebel. Die Ohnmacht der Mächtigen ist daher ein Problem für alle und zwar überall – zu Hause, im Unternehmen, in der Welt. So wird die Ohnmacht der Mächtigen die Ohnmacht aller. Dann schließt sich der Kreis und Macht wird im Erleben etwas Negatives.

INNERE MACHT STÜTZT ÄUSSERE MACHT

Der Begriff ‚Macht‘ lässt sich ethymologisch auf das gotische Wort ‚magan‘ zurückführen. Magan bedeutet ‚können‘. Es meint die Fähigkeit etwas bewirken zu können. Diese Fähigkeit ist weder positiv noch negativ, sie ist neutral. Was jemand mit seiner Macht tut oder unterlässt, das erst wird positive oder negative Auswirkungen haben. Der Einsatz von Macht also ist Ausschlag gebend für die Bewertung und den Effekt. Nicht die Macht an sich ist das Problem, sondern der, der nicht gelernt hat mit Macht umzugehen.

Wie lernt man mit Macht umzugehen? Welche persönlichen Qualitäten braucht man, um Macht positiv zu nutzen? Diese Fragen werden im Folgenden beantwortet.

Wir müssen unterscheiden zwischen der äußeren Macht und der inneren Macht.
Die äußere Macht ergibt sich aus Handlungen, die als verändernd erlebt werden. Zur äußeren Macht gehören Machtformen wie: Positionsmacht, Beziehungsmacht, Informationsmacht und Fachmacht. Normalerweise werden Menschen als mächtig eingestuft, wenn sie diese äußeren

Formen der Macht innehaben. Jemand hat eine Position inne, also ist er mächtig. Diese äußeren Formen der Macht sind das Potential einer Position. Sie sagen nichts darüber aus, ob derjenige in dieser Position auch damit umgehen kann. Erst die innere Macht, die sich aus der
Persönlichkeit ergibt, zeigt, wie mächtig derjenige in dieser Position wirklich ist. Erst die innere Macht befähigt mit den äußeren Qualitäten von Macht angemessen und nutzbringend
umzugehen.

Ihre persönliche innere Macht ergibt sich aus den 7 Säulen der Macht. Das sind **Standfestigkeit, Leidenschaft, Selbst-Kontrolle, Liebe, Kommunikation, Wissen** und **Ethik**. Diese
Qualitäten erst befähigen mit den äußeren Formen der Macht sinnvoll umzugehen. Es ist also
zwingend notwendig, die innere Macht zu entwickeln, um die äußeren Kräfte zu regulieren!

Politiker werden als sehr mächtig eingestuft in ihren Möglichkeiten, etwas zu bewirken. Häufig
präsentieren sich diese Politiker allerdings als ohnmächtig in ihrem Tun. Da wird Krieg geführt,
um Frieden zu bringen – eine Perversion in sich.

Das Motto: „Ich schlage dich, damit du nett zu mir bist" funktioniert natürlich nicht! Was
auf internationaler Bühne gut sichtbar praktiziert wird, machen die meisten Menschen auch
innerpsychisch: Das, was ich nicht möchte und was nicht so funktioniert wie ich es gern hätte,
das will ich loswerden. Doch die Psychologie lehrt uns schon seit Jahrzehnten, dass alles, was
ich nicht annehme und integriere, auf sehr ungute Weise im Unterbewusstsein sein Eigenleben führt. Erruptionsartig dringen diese abgespaltenen Persönlichkeitsaspekte wieder an
die Oberfläche – der Terrorismus in der eigenen Psyche. Diese Politik der Abspaltung funktioniert weder in der eigenen Psyche, noch im Unternehmen, noch in der Welt.

DIE OHNMACHT DER MÄCHTIGEN

Führungskräfte werden nicht selten ins kalte Wasser geworfen. In vielen Branchen wird noch
immer aufgrund fachinhaltlicher Kompetenzen befördert, ohne zu respektieren, dass die
Führungsaufgabe eine völlig eigene und neue Anforderung ist. Man scheint nicht zu wissen,
was Führung ist, sonst käme man wohl nicht auf dieses merkwürdige Beförderungsverfahren.
Natürlich ist der neuen Führungskraft dann auch nicht klar, was ihre Aufgabe ist. Man hat sich
ja nicht die Mühe gemacht, sie darauf vorzubereiten. Wie würde es Ihnen gehen, wenn man
Sie ins kalte Wasser wirft und am Rand stehend fragt: „Warum schwimmen Sie eigentlich
nicht schneller? Nun mal los, zeigen Sie den Kollegen mal, wie man richtig schwimmt. Und
schlucken Sie nicht so viel Wasser, wir müssen sparen!"

So sitzen fachlich kompetente Führungskräfte auf dem Thron der Führung und können ihn
nicht ausfüllen. In unseren Führungsetagen arbeiten viele ohnmächtige Menschen, die dennoch als mächtig eingestuft werden. Das ist die Ohnmacht der Mächtigen!

Ursache dieses Problems ist das fehlende Wissen darüber, was Führung wirklich zu leisten
hat. Das ist ein Unverständnis über die Hauptaufgabe der Führungskräfte. Mindestens 70 %

der Führungstätigkeit sollte reine Führung sein, nicht fachinhaltliches Arbeiten. Die Aufgabe der Führung ist es, die Mitarbeiter so zu führen, dass sie fachlich gut arbeiten können. Wenn aber die Führungskraft selbst fachlich arbeitet anstatt zu führen, versagt sie diese Energie den Mitarbeitern. Das bedeutet, die Führungskraft arbeitet selbst an der Aufgabe, statt das Team

zu optimieren. Es ist, als würde ein Vorstandsmitglied eines Automobilkonzerns das Garagenschloss reparieren. Das mag vielleicht auch einmal Spaß machen, doch diese handwerklichen Ausflüge dürfen maximal als Exkurs dienen. Sie sind nicht das reguläre Aufgabenfeld.

Zudem kann man seine Mitarbeiter nicht besser und weiter führen, als sich selbst. Wer hat gelernt, sich selbst zu führen? Schwächen zeigen sich hier in Kontrollversuchen und Manipulation. Dies ist für niemanden förderlich, weder für die Mitarbeiter, noch für die Führungskraft selbst. Beide Seiten spüren die Phasen von Unsicherheit und Ohnmacht.

Viele Führungskräfte wissen insgeheim, dass sie vorgeben, mächtiger zu sein als sie wirklich sind. Sie mimen eine starke Persönlichkeit, sind innerlich aber voller Angst, erkannt zu werden. Damit niemand dahinter kommt, legen sie sich ein übertrieben cooles, arrogantes oder hartes Auftreten zu. Das Cool-Sein dient als Schutzschild, wie eine Ritterrüstung. Von weitem glänzt die harte Schale und sieht mächtig und prächtig aus. Doch wehe unser Ritter fällt einmal – dann liegt er wie ein Käfer auf dem Rücken und kommt von alleine nicht wieder hoch.

In welcher Form und welchem Ausmaß die Macht einer Führungskraft nur eine Ohnmacht ist, zeigt sich in den einzelnen Säulen der Macht. Anhand konkreter Indizien erkennen Sie, wo Sie stehen und was es noch zu entwickeln gilt. Eine Lokalisierung der individuellen Themen wird ermöglicht.

Mit der Entwicklung der 7 Säulen der Macht schaffen Sie mehr innere Substanz, die Stabilität und Schutz aus sich selbst heraus bietet. Doch vorab:

Was ist eine gute Führungskraft?

Diese Frage stellen sich wohl alle Personalchefs. Die Führungskräfte selbst suchen nach Rat: „Wann bin ich eine gute Führungskraft?" Leider werden sie oft enttäuscht, was die Beantwortung dieser Frage anbelangt.

Die Frage, was eine gute Führungskraft ausmacht, muss auf beiden Ebenen der Macht beantwortet werden: der äußeren Macht und der inneren Macht. Eine gute Führung ergibt sich erst aus dem Zusammenspiel von äußerer und innerer Macht. Die äußere Macht geht mit der Benennung zur Führungskraft einher und ist fachlich über Wissen und Techniken zu erweitern. Die innere Macht ist eine Frage der persönlichen Reife und kann über Persönlichkeitsentwicklung verstärkt werden. Eine gute Führungskraft verfügt somit über persönliche Reife, die die Formen äußerer Macht reguliert. Ist die innere Macht stabil entwickelt, spricht man von einer Führungspersönlichkeit!

Führungskraft	Führungspersönlichkeit
Äußere Macht	Innere Macht
Technik	Reife
Fachweiterbildung	Persönlichkeitsentwicklung

Eine gute Führungskraft ist, wer eine Führungspersönlichkeit geworden ist!

TECHNIK ALLEIN REICHT NICHT MEHR AUS

Teilweise ist noch immer die mittelalterliche Idee verbreitet, dass sich Führungsverhalten ohne ausdrückliche Weiterbildung durch die Erfahrung im Unternehmen entwickelt. Nach dem Motto: ‚learning by doing'.

Eher fortgeschrittene Unternehmen erkennen, dass dies nicht mehr tragbar ist. Eine gute Fachausbildung ist keine zuverlässige Grundlage für produktive Arbeit im Unternehmen. Spannungen, unzureichende Kommunikation und Konflikte führen zu Störungen im Arbeitsprozess. Diese Störungen können ‚aus Erfahrung' eindeutig nicht vermieden werden. Sie werden auch nur selten konstruktiv bearbeitet. Selbst eine fachlich optimal ausgebildete Führungskraft wird ihrer Führungsaufgabe ohne Kenntnisse über die eigenen Verhaltensmuster nicht mehr gerecht werden können. Das Mittel der Wahl dieser Unternehmen ist das Assessment-Center. Zeitgemäße Unternehmen wissen, dass ein Assessment-Center nur der Anfang ist und Führungskräfte-Entwicklung über das reine Training von Verhaltensmustern weit hinausgeht. Personalentwicklung bedeutet für sie Persönlichkeitsentwicklung und Persönlichkeitsentwicklung ergibt sich aus Selbsterfahrung. Man verbleibt also nicht nur einfach beim Einüben gewünschter Verhaltensweisen. Wichtig ist es, den Führungskräften zu helfen, mit der emotionalen Realität, der ‚Innenseite des Verhaltens' umzugehen. Verhalten an sich lässt sich natürlich einüben, doch es folgt inneren Vorgängen. Diese inneren Vorgänge sind selten bewusst und kaum überprüft, dennoch bestimmen sie im Ernstfall über das tatsächliche Führungsverhalten.

Karl, ist heute 40 Jahre alt und eine Führungskraft des oberen Managements. Ein kompetenter Kollege, geschätzt, gut ausgebildet und in so manchem Führungstraining geschult. Karl weiß genau, was er zu tun hat und wie das am besten umzusetzen ist. Er kennt auch seine Schwächen sehr genau, aber irgendwie gehen manchmal die Pferde mit ihm durch und er schafft es nicht, anders zu reagieren. Obwohl er weiß, was er falsch macht, wird er in brenzligen Situationen aggressiv, er haut dann sprichwörtlich ,mit der Faust auf den Tisch'. Die Kollegen und Mitarbeiter reagieren darauf peinlich berührt oder verschreckt. Karl weiß, dass dies kein angemessener Umgang ist, und hat in den Führungstrainings schon x-mal andere Verhaltensmöglichkeiten eingeübt. Die funktionieren auch immer dann, wenn er sich gut fühlt. Doch sobald er einen schlechten Tag erwischt oder sich in die Enge gedrängt fühlt, kommt das alte Verhaltensmuster wieder auf den Tisch. Manchmal bemerkt Karl das erst am entsetzten Gesichtsausdruck des Gesprächspartners.

Im Training der 7 Säulen frage ich Karl: „Von wem haben Sie gelernt, Probleme so von oben herab zu lösen? Wer hat Ihnen gezeigt, dass man im Notfall mit der Faust auf den Tisch haut, um sich durchzusetzen?" Karl: „Tja, das hat mein Vater immer so gemacht. Ich fand das immer ziemlich peinlich, aber meine Mutter war jedes Mal so verschreckt, dass sie ihn damit hat durchkommen lassen." Damit ist der Knoten geplatzt. Karl hat die emotionale Realität entdeckt und kann erst jetzt das ,alte väterliche Verhalten' ablegen.

Probleme zu lösen lernen wir nicht nur in Kommunikationsseminaren. Probleme hatten wir schon viel früher zu lösen. In unserer Kindheit haben wir uns oft genug machtlos gefühlt. Vielleicht haben wir sogar davon geträumt den Spieß umdrehen zu können und dann andere zu beherrschen. Diese Beherrschungslösungen haben im Erwachsenenalter weit höhere emotionale Bedeutung als später erlernte verstandesmäßige Lösungen. Diese kindlichen Lösungsansätze sind emotional bedeutsam, die später im Seminar erlernten sind kognitiv bedeutsam. Und da die Energie nicht im Kopf sitzt, sondern im Bauch, gewinnt im Krisenfall die kindliche Lösung. Es ist also weder sinnvoll noch effektiv ein Idealverhalten anzustreben, dass Sie nicht auf Dauer durchhalten können, weil eigene Persönlichkeitsanteile dies torpedieren. Eine Technik oder eine Methode ist nur so gut, wie die Hand, in der sie liegt. Wollen Sie also Ihr Problemlösungsverhalten und Ihre Kommunikation verbessern, bedeutet das, dass Sie nicht um eine Selbstklärung herum kommen.

Bedenken Sie, dass weder die Technik noch die Selbstklärung allein funktionieren. Es braucht beide Seiten der Macht, innere und äußere, da sie Hand in Hand gehen und sich gegenseitig stützen. Führungskräfteentwicklung ist also mit fachinhaltlichen Techniktrainings, wie mit selbst erfahrenden Persönlichkeitstrainings gleichermaßen zu gestalten.

Führung fängt damit an, sich selbst kennen zu lernen! Das ist nicht immer leicht zu tun, doch Sie können gewiss sein, dass Sie es leichter haben werden, wenn Sie es tun! Sie verbessern damit maßgeblich Ihre Kompetenz. Das wirkt sich auf Ihre persönliche Situation und Ihre Beziehungsfähigkeit aus. Automatisch geht Ihnen dann das gewünschte Führungsverhalten

von der Hand. Es ist zu Ihrer zweiten Natur geworden. Das ist der Unterschied zwischen Führung spielen und Führung sein! Führungskräfte sind dann nicht mehr damit beschäftigt, etwas
richtig zu machen, die richtigen Sätze mit der richtigen Körpersprache zu präsentieren, sondern sie sind so! Und dabei muss niemand seinen Charakter verändern. Im Gegenteil: **Es gilt,
seinen Charakter zu entwickeln!**

Persönlichkeit und Ich-Zustände

Ob Ihr Führungsverhalten effektiv ist, hängt entscheidend davon ab, wie Sie Ihre Person ins
Spiel bringen. Schöpfen Sie Ihr Potential aus? Dient das, was Sie einbringen, einem produktiven Miteinander?

Bevor es also darum geht Verhaltensmuster zu analysieren, ist es wichtig, die Strukturen
der eigenen Persönlichkeit kennen zu lernen. Die Basis dafür ist das Ich-Zustandsmodell der
Transaktionsanalyse. In diesem Struktur-Modell der menschlichen Persönlichkeit werden die
individuellen Strukturen des Denkens, Fühlens und Verhaltens lebensnah und praxistauglich
dargestellt.

Es sind drei grundlegende, komplexe Ich-Zustände zu unterscheiden. Diese drei Ich-
Zustände bilden die Grundstruktur unserer Persönlichkeit. Wie sie im Einzelnen ausgeprägt
sind und wie wir welchen Ich-Zustand in bestimmten Situationen mit Energie besetzen, das
macht die Einmaligkeit unserer Persönlichkeit aus. Auch Ihr Führungsverhalten wird maßgeblich davon beeinflusst, wie diese drei Aspekte Ihrer Persönlichkeit harmonieren und sich nach
außen zeigen.

Das Strukturmodell der Ich-Zustände ist aufgebaut wie ein Schneemann mit drei Kugeln.
Die Basis ist der **Kind-Ich-Zustand K**. Wir alle waren einmal Kinder und diese Qualitäten sind
uns erhalten geblieben, egal wie viele Jahre wir nun zählen. Im **Kind-Ich-Zustand K** denken,
fühlen und verhalten wir uns so, wie wir es als
Kind taten. Vielleicht waren wir mal
schüchtern, dann wieder vergnügt
und quirlig, mal rebellisch und
dann wieder vollkommen faszi-
niert. Dieses Potential ist noch
immer in uns vorhanden – das so
genannte ‚Kind im Manne‘, das
‚Mädchen in der Frau‘. Dieses innere Kind
lacht und weint. Es denkt intuitiv und kreativ, handelt
spontan und versucht auch gern andere zu manipulieren. Wenn Manager in Anzug und
Krawatte auf dem Fußboden robben, um die Carrerabahn in Gang zu bekommen, sehen Sie
deren **Kind-Ich K** in Aktion.

ICH-ZUSTÄNDE

Eltern-Ich EL

verinnerlichte
Anweisungen,
Grundsätze, Regeln,
Normen, Erlebnisse
von damals

Erwachsenen-Ich ER

hier erleben wir im
Hier und Jetzt die
Realität, meist
sachlich, logisch
und konsequent

Kind-Ich K

das berühmte
Kind im Mann,
Kind in der Frau

Wir alle haben als Kinder von den Großen, sprich unseren Eltern und anderen Autoritäts-personen, gesagt bekommen, wie wir uns verhalten sollen. Von oben haben wir also schon damals die ersten Vorgaben bekommen und so stellt die oberste Schneekugel das **Eltern-Ich EL** dar.

Diese Eindrücke sind in Form von Anweisungen, Grundsätzen, Normen, Regeln und Erlaub-nissen in unserem **Eltern-Ich EL** verinnerlicht. Wie auf einer DVD haben wir eine Kopie elterli-chen Verhaltens eingebrannt und können es später beliebig abrufen. In Bild und Ton denken, fühlen und verhalten wir uns so, wie wir es bei unseren Eltern und anderen Autoritäts-personen erlebt haben, als wir noch Kinder waren. Vieles davon haben wir so oder in abgewandelter Form in unser Repertoire übernommen und benutzen es in bestimmten Situati-onen geradezu automatisch und meist unre-flektiert. Oftmals kennen Menschen den Grund für ein bestimmtes Verhalten gar nicht mehr, halten sich aber daran, weil „man es eben so macht". Die Worte ‚man' und ‚sollte' sind typische **Eltern-Ich EL** Worte und der ausgestreckte Zeige-finger könnte auch Eltern-Ich-Finger heißen.

Nun stellen Sie sich vor, es gäbe nur diese beiden Instanzen. Die Eltern sagen uns: „Nun mein Kind, du solltest endlich deine Aufgaben machen!" und Ihr **Kind-Ich K** meint: „Ich will aber spielen!" Selten sind Elternanforderungen und Kinderwünsche deckungsgleich. Daher benö-tigen wir eine Vermittlungsinstanz, die uns hilft, beide Wünsche miteinander abzugleichen. Das **Erwachsenen-Ich ER** hat die Aufgabe, in der jeweiligen Situation zu entscheiden, in wel-che Richtung es gehen kann. Was ist sinnvoll? Was können wir erlauben? Was müssen wir er-ledigen?

Das **Erwachsenen-Ich ER** befindet sich in unserem ‚Schneemann' in der Mitte. Es ist die Puffer-Instanz, die die Wünsche des Kindes **K** mit den moralischen Grundsätzen im **Eltern-Ich EL** in Einklang bringen kann. Im **Erwachsenen-Ich ER** erleben wir im Hier und Jetzt die Realität. Wir nehmen Informa-tionen auf und verarbeiten sie. Hier erkennen wir Zusammen-hänge, wägen Wahrscheinlich-keiten ab, ziehen Schlussfolge-rungen und treffen auf dieser Basis Entscheidungen. Im **Erwachsenen-Ich ER** ver-halten wir uns überwiegend sachlich, logisch und konsequent. Wir beschreiben unsere Wahrnehmungen und erläutern Zusammenhänge ohne eigene Beteiligung. Doch sobald wir selbst involviert sind, ist gerade dies schwer aufrecht zu erhalten. Schnell wird behauptet, etwas sei eine logische Erwachsenenentscheidung, obwohl es keine ist. Es wird dann mit gut ausgedachten Gründen aus dem **Kind-Ich K** rebelliert oder aus dem **Eltern-Ich EL** gemaßregelt. Wenn Personen meinen, sie seien im Erwachsenen-Ich und sich doch offenkundig kindlich oder elternhaft verhalten, besteht eine so genannte Trübung. Das **Erwachsenen-Ich ER** wird vom **Kind-Ich K** oder vom **Eltern-Ich EL** überlagert und hat wenig Chance seine Aufgaben angemessen zu erfüllen.

Führung aus dem Eltern-Ich

Wenn sich Führungskräfte gern aus dem Eltern-Ich verhalten ist dies keinesfalls angenehm für ihre Mitarbeiter. Diese Führungskräfte wissen genau was sie wollen – das ist die gute Nachricht. Die schlechte Nachricht ist, dass sie entweder überbeschützend oder überkritisch sind.

Die übermütterlichen Eltern-Ich-Führungskräfte neigen dazu, ihren Mitarbeitern alles Wesentliche abzunehmen und sie damit vor ihren eigenen Fähigkeiten zu schützen. Der Mitarbeiter wird klein gehalten. Da niemand wie ein ‚armes Würstchen' behandelt werden möchte, üben sich die Mitarbeiter in Rebellion. Angepasstere Mitarbeiter glauben allerdings irgendwann wirklich, dass sie unfähig sind und bringen immer weniger zustande.

Die überkritischen Eltern-Ich-Führungskräfte sind in der Überzahl. Sie lieben es zu kritisieren und den Mitarbeiter zu unterdrücken – natürlich nur zu dessen Wohle. Diese oberlehrerhaften Führungskräfte sehen sich als das Maß aller Entscheidungen: „Dies ist mein Laden und hier bin ich das Gesetz!" Wer sich im Unternehmen also nicht einer gewissen Selbstjustiz von Führungskräften ausgesetzt sehen will, flieht früh oder geht in den Untergrund. Von Eigenverantwortung und Eigeninitiative ist wenig zu sehen – alle sind mit Überleben beschäftigt.

Die Aufgabe der Führungskraft ist es zu fördern, besonders in schwierigen Situationen Mut zu machen und Vertrauen in die Fähigkeiten der Mitarbeiter zu beweisen. Die Eltern-Ich-Führungskraft wird ihrer Aufgabe und Verantwortung nicht gerecht, ist weder unterstützend noch fördernd. Die Mitarbeiter kommen in die Verlegenheit sich gängeln lassen zu müssen, wollen sie einen Eklat vermeiden. Das führt zu passivem Widerstand und einem Verlust an Mündigkeit beim Mitarbeiter. Von solchen Führungskräften möchten Mitarbeiter wegkommen.

Führung aus dem Kind-Ich

Wenn sich Führungskräfte überwiegend aus dem Kind-Ich verhalten ist dies besonders schwierig für ihre Mitarbeiter. Natürlich wirken diese Führungskräfte auf den ersten Blick recht kumpelhaft. Sie schwanken aber hin und her und mögen ungern Entscheidungen treffen. Oder sie gehen extrem nach ihren spontanen Ideen, so dass niemand weiß, was nun richtig ist, weil gestern gesagt nicht bedeutet, heute noch aktuell und morgen ist es schon gar nicht mehr richtig. Kind-Ich-Führungskräfte sind gern launisch und lassen diese Launen auch an ihren Mitarbeitern aus.

So wie Kinder sehr schüchtern und angepasst sein können, ist es möglich, dass eine solche Führungskraft aber auch nur abwartet, was von oben kommt und selbst kein klares Profil zeigt.

Die Aufgabe der Führungskraft ist es zu leiten und besonders in schwierigen Situationen ein Vorbild zu sein und Entscheidungen zu treffen. Ist dies nicht der Fall, führt das zu erheblichem Frust bei den Mitarbeitern.

Die Kind-Ich-Führungskraft wird ihrer Aufgabe und Verantwortung nicht gerecht, ist weder kraftvoll noch wirksam. Die Mitarbeiter kommen damit in die Verlegenheit, die Führung in die untere hierarchische Ebene zu übernehmen, damit der Laden trotzdem läuft. Das führt zu Aggressionen und das Verhältnis zur Führungskraft ist ohnehin schon von Enttäuschung überschattet. Solche Führungskräfte möchten die Mitarbeiter gerne loswerden.

Gute Führung kommt
aus dem Erwachsenen-Ich

Eine gute Führungskraft hat ihr Erwachsenen-Ich ungetrübt. Sie kann in Sekundenbruchteilen alle Ich-Zustände durchlaufen und dies auch willentlich steuern. So kann es gut sein, dass sie merkt innerlich zu rebellieren und dann bewusst aus dem **Kind-Ich-Zustand K** in das **Erwachsenen-Ich ER** geht, um ihren Führungsanforderungen gerecht zu werden. Das fordert Kenntnis über die persönliche Ich-Zustands-Landschaft und Selbst-Kontrolle, um sich nicht von der eigenen kindlichen Rebellion hinweg tragen zu lassen. Diese stabile und ungetrübte Erwachsenenhaltung lässt sich über Selbstklärung und Training erreichen.

DIE EMOTIONALE ERWARTUNG DER MITARBEITER AN DIE FÜHRUNG: ÜBERNAHME DER ELTERNROLLE

Die Führungsrolle ist für den Mitarbeiter eine Elternrolle. Die ersten ‚großen Leute', die uns gesagt haben, wo es lang geht und was zu tun ist, waren unsere Eltern. Diese frühe Erfahrung von geführt werden überträgt sich auf alle weiteren Interaktionen mit Führungskräften. Nun sind die Führungskräfte die ‚Großen', die den Mitarbeitern, den ‚Kleinen', sagen, wo es lang geht. Je nach persönlichen Erfahrungen im Elternhaus wird sich der Mitarbeiter unbewusst wie das Kind von damals geben. Er wird so denken und fühlen wie das Kind von damals und sich so verhalten wie damals den eigenen Eltern gegenüber. Die alten Beziehungsmuster zu den Eltern erfahren eine Neuauflage mit der jeweiligen Führungskraft. Der Mitarbeiter erwartet, dass die Führungskraft so reagiert, wie es damals Vater und Mutter getan haben. Er regrediert – fällt zurück – ins **Kind-Ich K**. Je stärker die Führungskraft dann aus dem **Eltern-Ich EL** auf dieses Verhalten antwortet, desto mehr fühlt sich der Mitarbeiter unbewusst in seinem Kind-Ich-Verhalten bestärkt.

Die Führungskraft mag noch so fürsorglich unterstützen, noch so väterlich streng fordern, dass ‚man doch jetzt endlich selbständig arbeiten solle' der Mitarbeiter wird weiter aus dem

Führungskraft **Mitarbeiter**

Führungsrolle

Führungsverhalten

emotionale Erwartung

Kind-Ich K reagieren. Emotional wird er ja genau dort beantwortet. Er wird also nicht in die Erwachsenenhaltung gehen und weder eigenverantwortlich noch eigeninitiativ handeln.

Ich höre teilweise von Führungskräften: „Meine Güte, geben die an der Pforte eigentlich ihr Hirn ab? Die kriegen doch sonst ihr Leben geregelt." Natürlich bekommen die Mitarbeiter ihr Leben geregelt und natürlich geben sie ihr Hirn nicht an der Pforte ab. Die Frage ist wohl eher, inwiefern wir uns gegenseitig in dieser ungesunden Form von Eltern-Kind-Beziehung ergänzen. Als Führungskraft muss ich mich fragen: „Was trage ich dazu bei, dass jemand vorwiegend im Kind-Ich bleibt, statt sein Erwachsenen-Ich zu nutzen?"

Die Aufgabe der Führung ist es auch hier einen Schritt weiter zu sein und dieses Missverhältnis im Miteinander zu erkennen. Auch wenn die Mitarbeiter die Führungskräfte im **Eltern-Ich EL** sehen, ist es für eine angemessene Führungssituation wesentlich aus dem **Erwachsenen-Ich ER** heraus zu handeln.

Das Führungsverhalten aus dem **Erwachsenen-Ich ER** spricht das **Erwachsenen-Ich ER** des Mitarbeiters an und läd ihn automatisch dazu ein, sich mit all seinen Kompetenzen einzubringen. Auf diese Weise fördert man eigenständige Mitarbeiter, die mitdenken. Als Führungskraft werden Sie für die Förderung des **Erwachsenen-Ich ER** beim Mitarbeiter großzügig belohnt; mit Eigeninitiative, Eigenverantwortung und Eigenmotivation der Mitarbeiter.

Die Führungsrolle ist ein Archetypus

Wenn Mitarbeiter eine Führungskraft automatisch und unbewusst in der Elternposition verorten, ist es spannend hinter die Kulissen zu schauen, welchem Zweck dies innerpsychisch noch dienen mag.

Was wird unbewusst von einer Person erhofft, die eine Führungsposition inne hat? Die unterschwellige Hoffnung an eine Führungskraft entspricht einem inneren Bild. Dieses innere emotionale Bild über jemanden, der ein bestimmtes Amt bekleidet oder eine bestimmte Position innehat, nennt man Archetypus. Archetypen sind Motive in der menschlichen Seele, die allen Menschen aller Kulturen gemeinsam sind. Immer und immer wieder sind diese inneren Vorstellungen zu beobachten; in Wünschen und Träumen ebenso wie in den Handlungen lebender Menschen.

Wenn wir uns von der materialistischen Idee freimachen, dass Mitarbeiter angeblich nur für Geld arbeiten, entsteht Raum für die Wahrheit, dass jeder von uns vor allem für Anerkennung arbeitet. Anerkennung bedeutet sowohl Rückmeldung über Leistungen wie auch Anerkennung bestimmter Rollen. Der Wunsch, dass jemand diese bestimmten Rollen im Leben erfüllt, ist ein Grundbedürfnis. Jeder hat bereits ein inneres Bild über eine solche Rolle und hofft auf jemanden, der diesem Ideal entspricht. Eine dieser Rollen ist die der Führungsperson. Jede Führungskraft, ist in ihrer Rolle ‚Mensch gewordene Führung' und entspricht dem Archetypus des Mentors. Das Wort ‚Mentor' entstammt der Odyssee, in der Telemachus von einer Figur begleitet und beschützt wird, die sich Mentor nennt. Der Archetyp des Mentors wird im Mythos gern als alter Weiser oder Ratgeber symbolisiert und steht für Reife und tiefes Wissen. Dem jungen unerfahrenen Abenteurer hilft der Mentor durch seine Führung, das Leben zu meistern.

Im ganz normalen Leben ist unser Mitarbeiter sein eigener Held. Er besteht die Abenteuer seines Lebens und hat den Wunsch nach unterstützenden und schützenden Personen. Besonders die Figur des Mentors soll ihn für seine weiteren Abenteuer vorbereiten, indem er ihn lehrt, trainiert, auf die Probe stellt und ihm das Vertrauen gibt, seine Angst zu überwinden.

Die Schwäche des Mitarbeiters, seine Angst, wird von der Stärke der Führungskraft ausgeglichen. Die Führungsperson liefert dem Mitarbeiter die Kraft, die ihm fehlt, um seine Aufgaben erfolgreich zu bewältigen und sich persönlich weiterzuentwickeln. Die Aufgabe der Führung besteht darin, das Wachstum des Mitarbeiters fachlich und menschlich gleichermaßen zu unterstützen.

Für die Führungskraft bedeutet das, dass sie ein positives inneres Bild des Mitarbeiters haben muss – ein Imago, das dem Optimalzustand dieses Mitarbeiters entspricht. Enthält Ihr Imago, dass sich der Mitarbeiter weiterentwickelt und seine Aufgaben bewältigt, so kann er dies schaffen. Sehen Sie Ihren Mitarbeiter begrenzt, wird er in erster Linie durch Sie, durch seine Führungskraft, gebremst. Ihr Mitarbeiter spürt Ihren Widerstand und müsste tagtäglich dagegen ankämpfen, um sich dennoch weiterentwickeln zu können. Es ist grundsätzlich sehr schwer, sich selbst dauerhaft mehr zuzutrauen als es die eigene Führungskraft tut. Die Rolle des Mentors ist für den Mitarbeiter also schützend und gefährlich zugleich.

Sie als Mentor unterstützen Ihre Mitarbeiter durch Motivation und Inspiration. Die Mentorenrolle bedeutet Führung und Training des Mitarbeiters. Diese Unterstützung wird ihm im Laufe seines ‚Abenteuers‘, seiner Arbeit und seinem Leben zugute kommen.

Archetypische Bilder und Figuren haben starke Suggestivkraft, was nur allzu oft ausgenutzt wird. Bewusstseinsschwache Menschen fallen besonders schnell auf diese Manipulation herein und folgen selbsternannten Sektenführern. Auch Diktatoren wie Adolf Hitler und Mao Tze Tung gehören in diese Kategorie pervertierter Mentoren. Sie entsprechen einem weiteren Archetypus, dem Archetypus des tyrannischen Ungeheuers, das mit Kontrollmacht versucht, seine eigene Ohnmacht zu verstecken.

Ein solcher Tyrann rafft alles an sich und ist gierig auf Kontrollmacht aus. Die Verheerung die er anrichtet ist enorm und soweit sein Einfluss reicht, sei es im eigenen Haushalt, der eigenen Abteilung oder dem eigenen Unternehmen. Und gleichgültig wie gut die Geschäfte zu gedeihen scheinen, ist das aufgeblähte Ich des Tyrannen ein Fluch für seine Umwelt und auch für ihn selbst. Er terrorisiert sich selbst, ist gehetzt von Furcht und immer auf dem Sprung, um erwartete Aggressionen zurückzuschlagen, die nur Spiegelungen seiner eigenen unkontrollierbaren Raffsucht sind. Ein Tyrann bringt Unheil, auch wenn er glaubt nur humane Absichten zu verfolgen. Dieses pervertierte Bild des Mentors, das dem Archetypus des tyrannischen Ungeheuers entspricht, ist leider das oft erlebte und verinnerlichte Bild vieler Menschen, wenn sie an Macht und Machthaber denken. Positive Mentoren dagegen sind der Dalai Lama oder

Gandhi, die ebenfalls Massen mobilisieren. Vieles in diesen gereiften Persönlichkeiten deckt sich mit unserem Urbild, nach dem sich die Menschen sehnen; das Bild des einenden Mentors, des Sinngebers, des Hortes von Stärke und Weisheit. Sie entsprechen dem Urbild der Führungspersönlichkeit.

Ein Mentor kann jeder werden, der selbst seinen Weg und seine Entwicklung geht oder schon gegangen ist. In den Begriffen der Mythologie gesprochen: **Ein Mentor wird, wer seine eigene Heldenreise antritt!**

EINE FÜHRUNGSPERSÖNLICHKEIT IST EINE INTEGRIERTE PERSÖNLICHKEIT

Die gereifte Persönlichkeit ist ein Ideal, das jeder erreichen möchte. Sie entspricht einer integrierten Erwachsenenhaltung. Diese zeichnet sich durch einen Charme und eine natürliche Offenheit aus, die auch bei unbefangenen Kindern zu beobachten sind. Dazu gesellen sich moralische Qualitäten wie Mut, Ernsthaftigkeit, Redlichkeit und Zuverlässigkeit. Eine solche Führungskraft zeichnet sich durch eine positive Ausstrahlung und ein hohes soziales Verantwortungsgefühl aus. Nach den Maßstäben der humanistischen Psychologie ist dies mit einer reifen Person gleichzusetzen.

Es gibt leider nur wenige Vorbilder, doch sie erkennen eine solche Person an ihrer Sogwirkung, die sie in einen Raum trägt. Der aktuelle 14. Dalai Lama lehrt: „Ein entwickeltes Herz ist merkwürdig ruhig und gelassen." Und so trägt die integrierte Führungspersönlichkeit eine spürbare Ruhe in sich. Sie ist der so genannte ‚Fels in der Brandung' und weiß, wann was von ihr gebraucht wird und spielt dies nicht nur. Die Ausstrahlung dieser Person erreicht jeden, auch noch auf den hintersten Sitzplätzen einer Halle. Wenn jemand wirklich gereift ist, richten sich alle Personen nach diesem Menschen aus. Alle spüren und wissen sofort, dass diese Person wichtig für sie selbst ist: Hierhin kann ich mich orientieren, hierhin gehöre ich, diese Person weiß, wovon sie spricht. Denn wir alle haben den inneren Wunsch, solchen integrierten und entwickelten Personen zu begegnen, um selbst davon lernen zu können.

WIE WIRD MAN ZU EINER INTEGRIERTEN PERSÖNLICHKEIT?

Bleiben wir bei dem Wort: Integration. Es ist auf Dauer nicht möglich unangenehme Persönlichkeitsanteile, unliebsame Eigenschaften oder unpopuläre Wünsche zu unterdrücken.
Sie führen dann im Unterbewusstsein ein Terroristendasein und sabotieren die eigene Person wann immer es möglich ist.
Integration bedeutet, alle Eigenschaften zu akzeptieren. Nur wenn die unbeliebten Eigenschaften unter den beliebten einen gleichwertigen Platz erhalten, werden sie bereit sein zur

Zusammenarbeit – zur Integration. Dann beginnt ein Kooperations- und Verschmelzungsprozess in dessen Verlauf sich alle Persönlichkeitsaspekte eines Menschen miteinander an einen runden Tisch setzen und das zukünftige gemeinsame Miteinander aushandeln. Jeder Aspekt hat seine Rechte, jeder Anteil hat seinen Platz. Alle Beteiligten erkennen an, dass sie voneinander abhängen, wenn sie erfolgreich sein wollen. Sie sind gleichwertige Kooperationspartner und bringen ihre Vorteile und auch Nachteile ein. Je teamfähiger diese Persönlichkeitsanteile sind, desto größer ist der Effekt. Dies verlangt von Ihnen, bereit zu sein, sich selbst zu akzeptieren, wie und was Sie sind, mit allen Aspekten, nichts wird ausgeschlossen. Der Ansatz vieler Philosophen besagt, dass in jedem Menschen ein Mörder und ein Friedensengel lebt. Immer existieren beide Pole, Schatten und Licht. Je mehr Sie versuchen die Schattenseite fortzudrängen, desto mehr reduziert sich automatisch die lichtvolle Seite. Wird dagegen der so genannte Schatten integriert, speist seine Energie auch die Lichtseite. Dann sind alle Fassetten der Persönlichkeit verfügbar und das volle Potential kann ausgeschöpft werden. Zudem ist automatisch mehr Energie verfügbar, die vorher im Widerstand gebunden war – besser als jede Vitaminpille!

Was ist Persönlichkeitsentwicklung?

Manchmal haben wir eine Idee, in welche Richtung es gehen kann, aber uns sind sprichwörtlich ‚die Hände gebunden'. Wir sind eingewickelt in ungute Erfahrungen, blockierende Sätze, Antreiber, Vorgaben und Vorurteile – all das bewirkt Ohnmacht.

Persönlichkeitsentwicklung bedeutet nichts anderes, als diese Verwicklungen wieder zu lösen und das Knäul der Verstrickungen wortwörtlich zu entwickeln. Dann haben Sie wieder die Hände frei. Ihr Arbeitsalltag verändert sich damit zum Positiven. Sie sind nun in der Lage, Personen und Probleme zu entschlüsseln, die vorher nicht greifbar waren. Das gibt frischen Wind und Motivation.

Mit Ihren Mitarbeitern werden Sie gut im Kontakt sein und gleichzeitig professionelle Distanz wahren. Sie sind dann persönlich vor Ort, doch nicht privat angreifbar. Viele Dinge, die Sie vorher innerlich aufgeregt haben, können Sie nun ruhig und gelassen betrachten. Souverän gehen Sie mit schwierigen Situationen um, ohne sie abends mit nach Hause zu nehmen.

Letztendlich ist es ohnehin viel einfacher und weniger aufwendig, seine eigenen Themen zu klären als die von all seinen Mitarbeitern. Sie können natürlich über Kommunikation und Motivation all die auftretenden Probleme und Widerstände der Mitarbeiter versorgen. Doch das ist zeitintensiv und Energie raubend. Klären Sie Ihre eigenen Anteile an der Situation und

Sie werden erfahren, wie einfach auf einmal Mitarbeiterführung sein kann. Sie wird Ihnen dann spürbar leichter von der Hand gehen.

Die 7 Säulen der Macht sind ein ganzheitliches Konzept zur Persönlichkeitsentwicklung. Viele Trainingsteilnehmer berichten mir, dass ihre anfängliche Bereitschaft sich zu entwickeln in eine Lust übergegangen ist: „Ich weiß jetzt, was es mir bringt!"

DIE 7 SÄULEN DER MACHT

Jede Persönlichkeit ruht auf 7 Säulen – sie bilden ihr Fundament. Sind die 7 Säulen der Macht nicht im Gleichgewicht, wird das Gebäude der menschlichen Psyche erschüttert. Eine Schieflage entsteht. Viele Führungskräfte versuchen dann, über Kampf und Kontrolle alles wieder ins rechte Lot zu bringen. Je größer die Schieflage, desto größer der Kampf um Kontrolle. Kontrolle soll Unterlegenheit vermeiden und ist ein Beweis der Ohnmacht. Auch das Umfeld wird mit Ohnmacht und Kontrolle reagieren. Der Boden bebt und so manche Persönlichkeit bricht zusammen, so manches Image zerbricht, so manches Unternehmen geht unter.

Echte Macht bedeutet, sein ureigenstes Machtpotential zu nutzen – alle 7 Säulen der Macht zu entwickeln, um produktive Veränderung zu schaffen. Dann fördert positive Macht das persönliche und unternehmerische Wachstum.

Das Fundament Ihrer Persönlichkeit bildet sich aus diesen 7 Säulen der Macht:

1. **Standfestigkeit** gibt Ihnen Unerschütterlichkeit in schwierigen Situationen;

2. **Leidenschaft** ist die Begeisterung, die Sie in Schwung hält;

3. **Selbst-Kontrolle** meint die Selbstdisziplin, die alle anderen Kräfte wie Leidenschaft, Vernunft, Kommunikation und alle Emotionen reguliert;

4. **Liebe** ist der Motor der Veränderung;

5. **Kommunikation** ist Ihr persönlicher Ausdruck;

6. **Wissen** als Heilmittel gegen Unsicherheit;

7. **Ethik** gibt Ihnen den Maßstab für Ihr Handeln und Schutz vor Manipulationen und Machtspielen.

Die 7 Säulen der Macht

7	Ethik	Vorbild sein
6	Wissen	seinen eigenen Weg finden
5	Kommunikation	interaktiv sein
4	Liebe	sich anderen zuwenden
3	Selbst-Kontrolle	die Bewegung kontrollieren
2	Leidenschaft	in Bewegung sein
1	Standfestigkeit	in der Welt sein

Die 7 Hauptchakren

Kronen-Chakra

Stirn-Chakra (Drittes Auge)

Hals-Chakra

Herz-Chakra

Solarplexus-Chakra

Sexual-Chakra

Wurzel-Chakra

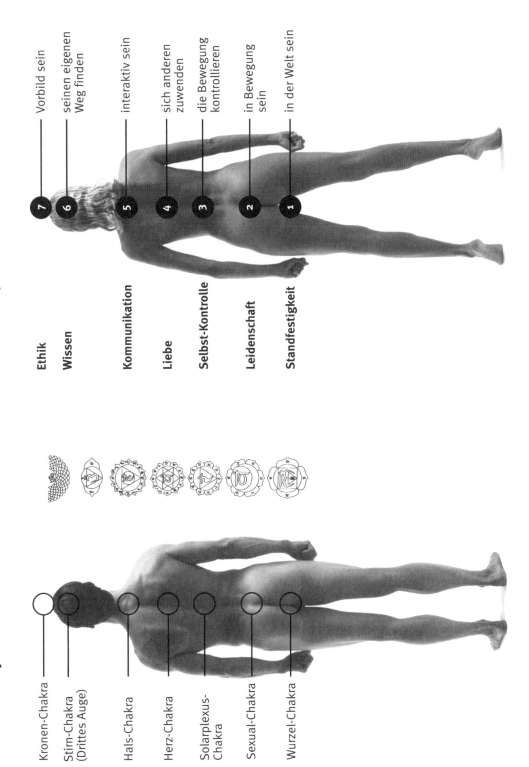

7 Chakren = 7 Säulen

Die 7 Säulen der Macht beruhen auf der Chakrenlehre des Yoga. Die mehr als 5.000 Jahre alte Philosophie ist eines der ältesten Systeme zur Entwicklung des ganzen Menschen. In vielen Kulturen ist das Wissen um die Chakren fest verankert. So beschreiben die indischen Veden, als älteste religöse Schriften, die Chakren schon vor 3.000 Jahren. Und seit den 70er Jahren existiert nun auch der wissenschaftliche Beweis ihrer Existenz und Wirksamkeit. Die 7 Hauptchakren erfassen alle Bereiche, die auch in der Psychologie als wesentlich für die Entwicklung von Individualität benannt werden. Es handelt sich um ein ausgefeiltes System über den Aufbau und das Wesen einer Persönlichkeit. Viele Menschen haben die Chakrenlehre bereits kennen gelernt (Yoga, Reiki) und sogar ihre Wirksamkeit (Akupunktur) erfahren.

Für die Persönlichkeitsentwicklung von Führungskräften ist sie leider nur wenigen bekannt. Mit den 7 Säulen der Macht wird das antike Wissen der Chakren in die Neuzeit übertragen und die alte Lehre in transaktionsanalytische Konzepte für Manager von heute übersetzt.

Willkommen zu den 7 Säulen der Macht.

Die Abfolge der 7 Säulen der Macht

Viele Trainingsteilnehmer fragen: „Wie gehe ich das an? Kann ich mit der Säule beginnen, die mich am meisten interessiert? Oder muss ich mit der beginnen, in der ich am meisten zu tun habe?" Weder noch. Die 7 Säulen müssen von der ersten bis zur letzten Säule in der vorgegebenen Reihenfolge entwickelt werden. Die Machtpotentiale der einzelnen Säulen unterstützen und bedingen sich gegenseitig. Sie bauen aufeinander auf. Standfestigkeit muss entwickelt sein, bevor es an die Leidenschaft geht, sonst gerät alles außer Rand und Band.

Die erste Säule der Macht ist die **Säule der Standfestigkeit**. In der Standfestigkeit entwickeln Sie das Vermögen mit beiden Beinen auf dem Boden der Tatsachen zu stehen und das auf

allen drei Ebenen: geistig, emotional und körperlich. Standfestigkeit bedeutet, fest und sicher auf den eigenen Füßen zu stehen.

Wer eine gut entwickelte Standfestigkeit hat, der ‚weiß wo er steht'. Und wenn Sie sich Ihres Standortes sicher sind, wird man Sie nicht so leicht aus Ihrer Position verdrängen können. Ihr Körper wird ebenso fest verankert sein wie Ihr Geist, denn Sie wissen um Ihren Platz in der Welt.

Ist Ihre Standfestigkeit entwickelt, wissen Sie, wo Sie stehen. Im nächsten Schritt, in der nächsten Säule, kommen Sie in Bewegung. Sie entwickeln die Fähigkeit, mit den eigenen

Standpunkten flexibel umzugehen, ohne sich dabei zu widersprechen oder Ihre Position zu verlieren. Das ist das Machtpotential der **Säule der Leidenschaft**.

Leidenschaft ist nur förderlich, wenn Standfestigkeit besteht. Sind Sie noch schwankend,  wird die Leidenschaft keine Erweiterung Ihrer Möglichkeiten sein, sondern lediglich für Unruhe sorgen. Sie bewegen sich ohne zu wissen woher Sie kommen, wohin Sie wollen, wofür Sie stehen. Wenn Sie nicht wissen, von wo Sie losgehen und wo Sie ankommen, verirren Sie sich bald im Wald der Möglichkeiten! Sie werden zum Spielball anderer, die ihre Kontrollmacht an Ihnen ausleben wollen.

Ist Ihre Standfestigkeit aber stabil entwickelt, so kann Sie nichts mehr beleben als die Macht der Leidenschaft. Leidenschaft kann aufbauen und zerstören. Sie vereint Gegensätze, kann aber auch Konfrontation und Veränderung bringen. Diese Säule steuert Ihre Fähigkeit, die Welt zu berühren und von der Welt berührt zu werden. Leidenschaft brauchen Sie, um sich selbst und auch Ihr Umfeld zu beleben. Es geht darum

⋯⋗ in Berührung zu kommen mit sich selbst und den eigenen Energien, Wünschen und Begeisterungen: sich selbst zu spüren und danach zu handeln.

⋯⋗ in Berührung zu kommen mit der Welt um Sie herum und sich von ihr berühren zu lassen: das Wachstum zu spüren und den Verfall.

⋯⋗ in Berührung zu kommen mit den Menschen und sich von ihren Gedanken, Empfindungen und Persönlichkeiten berühren zu lassen: ihre Vielfalt zu spüren und ihre Begrenzungen.

Wurde in der Säule der Leidenschaft der Schwung entwickelt, mit dem Sie in Bewegung sind, so gilt es dann in der folgenden **Säule der Selbst-Kontrolle** diese Bewegung zu koordinieren.

Kontrolle wurde und wird immer wieder missbraucht. Dennoch ist sie eine wichtige Form der Macht. Selbst-Kontrolle, körperliche und seelische, gibt Ihnen Macht über sich selbst. Sie ist besonders dann wichtig, wenn sie in Form von Selbstdisziplin, die anderen Kräfte wie Leidenschaft, Vernunft, Kommunikation und alle Emotionen reguliert. Lebenswichtig kann sie dann werden, wenn die Ereignisse um Sie herum eskalieren und Ihre Existenz bedrohen.

Die Säule der Selbst-Kontrolle entwickelt die Fähigkeit zur so genannten ,social control', der sozialen Kontrolle. Leider sind viele Personen hier in der falschen Richtung tätig. Sie glauben nach außen kontrollieren zu müssen. So kontrollieren sie ihr Umfeld und nennen dies soziale Kontrolle. Doch die Kontrolle muss sich nach innen richten. Soziale Kontrolle bedeutet, sich selbst innerhalb eines sozialen Umfeldes zu kontrollieren. Diese Selbst-Kontrolle ist die Voraussetzung, um sozial fähig zu sein. In der Säule der Selbst-Kontrolle entwickeln Sie also Ihre Gesellschaftsfähigkeit. Ihre potentiell grenzenlose Entwicklungsfähigkeit als auch Ihre selbst auferlegten Beschränkungen zeigen sich hier. Nur wenn Sie Ihre Ängste und Machtansprüche überwinden, können Sie anderen Menschen ihre freie Entfaltung lassen. Der Weg zur Säule der Liebe führt damit zwingend über die Selbst-Kontrolle.

Zuerst sind Sie einfach nur da (Standfestigkeit), dann kommen Sie in Bewegung (Leidenschaft) und in der dritten Säule kontrollieren Sie diese Bewegung (Selbst-Kontrolle). Diese ersten drei Säulen dienen dazu sich innerpsychisch darauf vorzubereiten mit dem Umfeld in Kontakt zu treten. Erst, wenn Sie es vermögen, sich selbst zu beherrschen, wenden Sie sich Ihrem Umfeld zu. In der vierten Säule, der **Säule der Liebe**, präsentiert sich die Schnittstelle

nach außen. Nun leben Sie die Kontaktfähigkeit, die sich aus den Qualitäten der drei vorangegangenen Säulen ergeben. Eine wesentliche Qualität, die es für Führungskräfte in der Säule der Liebe zu entwickeln gilt, ist Wertschätzung und Wohlwollen für die Mitarbeiter. Wenn Führungskräfte ihren Mitarbeitern kein kraftvolles „Ja!" entgegenbringen können, sind sie nicht in der Lage machtvoll zu führen. Jeder von uns möchte respektvoll und wohlwollend behandelt werden, denn wir alle wissen,

welch wohltuendes Gefühl das ist. Liebe ist also nicht nur angenehm, sondern auch machtvoll. Das Machtpotential der Liebe umfasst drei Bereiche:

1. **Individualität**
   meint Ihre Liebe zu sich selbst. Das bedeutet, sich mit seinen Ecken und Kanten, Vorzügen und Fehlern zu akzeptieren, anzunehmen und lieben zu lernen.
2. **Loyalität**
   bezieht Ihre Liebe auf andere. Es geht darum, sich loyal zu verhalten, mit einem Bewusstsein für Ihre Rolle im Leben Ihrer Mitmenschen.
3. **Wahrheitstreue**
   ist Ihre Liebe zur Wahrheit, denn ohne Aufrichtigkeit kann die Liebe zu sich selbst und zu anderen nicht gedeihen.

Nur wenn Sie sich selbst akzeptieren, können Sie Ihren Mitmenschen entspannt und wohlwollend begegnen.

Ist bis hierhin alles gut etabliert, möchten Sie nun von anderen lernen. Sie möchten sich mitteilen über die Dinge, die Sie bewegen (Leidenschaft), für die Sie stehen (Standfestigkeit), die Sie hemmen (Selbst-Kontrolle) und voran treiben (Liebe).

Nun teilen Sie in der **Säule der Kommunikation** Ihre innere Haltung mit anderen. Somit sind Sie buchstäblich interaktiv, tauschen sich aus, und entwickeln sich weiter.

Das Thema Kommunikation wird in vielen Bezügen mehr als erschöpfend behandelt. Und doch – meist fehlt Führungskräften das Bewusstsein und die Kompetenz über die reinen

Kommunikations-Techniken hinaus im Miteinander etwas entstehen zu lassen. Hier geht es nicht um Sender-Empfänger, nicht um Vier-Ohren-Botschaften oder Transaktionen. In dieser Säule kommunizieren Sie Ihre innere Haltung und erkennen die Ihrer Mitmenschen. Dies sind Dinge, die zwischen den Zeilen stehen, die nicht ausgesprochen werden und doch so wichtig sind für ein produktives Miteinander.

Diese Säule sensibilisiert Sie und öffnet Ihre Sinne. Sie erfahren die Umwelt und lernen die Menschen kennen. Stärken Sie Ihre Intuition und spüren Sie, mit wem Sie es zu tun haben. Lassen Sie auch die anderen daran teilhaben, wer und was Sie sind. Das ist Kommunikation.

Wissen ist Macht! Wenn Sie die richtigen Informationen haben, können Sie Ereignisse in Gang bringen oder aber verhindern. Ihr Wissen führt Sie durch den Dschungel des Lebens.

Laut Faustregel sind 85% allen Fehlverhaltens mangelnde Information! Hier ist auch Fehlinformation gemeint. Besonders in unserem Informationszeitalter, wird Information oft zum Zweck der Kontrolle missbraucht und Desinformation und Propaganda dienen dazu, die Massen zu manipulieren.

Wissen ist nicht einfach nur Information – es tritt in viererlei Gestalt auf: In unserer Gesellschaft gilt wissenschaftliche Forschung gemeinhin als einzige Quelle des Wissens.

Viele glauben Weisheit sei etwas für alte Leute, Intuition für Frauen, und wer Visionen hat,

ist ein Spinner. Diese abwertende Einstellung zeigt Ignoranz. Ignoranz ist es, die eine Führungskraft befällt, wenn sie nicht alle vier Formen des Wissens für sich erschließt. Jede Form des Wissens hat nicht nur ihre Berechtigung, sondern ist lebenswichtig für den Führungsalltag! Wenn Sie beispielsweise die **Säule des Wissens** mit der Säule der Liebe kombinieren, setzen Sie Information ein, um Menschen mehr Macht zu verleihen.

1. **Wissenschaft**
   sammelt Informationen methodisch und sortiert sie in Fachbereiche. Einzelne Themen werden mit der wissenschaftlichen Kamera abgelichtet und in Alben sorgfältig verwahrt – zum Nachschlagen bereit.
2. **Intuition**
   das so genannte Bauchgefühl ist ein wirksamer Leitfaden auf dem Weg zur Wahrheit. Man begreift den Lauf der Dinge und hat untrügliche Vermutungen.
3. **Weisheit**
   entsteht durch das Lernen aus Erfahrungen, den eigenen oder denen anderer. So kann man anhand vergangener Ereignisse treffsichere Prognosen über die Zukunft machen.

4. visionäres Wissen

Visionen zeigen Ihnen Ihren ganz persönlichen Weg im Leben.

Sind die vorangegangenen Säulen der Macht entwickelt, können Sie sich voll der Aktivierung dieses Machtpotentials zuwenden.

Stehen alle vier Formen des Wissens gleichberechtigt nebeneinander, werden Bewusstes und Unbewusstes in einer fruchtbaren Wechselwirkung zusammenarbeiten. Sie werden unbewusste Wahrnehmungen effektiv umsetzen können und kein verdrängter Persönlichkeitsaspekt torpediert Ihre Handlungen. Dies ist das Geheimnis des ,zur rechten Zeit das Richtige tun'.

Ihr Wissen nicht kontrollierend, sondern fördernd einzusetzen ist eine Frage der Ethik. Ethik bedeutet ,sittlich'. Es geht darum, dass Sie sich in Ihrem Alltag sprichwörtlich anständig verhalten. Was nun anständig oder angemessen ist, ergibt sich aus der Verantwortung, die Sie gegenüber Ihren Mitarbeitern, Ihren Kollegen, Ihrem Unternehmen, Ihrer Welt haben.

Ethik stellt Ihnen einen Maßstab für Ihr tägliches Handeln zur Verfügung. Sie gibt Ihnen Halt in unsicheren Zeiten, in Krisen und unvorhergesehenen Situationen. Sie stabilisiert Sie ähnlich wie die Standfestigkeit. So können Sie den Dingen ihren Lauf lassen, ohne sich aufzuregen oder über Gebühr einzumischen. Die **Säule der Ethik** verschafft Ihnen Ruhe inmitten erschütternder Ereignisse. Sie sehen klar, was um Sie herum vorgeht, ohne von anderen manipuliert zu werden. Sie erreichen mit dieser Qualität von Macht eine Immunität gegen Hackordnungen und Intrigen. Ethik ist Ihr Schutzschild gegen Manipulationen und Machtspiele.

Die Säule der Ethik wird als letzte Säule entwickelt. Es wäre schön, Ethik als erste Qualität aufzubauen, doch ohne Standfestigkeit neigt man sich schnell wie ein Wetterfähnchen und ohne Leidenschaft fehlt die Kraft, Ethik über Hürden hinweg aufrechtzuerhalten. Es kann auch nicht darum gehen sich nur nach moralischen Maßstäben zu verhalten ohne Anforderungen der Situation (Selbst-Kontrolle) und die Bedürfnisse der Menschen (Liebe) im Blick zu haben. Zudem muss viel Wissen etabliert sein, um eine eigene Ethik zu formulieren und dann auch intuitiv angemessen einzusetzen.

2 POLE DER OHNMACHT

Wie erkennen Sie, ob die Säulen der Macht gut entwickelt sind?

Grundsätzlich lässt sich das Phänomen der Ohnmacht in zwei Pole unterscheiden. Der eine Pol der offenkundigen Schwäche und der andere Pol, in dem sich die Schwäche als Stärke verkleidet, in Form von Kontrollmacht. Beide dargestellten Polarisierungen sind Extreme, die mehr von der Begrenzung einer Person zeigen als von ihrer Entwicklung.

Standfestigkeit

Mangelt es Ihnen an Standfestigkeit, sind Sie fügsam, leicht zu erschrecken und ängstlich. Im Volksmund spricht man auch vom Wetterfähnchen, das sich in jeden Wind dreht, ohne eine eigene Richtung zu haben.

Auf dem Pol der Kontrollmacht haben Sie zu viel Bodenhaftung. Sie mögen verstockt wirken, dumm und unbeweglich.

Leidenschaft

Haben Sie zu wenig Leidenschaft, werden Ihre Mitmenschen Sie als halbherzig, langweilig und feige empfinden. Die sprichwörtliche ‚graue Maus‘.

Ist die Leidenschaft kontrollierend, sprühen Sie über, sind außer Rand und Band und kaum zu bändigen, dies macht Ihr Umfeld unruhig und aggressiv.

Selbst-Kontrolle

Verfügen Sie nicht über die Fähigkeit zu Selbst-Kontrolle, so machen Sie sich zum Opfer Ihrer Selbst, werden süchtig, depressiv, leiden unter Schlaflosigkeit und Antriebslosigkeit.

Sind Sie dagegen ein Kontrollfanatiker, werden Sie krampfhaft bemüht sein, in jeder Lebenslage die Oberhand zu gewinnen und den Überblick zu behalten. Sie erscheinen dann wie der typische ‚Machtmensch‘ oder Familientyrann.

Liebe

Wenn die Macht der Liebe bei Ihnen nur wenig entwickelt ist, dann sind Sie kalt, es mangelt Ihnen an Wärme und Mitgefühl für andere, Sie sind unfähig zu umsorgen und umsorgt zu werden, sogar sich selbst können Sie dann nicht lieben.

Ist die Kraft der Liebe in eine Kontrollmacht umgeschlagen, dann werden Sie zu einem gewohnheitsmäßigen Retter. Sie opfern sich unangemessen für andere auf, während Sie sich selbst vernachlässigen.

Kommunikation

Mangelt es Ihnen an Kommunikation, so werden Sie nicht fähig sein, zu lernen oder sich an der Gesellschaft anderer zu erfreuen. Sie bekommen sprichwörtlich die ‚Zähne nicht aus einander‘.

Ist die Kommunikation pervertiert, so erlebt Ihre Umwelt Sie als zwanghaften, rücksichtslosen Schwätzer, der nicht zuhören kann und sich auch nicht um die Wirkung seiner Äußerungen schert.

Wissen

Wenn Sie nicht die Macht der Information besitzen, verharren Sie in Ihrer Ignoranz.

Wenn Sie es übertreiben, sind Sie sehr wahrscheinlich wissenschaftsgläubig, vertrauen einzig auf Technologie, benehmen sich kopfgesteuert und herzlos.

Ethik

Fehlt es Ihnen an Ethik, dann sehen Sie sich grundsätzlich als den Mittelpunkt des Geschehens an. Um keinen Preis wollen Sie ablassen von Ihren Überzeugungen und Ihrem Glauben. Im Umgang mit anderen und der Umwelt sind Sie egoistisch und unsensibel.

Ist die Macht der Ethik kontrollierend bei Ihnen ausgeprägt, so reicht Ihre Abgeklärtheit so weit, dass Sie schließlich ‚abheben' und den irdischen Dingen des Alltags kein Interesse mehr entgegenbringen.

Ohnmacht offenkundige Schwäche	Säule	Kontrollmacht scheinbare Stärke
Wetterfähnchen	**Standfestigkeit**	unbeweglich, stur und verstockt
graue Maus	**Leidenschaft**	außer Rand und Band
Sucht	**Selbst-Kontrolle**	Kontrollfanatiker, Familientyrann
gefühlskalt	**Liebe**	Helfersyndrom
Einzelgänger	**Kommunikation**	rücksichtsloser Schwätzer
Ignoranz	**Wissen**	Technologieglaube
Missionar oder kriminelle Tendenzen	**Ethik**	hebt ab

ZWEI GESCHLECHTER – EINE AUFGABE

Bei Mann und Frau gilt es gleichermaßen alle 7 Säulen der Macht zu entwickeln. Es gibt keine achte Säule für Frauen oder nur sechs für Männer. Allerdings stehen die Machtpotentiale in den 7 Säulen unter verschiedenen Vorzeichen. So sind einige Säulen bzw. Chakren weiblich dominiert, andere männlich. Nicht automatisch beherrscht man qua Geschlechtlichkeit auch die entsprechenden Säulen. So ist Frau nicht per Geschlechtlichkeit in bestimmen Säulen perfekt. Auch der Mann kann sich nicht auf den männlich dominierten Machtpotentialen ausruhen.

Die männlich dominierten Säulen beinhalten Machtpotentiale, die lediglich als Möglichkeit angelegt sind, doch noch aktiv geschaffen und weiter ausgebaut werden müssen. Die weiblich dominierten Säulen beinhalten Machtpotentiale, die angeboren sind. Diese gilt es lediglich von Blockaden zu befreien, damit sie sich (wieder) frei entfalten können.

Beide Qualitäten – männliche wie weibliche – sind unersetzlich. Die aktiv aufbauenden männlich geprägten Machtpotentiale vermögen es, die weiblich dominierten Machtqualitäten zu erlösen. Die frei gesetzten weiblichen Machtpotentiale wiederum motivieren die männlich dominierten Qualitäten der Macht, über sich selbst hinauszuwachsen. Beide Qualitäten – männlich und weiblich – bedingen sich also in ihrer Dualität. Miteinander – als Einheit – vermögen sie es, sich weiterzuentwickeln – der Sinn und Zweck jeder Beziehung. Die erreichte Einheit zeigt sich besonders im siebten Machtpotential – der Ethik. Hier haben sich Qualitäten verschiedener Vorzeichen zu einer handelnden Einheit zusammengefunden und ihre Potentiale integriert.

Diese Integration ist auch für jede Hierarchieebene sinnvoll. Beide Geschlechter sollten vertreten sein, um eine möglichst ganzheitliche Führung leisten zu können.

Dies darf nicht im Sinne der einstigen Geschlechterquote stattfinden. Hier geht es um Ergänzung und Vervollständigung der Kompetenzen.

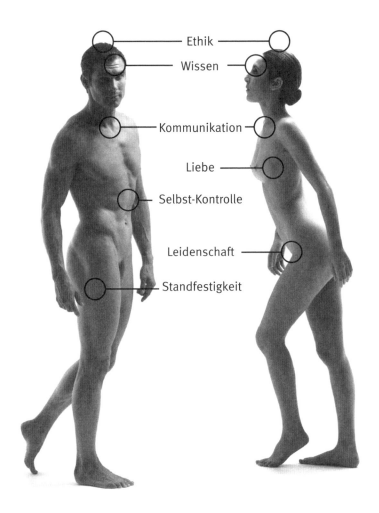

Ethik
Wissen
Kommunikation
Liebe
Selbst-Kontrolle
Leidenschaft
Standfestigkeit

STANDFESTIGKEIT

1

SÄULE

UNERSCHÜTTERLICHKEIT IN SCHWIERIGEN SITUATIONEN!

UNERSCHÜTT
IN
SITUATIONEN!

ERLICHKEIT
SCHWIERIGEN

···⫶ Welche Einstellung haben Sie Ihren Mitarbeitern gegenüber?

···⫶ Sind Sie etwas Besseres?

···⫶ Wären Sie nichts ohne Ihre Mitarbeiter?

···⫶ Geben Sie Ruhe und Sicherheit in das Team?

···⫶ Vertrauen die Mitarbeiter Ihnen und Ihren Kompetenzen?

···⫶ Vertrauen Sie Ihren Mitarbeitern?

Standfestigkeit als Machtpotential

Stehen Sie mit beiden Beinen in der Welt?
Die Säule der Standfestigkeit ähnelt einem Fundament, das Ihnen Halt und Sicherheit vermittelt. Psychisch geht es hier um das Gefühl, ein Recht zu haben, auf dieser Welt zu sein, ähnlich einer Daseinsberechtigung. Zwei polare Kräfte zeigen sich in diesem Machtpotential:

 starke Energie und Trägheit

Wer standfest ist, verfügt über enorme Energie und Tatkraft. Nicht immer läßt sich das von Trägheit unterscheiden. Zu viel Energie in Form unproduktiver Aggression ist, ebenso wie zu wenig Energie im Sinne von Kraftlosigkeit, ein Ausdruck für einen Mangel an Standfestigkeit.

Wahre Standfestigkeit bedeutet, fest und sicher auf den eigenen Füßen zu stehen. Dieser feste Stand gibt Ihnen Halt: körperlich, geistig und emotional. Sie wissen wo Sie stehen und werden sich nicht einem Wetterfähnchen gleich in alle Winde drehen. Sie sind sich Ihres Standortes auch ideologisch sicher und können nicht so leicht aus Ihrer Position verdrängt werden. Diese Stabilität bringt Gelassenheit mit sich – ein Kraftquell, aus dem Sie unendlich schöpfen können.

Standfestigkeit ist das erste und wichtigste Machtpotential! Es bestimmt die Tragfähigkeit aller anderen Säulen der Macht, die sich gegenseitig unterstützen und bedingen. Ist Ihre Standfestigkeit nicht stabil, können all die anderen Säulen ihre Machtpotentiale nicht entfalten. Also beginnen Sie hier mit Ihrer Persönlichkeitsentwicklung!

Ist Standfestigkeit als Machtpotential entwickelt, verfügen Sie über:
- Lebenskraft und Lebensfreude
- Ausdauer
- Durchhalte- und Durchsetzungsvermögen
- Erd- und Naturverbundenheit, bis hin zum Gefühl der Verwurzelung in einer Kultur einem Ort, einem Unternehmen, einer Familie
- Gespür für den Rhythmus von aktiven und passiven Phasen im Arbeitsleben
- Vertrauen und Sicherheit im Umgang mit Ihren Mitarbeitern und Mitmenschen

Eine gut entwickelte Standfestigkeit ermöglicht es einer Führungskraft, mit beiden Beinen auf dem Boden der Tatsachen zu stehen und ihre Persönlichkeit in einer Weise zu entfalten, die ihr die höchstmögliche Absicherung in der Welt gewährleistet.

Materielle Fülle, eine glückliche Berufswahl, eine gesicherte Heimat und stabile Familienverhältnisse sind die sichtbaren Früchte einer energiegeladenen Standfestigkeit. Diese Säule bietet Ihnen im entwickelten Zustand Sicherheit, Fülle und innere Kraft.

PROBLEME MIT DER STANDFESTIGKEIT

Der Dämon der Standfestigkeit ist die Angst!

Blockierungen und Fehlentwicklungen in der Säule der Standfestigkeit zeigen sich in Form von Ängsten und Kraftlosigkeit
auf der einen Seite und Aggression und Selbstsucht auf der
anderen Seite.

Ein asiatisches Sprichwort nennt es beim Namen: „Angst
frißt die Seele." Die aus Ängsten resultierende psychische
Kraftlosigkeit erschwert das Überwinden von Schwierigkeiten.
Unsicherheit und ein Mangel an Vertrauen in sich und andere
sind die Folge. Es kann zu Depressionen kommen und der
Mangel an Vertrauen in die eigenen Kompetenzen lädt dazu
ein, sich an Menschen zu orientieren, die stark wirken und
scheinbare oder tatsächliche Sicherheit bieten. Leider wäh-
len viele nicht gut und hängen sich an Partner, die ihr Vertrauen missbrauchen. So erfahren
sie statt einer Stärkung eine weitere Schwächung.

Im Gegenpol weisen auch übersteigerter Materialismus, Gier, Selbstsucht und aggressive
Durchsetzung egoistischer Interessen auf ernsthafte Blockierungen in der Säule der Standfestigkeit hin.

Merksatz für eine gestörte Standfestigkeit:
„Er steht nicht mit beiden Beinen in der Welt!"

THEORETISCHES KONZEPT

Ob ein Führungsverhalten überzeugend wirkt, hängt unter anderem davon ab, mit welcher
Standfestigkeit eine Führungskraft auftritt. Leider hat der überwiegende Teil der Menschheit
seine Standfestigkeit nicht optimal entwickelt.

„Wie erreiche ich Standfestigkeit?" werden Sie sich fragen. Es wäre natürlich schön, morgens aufzuwachen, sich vorzunehmen ab heute standfest zu sein und damit ist alles geregelt.
Ob das klappt? Ebenso wie ein Wanderer eine Landkarte benötigt, um seinen Weg zu finden,
brauchen auch Sie eine Landkarte der Standfestigkeit, die Ihnen zeigt, welche Wege gangbar
sind, und welche Klippen es zu umschiffen gilt. Und brauchen Sie eine Ausrüstung für den
Weg? Was gilt es zu beachten, zu bedenken und zu verändern, damit Ihre Standfestigkeit
tragfähig sein wird?

Das Schlüsselkriterium der Standfestigkeit ist das Vertrauen. Vertrauen in uns selbst – Vertrauen in andere. Die Vertrauens-Frage stellt sich also in zwei Richtungen, auf sich selbst bezogen und auf die anderen. „Habe ich Vertrauen zu mir selbst und meinen Kompetenzen oder misstraue ich mir? Habe ich Selbstzweifel?" und „Vertraue ich anderen oder misstraue ich ihnen?"

Diese und ähnliche Fragen stellen wir uns nicht erst heute. Schon als Kleinkinder, wollten wir uns in der Welt zurecht finden. Wir haben uns gefragt: „Wer bin ich?", „Was ist von den anderen Menschen zu halten?", „Wie ist das Leben ganz allgemein zu sehen?" ...

Und so hat jeder von uns – noch ehe wir erwachsen sind – eine ganz persönliche Einstellung zum Leben eingenommen. Wie ein Mosaik hat sie sich über die Jahre Steinchen für Steinchen zusammengesetzt. Erlebnisse und Beobachtungen, deren Bewertungen und Folgerungen schafften eine innere Überzeugung. Diese innere Überzeugung dirigiert heute unser Verhalten. Sie wird geradezu lebendig – sie wird zum Ausdruck unserer eigenen Persönlichkeit.

Im Rahmen Ihrer Mitarbeiterführung müssen Sie recht vielen Persönlichkeiten gerecht werden – und alle sind individuell verschieden. Schnell wird es unübersichtlich. Darum suchen wir den kleinstmöglichen Nenner, um in der Vielfalt den roten Faden zu erkennen.

Zurück zum Vertrauen: Man hat es oder man hat es nicht, man betrachtet sich, man betrachtet den anderen. Damit wird die unübersichtliche Masse an Überzeugungen in übersichtliche vier Vertrauensvarianten sortiert:

1 **Ich vertraue mir.**
    Das heißt, mit mir ist alles in Ordnung, so wie ich bin – ich bin OK **+**
2 **Ich vertraue mir nicht.**
    Mit mir stimmt irgendwie etwas nicht – ich bin nicht OK **-**
3 **Ich vertraue dir.**
    Mit dir hat es schon grundsätzlich seine Richtigkeit – du bist OK **+**
4 **Ich vertraue dir nicht.**
    Mit dir ist etwas nicht in Ordnung – du bist nicht OK **-**

Dies ist das Konzept der Grundpositionen aus der Transaktionsanalyse. In zwei Achsen beziehen wir uns auf das Schlüsselkriterium Vertrauen.

Die waagerechte Achse steht für das Vertrauen, das man in sich und seine Kompetenzen setzt.

SELBSTZWEIFEL	SELBSTVERTRAUEN
ENTFREMDUNG	**INDIVIDUATION**

Hier bewegen Sie sich zwischen Selbstvertrauen und Selbstzweifeln. Mit der Chance zur Individuation, der Selbstfindung oder der Entfremdung von sich selbst. Irgendwo zwischen diesen beiden Polen werden Sie sich hauptsächlich aufhalten.

ZUNEIGUNG

Die zweite senkrechte Achse repräsentiert Ihr Vertrauen in Ihr Umfeld, in die Menschen an sich oder das Leben im Allgemeinen. Sie bewegen sich ebenfalls zwischen den Polen des Vertrauens und des Misstrauens in andere, beziehungsweise zwischen Zuneigung und Abneigung. Irgendwo zwischen diesen beiden Extremen werden Sie Ihre Position beziehen.

Zusammen ergeben die beiden Vertrauens-Achsen ein Koordinatensystem, das Corrallogramm. Es erschließt uns vier Felder mit vier Möglichkeiten, in der Welt zu sein und anderen zu begegnen:

1. Mit mir hat es seine Richtigkeit und du bist mir so recht, wie du bist.
   Die „Ich bin OK, du bist OK"-Position wird verkürzt auf **+/+**
2. Ich bin in Ordnung, aber mit dir stimmt etwas nicht.
   Die „Ich bin OK, du bist nicht OK"-Einstellung schreibt sich **+/-**
3. Mit mir stimmt etwas nicht, du bist in Ordnung.
   Die „Ich bin nicht OK, du bist OK"-Lebenseinstellung lautet **-/+**
4. Mit mir stimmt etwas nicht, und mit dir ist auch etwas nicht in Ordnung.
   Die „Ich bin nicht OK, du bist nicht OK"-Grundeinstellung ist **-/-**

ABNEIGUNG

Diese vier Lebensgrundpositionen sind grundsätzliche Einstellungen dem Leben, den Menschen und sich selbst gegenüber. Sie stellen eine grundlegende Haltung dar. Das geht tiefer und weiter als sich lediglich eine Meinung über das eigene Verhalten und das anderer Menschen zu bilden.

Sie sind Entscheidungen über den Wert, den man sich persönlich zuschreibt. Beachten Sie, dass dies nicht der Wert ist, den Sie tatsächlich verkörpern, sondern dies ist der Wert, den Sie sich selbst zugestehen. Viele Menschen gewähren sich leider weit weniger Wert als ihnen rechtmäßig zusteht. Andere übertreiben es wieder und glauben, etwas Besseres zu sein.

Ihre persönliche Grundposition ist ein Wahrnehmungsfilter. Wie eine Brille vor Ihren Augen lässt sie Sie die Welt mehr oder minder klar sehen. Je nach Grundeinstellung erscheint eine andere Tönung.

Jedem Menschen sind die vier Grundpositionen bekannt. Wenn auch nicht theoretisch, so doch im Erleben. Je nach Situation und Tagesverfassung bewegen wir uns in allen Bereichen. Doch in kritischen Situationen neigt jeder zu einer bestimmten Einstellung, der so genannten Lieblingsposition. Diese Lieblingsposition ist nicht immer die angenehmste Grundposition, sondern die, die wir am besten kennen, in der wir uns vertraut fühlen.

Sofern Sie einmal eine Lieblings-Grundposition bezogen haben, wie eine Wohnung, richten Sie sich dort gemütlich ein und sind nicht gern geneigt, wieder den Aufwand eines Umzuges auf sich zu nehmen, sprich die Grundposition zu verlassen. Sie sehen und erleben die Welt entsprechend Ihrer Grundposition und rechtfertigen Ihr Verhalten mit dieser Einstellung.

Manche Menschen richten ihr ganzes Leben so ein, dass es zu ihrer Grundposition passt.

Die **Ich bin OK, du bist OK**–Einstellung **+/+** bejaht das Leben. Diese Einstellung sich selbst und den Mitarbeitern gegenüber geht von der Annahme aus, dass wir miteinander produktive und kreative Arbeit leisten werden. Jeder von uns, Führungskraft und Mitarbeiter, hat die Fähigkeiten, seine Möglichkeiten zum eigenen und zum Vorteil des Unternehmens zu entwickeln, sich seines Lebens und seiner Arbeit zu freuen. Auch wenn Störungen auftreten, werden wir diese gemeinsam bewältigen.

In der **Ich bin OK, du bist nicht OK**–Einstellung **+/-** traut man sich selbst mehr zu als den anderen. Die Führungskraft zweifelt grundsätzlich an den Fähigkeiten der Mitarbeiter und der Führungskollegen.

Die Grundeinstellung **Ich bin nicht OK, du bist OK** **-/+** bedeutet, dass die Führungskraft an sich selbst zweifelt. Sie traut sich selbst weniger zu als den anderen Führungskräften und womöglich auch weniger als den eigenen Mitarbeitern.

Führungskräfte, die die Einstellung einnehmen **Ich bin nicht OK, du bist nicht OK** **-/-** zweifeln an sich, an anderen und trauen niemandem etwas zu. Für sie ist ihre Aufgabe, ihr Beruf, vielleicht sogar ihr Leben sinnlos.

Lebensgrundeinstellungen sind aber nicht in Stein gemeißelt und können verändert werden – auf geht's!

Ich bin OK, du bist OK!

VERTRAUEN

Die „Ich bin OK, du bist OK"-Grundeinstellung ist die Voraussetzung für das Erreichen von Standfestigkeit, einem entscheidenden Faktor wahrer Macht. „Ich bin OK, du bist OK" bedeutet: „Wir sind gleichwertig und respektieren uns gegenseitig!" Das hat nichts mit Sozialromantik zu tun.

„Ich bin OK" bedeutet: „Ich sage ja zu mir, so wie ich bin, mit all meinen Licht- und Schattenseiten."

„Du bist OK" heißt: „Ich sage ja zum anderen mit seinen Ecken und Kanten."

OK ist das Maß meines Vertrauens in die Person und ihre Fähigkeiten. ‚OK' bedeutet jedoch keineswegs, alles gut und richtig zu finden, was jemand sagt oder tut. Man kann nachträglich das eigene Verhalten verwerfen oder das Verhalten eines Mitarbeiters kritisieren. In dieser Haltung gestehe ich mir und anderen durchaus Fehler zu, ohne denjenigen dabei als Person abzuwerten: „Richtig. Das habe ich falsch gemacht!", „Wollen Sie es nicht nochmals versuchen?", „Ich habe mich nun doch anders entschieden, ..."

In dieser konstruktiven und integrierten Haltung fühle ich mich weder über- noch unterlegen und brauche daher weder mich noch andere zu manipulieren. Für mich sind alle Menschen gleich wichtig. Diese Haltung fördert gute Kommunikation und effektive Arbeit. Damit kommen wir voran, egal, was wir anpacken. Wir bewegen uns vorwärts – in Richtung Wachstum. Das garantiert nicht, dass jede Aktion immer einen Treffer bringt oder eine Punktlandung ist. Doch wir lernen aus Fehlern und sind am Konsens mit anderen interessiert, an der gemeinsamen Bearbeitung von Dingen, an einer respektvollen Art, miteinander umzugehen.

Führungskräfte, die diese +/+ Einstellung leben, sind immer wieder beeindruckend. Sie sind wahre Gewinner. Sie handeln autonom und unmittelbar realitätsbezogen. Sie können es sich leisten, Fehler zu begehen und sich auch vorübergehend unsicher zu fühlen, ohne den Glauben an sich selbst zu verlieren. Diese Grundeinstellung gibt ihnen Halt und Sicherheit im Alltag.

Natürlich sind Sie nicht verpflichtet, diese Grundeinstellung permanent einzunehmen. Doch es ist mindestens wünschenswert, sie immer dann einzusetzen, wenn es darum geht, Menschen zu führen oder menschliche Probleme zu lösen.

SELBSTVERTRAUEN

Im Allgemeinen muss diese gesunde und positive Grundeinstellung im Laufe des Lebens wieder neu erlernt und eingeübt werden. Dies bedeutet auf seine Minderwertigkeits- oder Überlegenheitsgefühle in schwierigen Situationen zu verzichten.

Wenn Sie es vermögen, diese Grundposition überwiegend einzunehmen, sind Sie ein Gewinner!

Führungskräfte mit der **+/+** Grundposition:

- ⋯⟩ bewerten Situationen realistisch;
- ⋯⟩ treffen Entscheidungen selbstständig;
- ⋯⟩ schätzen die Folgen ihres Handelns angemessen ein und tragen die Konsequenzen;
- ⋯⟩ vertrauen den Menschen in ihrer Umgebung;
- ⋯⟩ sehen die Realität, so wie sie ist, und nicht, wie sie sie haben möchten;
- ⋯⟩ leben bewusst in der Gegenwart, ohne die Vergangenheit zu verleugnen oder vor der Zukunft die Augen zu verschließen;
- ⋯⟩ können sich Fehler leisten, ohne grundsätzlich an sich zu zweifeln.

Eine solche Einstellung können Sie durch eine bewusste Entscheidung und viel Übung gewinnen. Gönnen Sie sich Unterstützung dabei, damit es nicht nur nach +/+ aussieht, sondern auch „Ich bin OK, du bist OK" ist.

„Ich bin OK, du bist OK" kann als ‚Gelten und Geltenlassen' umschrieben werden. Sie betrachten sich als wertvoll und sind davon überzeugt, dass Ihre Gegenwart Ihren Mitarbeitern, die Sie ebenfalls als wertvoll und vertrauenswürdig betrachten, gut tut – eine echte Gewinnerhaltung. Darin zeigt sich Ihre Standfestigkeit, die erste Säule wahrer Macht.

ICH BIN OK, DU BIST NICHT OK!

„Ich habe immer Recht, alle anderen sind Idioten!" zeigt scheinbare Macht, nicht wahre Macht. Die +/- Grundeinstellung ist lediglich arrogant. Dennoch wird sie allgemeinhin als mächtige Position interpretiert. Diese Fehleinschätzung spiegelt die Erfahrungswelt der Bevölkerung wider. ‚Mächtige' Menschen verhalten sich rücksichtslos und ausbeuterisch, setzen ihre Interessen skrupellos durch – im Notfall ‚andere fertig machend' oder ‚über Leichen gehend'.

„Meine Macht ist deine Ohnmacht!" Ein Mächtig-Sein auf Kosten anderer mag nach außen kraftvoll auftreten und doch ist dies keine Standfestigkeit. Wer es für sich braucht andere abzuwerten, kann gar nicht so gut sein, wie er tut.

„Ich bin OK, du bist nicht OK" ist eine abwertende Einstellung zum Leben, die oberflächlich betrachtet nach Selbstvertrauen ausschauen mag. Selbstvertrauen aber, das gekoppelt ist mit Misstrauen, ist kein echtes Selbstvertrauen. Es ist eine Perversion von Standfestigkeit, die sich aus einem unrealistischen Gefühl von Macht und Überlegenheit speist. Darunter liegt meist ein im Grunde instabiles Selbstwertgefühl.

Führungskräfte mit dieser Grundhaltung reißen Aufgaben an sich „Ich kann das eh am besten!" Bei Misserfolgen geben sie gern anderen oder den ‚Umständen' die Schuld. Sobald sie beim Mitarbeiter einen Arbeitsfehler entdecken, eine Schwäche erkennen oder Mängel in dessen Fähigkeiten beobachten (und darin sind solche Führungskräfte sehr findig), wird der Mitarbeiter schnell als ganze Person abgewertet: „Müller ist doch einfach zu dämlich!"

Diese Manager verfahren nach dem Motto: Fehler machen nur die anderen. Wenn etwas nicht nach Plan geht, sind die anderen Schuld. Dies ist ein lahmer Trick, das eigene Nicht-OK-Verhalten zu kaschieren. Die Tatsache, dass viele Manager große Schwierigkeiten haben, Kritik anzunehmen, zeigt, wie verbreitet diese Position in der Führung ist.

MISSTRAUEN
Um Hilfe zu bitten ist für eine +/- Führungskraft ebenfalls undenkbar, bedeutet es doch in ihrem Weltbild Unterlegenheit und Schwäche einzugestehen: „Was? Ich soll den Techniker anrufen? Lächerlich, das mache ich selbst!"

Was soll das?

Zu der „Ich bin OK, du bist nicht OK"–Lebenseinstellung kommt jemand, wenn er ungerechtfertigte Härte durch andere erfahren hat und nun das Alleinsein schätzt. Die früher erfahrene Härte wird an andere weitergegeben, was diese Führungskraft als vollkommen gerechtfertigt und normal empfindet. Die Härte, die anderen als Überlegenheit ‚verkauft' wird, geht mit viel Abwertung und Aggression einher. Das hält das Umfeld auf Distanz, man ist den Umgang mit demjenigen bald leid. So wird man nicht nur Probleme los, indem man die Schuld abgibt, so wird man auch Menschen los, die bald flüchten. Denn wer sich als wertvoller betrachtet, ist bereit anderen etwas anzutun: angefangen damit anderen ins Wort zu fallen, über Einschüchterung bis hin zum Mobbing.

„Man muss Unmögliches verlangen" ist eine typische +/- Politik. Überzogene Anforderungen sollen sicherstellen, dass „die Pfeifen sich gefälligst anstrengen" und haben den Effekt, dass sich der Mitarbeiter schnell in der entgegengesetzten Lebenseinstellung, dem „Ich bin nicht OK, du bist OK" wiederfindet. Die komplementäre -/+ Einstellung und die damit einhergehenden Minderwertigkeitsgefühle bestätigen sich für den Mitarbeiter schnell, denn meist wird er mit der Umsetzung von unverhältnismäßigen Aufgaben allein gelassen und scheitert.

Für die Führungskraft bestätigt sich ihr Weltbild: „Ich bin kompetent, alle anderen kriegen es nicht geregelt!" Dass es zum Scheitern der Mitarbeiter gekommen ist, ist jedoch weniger in deren Kompetenzmängeln begründet, sondern wurde vielmehr von der Führungskraft provoziert. Das Versagen von Mitarbeitern ist nicht selten etwas, das die Führungskraft aktiv schafft und nicht etwas, das zufällig passiert. Hier hat Führung versagt. Solches Führungsversagen belastet die Mitarbeiter nicht nur emotional, sondern auch das gesamte Unternehmen wirtschaftlich.

Bedenken Sie: Nicht jeder mit dieser Überlegenheits-Grundeinstellung muss arrogant auftreten. Einige Führungskräfte kleiden ihre Abwertung in das Deckmäntelchen der Liebe. Weil sie meinen, ihre Mitarbeiter seien überfordert, möchten sie unbedingt helfen, ohne dass sie darum gebeten werden. „Ach, das ist schon in Ordnung, das mache ich doch gern." Diese Führungskräfte übernehmen Verantwortungen wo sie keine haben und beschützen so ihre Mitarbeiter davor, eigenverantwortlich zu arbeiten.

Die „Ich bin OK, du bist nicht OK"-Haltung bringt in kurzer Zeit scheinbar gute Ergebnisse. Das ist verführerisch und funktioniert wie folgt: Wenn sich die +/- Führungskraft nur überlegen genug, großkotzig genug, abwertend genug geben kann, sind viele Menschen eingeschüchtert und ‚tun was man ihnen sagt'. So spart sich die +/- Führungskraft viele anfängliche Diskussionen und Motivationsgespräche. Doch schon nach kurzer Zeit kippt die anfängliche Anpassung der ohnmächtigen Mitarbeiter in Zynismus, Ablehnung und Rebellion.

Dieser Widerstand ist selten offen sichtbar. Die +/- Führungskraft verbraucht nun ihre Energie in Konflikt- und Problemklärungen, die mit einem +/+ Führungsverhalten nie aufgetreten wären.

Kurz: Die +/- Führung zeigt schnelle Ergebnisse, die allerdings schon auf halber Strecke wieder wegbrechen und dauerhaft erheblich geringer ausfallen als die anfänglich langsamer erzielten Erfolge der +/+ Führung, welche nachhaltig und stabil sind.

Führungskräfte mit der **+/-** Grundposition:

···⟩ sagen anderen gern, wo es lang geht;

···⟩ sind oftmals weder in der Lage, eigene Probleme zu erkennen, noch diese zu lösen;

···⟩ schieben die Schuld gerne ab;

···⟩ zwingen andere nach ihren Vorgaben zu handeln;

···⟩ bevorzugen Ja-Sager;

···⟩ misstrauen den Menschen in ihrer Umgebung;

···⟩ verweigern ihren Mitarbeitern Anerkennung, um ihnen keinen Vorteil zu gewähren oder selbst als schwach dazustehen;

···⟩ leben nach dem Motto: „Sind die anderen zu stark, bist du zu schwach!"

Die +/- Lebenshaltung mag, oberflächlich betrachtet, wie eine Gewinner-Einstellung wirken. Für viele ohnmächtige Menschen ist dies die Position der Macht. Doch hier wird nur mächtig getan ohne mächtig zu sein. Tatsächlich handelt es sich bei der „Ich bin OK, du bist nicht OK"–Einstellung um eine Verlierer-Position. Erst hilft das aggressive und abwertende Verhalten noch Aufgaben und Probleme schnell loszuwerden. Mit der Zeit aber sind Kollegen und Mitarbeiter eine solche Führungskraft leid und wollen sie ebenfalls loswerden. Die +/- Führungskraft sieht sich mit hoher Mitarbeiterfluktuation und für sie unverständlichen Kündigungen konfrontiert. Auch das private Umfeld zieht sich zurück. Nun ist es nicht mehr die Führungskraft, die andere loswerden möchte, nun wollen andere die Führungskraft loswerden – eine bittere Erfahrung!

Ich bin NICHT OK, du bist OK!

„Ich bin unfähig, den anderen gelingt alles!" ist ein Ausspruch der Ohnmacht. Alfred Adler nennt die Position des „Ich bin nicht OK, du bist OK" den Unterlegenheitskomplex. Diese Einstellung nimmt jemand ein, der Selbstzweifel bis hin zu Minderwertigkeitsgefühlen spürt.

Die komplementäre entgegengesetzte Einstellung ist die schon beschriebene Position des „Ich bin OK, du bist nicht OK", die bei Adler als Überlegenheitskomplex bezeichnet wird.

Das entscheidende Charakteristikum beider Positionen ist der (ab-)wertende Vergleich mit anderen. Es werden einzelne Fertigkeiten und Kompetenzen unangemessen mit der Gesamtpersönlichkeit, also der Person an sich, in Verbindung gebracht. Statt realistisch zu erkennen, dass ich Schwächen habe, lautet die Aussage: „Ich bin nicht in Ordnung." Zum Nicht-OK-Gefühl gehören negative Selbsteinschätzung, Minderwertigkeits- und Ohnmachtgefühle.

Führungskräfte fühlen sich in der „Ich bin nicht OK, du bist OK"-Haltung einfach überfordert. Die Hoffnung liegt in den Fähigkeiten der anderen Führungskräfte und der Mitarbeiter. Ihre Hoffnung ist Ersatz für Vertrauen. Sie hoffen, dass jemand anderes die Aufgabe löst, das Problem klärt, den Konflikt entschärft. Das Führungsmotto: „Im Notfall werden die anderen es schon richten" zeigt, dass man sich schlussendlich seiner Verantwortung entzieht. Oft genug sind die Mitarbeiter solcher -/+ Führungskräfte gezwungen ‚Führung von unten' zu praktizieren, damit das Unternehmen produktiv bleibt. In solchen Fällen ist das Unternehmen nicht dank dieser Führungskräfte erfolgreich, sondern trotz dieser Führungskräfte.

Die -/+ Führungskraft entzieht sich ihrer Verantwortung durch schlichtes Weglaufen: krank werden, Außentermine, etc. Wenn es um Konfliktklärungen oder Entscheidungen geht, sind es immer wieder dieselben Führungskräfte, die versuchen, mit gut ausgedachten Gründen und pfiffig konstruierten Terminplänen davonzukommen: „Ich kann leider nicht kommen, weil ..." Solch ein Vermeidungsverhalten blockiert ganze Hierarchieebenen und manchmal sogar das Gesamtunternehmen.

Obwohl sich Manager in der -/+ Grundeinstellung vielen Problemen gar nicht erst stellen, bleiben sie doch nicht von Konflikten und Verletzungen verschont. Es fügt sich eher nach dem psychologischen Naturgesetz: „Das, was ich zu vermeiden suche, bekomme ich umso stärker vorgesetzt!"

Wie realisiert sich dieses Naturgesetz im Führungsalltag? Die Tendenz vor Problemen wegzulaufen, bringt mit sich, dass Konflikte erst spät gelöst werden, meist von anderen oder gar nicht. So haben -/+ Führungskräfte immer mehrere Brände zu löschen, die sich unnötig weit ausbreiten, weil sie nicht rechtzeitig angegangen werden. Ist man dann mit vereinten Kräften doch noch erfolgreich in der Brandbekämpfung, so hat es meist einige finanzielle und moralische Opfer gekostet.

Menschen in der „Ich bin nicht OK, du bist OK"-Haltung empfinden Ohnmacht als etwas Normales, scheinbar Natürliches und habe größtenteils keine Idee von wahrer Macht. Ihre Erfahrung mit Macht reduziert sich größtenteils auf das Erleben und Aushalten von Menschen mit der komplementären +/- Einstellung. Im Laufe der Jahre und der Ohnmachtserfahrungen kristallisiert sich eine Bereitschaft heraus, sich selbst etwas anzutun oder antun zu lassen. So nehmen -/+ Führungskräfte auch häufig alle Schuld auf sich. „Natürlich passiert das wieder mir!" Es fällt ihnen nicht schwer, um Rat zu fragen: „Sie können das besser!" Und so manche Aussage beginnt mit einer Selbstabwertung: „Darf ich mal eine ganz dumme Frage stellen?" Oder die Fähigkeiten anderer werden unverhältnismäßig bewundert: „Aber ich kann das bestimmt nicht so gut ausdrücken wie Sie!"

Auch eine Führungskraft mit der -/+ Grundeinstellung hat das lebensnotwendige Bedürfnis nach Aufmerksamkeit; in Form von Respekt, positiver Zuwendung und Anerkennung von Leistung. Leider glaubt sie, dass nur die anderen in der Lage sind, dieses Bedürfnis zu erfüllen. Und so befindet sich die unsichere Führungskraft in ständigem Bemühen um die Aufmerksamkeit anderer.

Zur ‚Jagd nach Aufmerksamkeit' gehört die Suche nach komplementären, ergänzenden Mitmenschen. Das sind solche, die gerne Anweisungen erteilen und Kontrolle ausüben. Das ‚Spielchen' der beiden komplementären Grundpositionen funktioniert perfekt. Der oder die Aufgesuchte signalisiert: „Du kannst in Ordnung kommen, wenn du ..." Und die Nicht-OK-Person bemüht sich um die Erfüllung der Bedingungen und damit um das OK-Sein. Doch der OK-Berg wird nie endgültig erklommen. Personen mit dieser Haltung stehen schon immer vor dem nächsten Nicht-OK-Berg.

Führungskräfte mit der **-/+** Grundposition:

⋯⟩ fühlen sich anderen gegenüber unterlegen;

⋯⟩ richten Ärger und Aggression gegen sich selbst;

⋯⟩ vermeiden zwischenmenschliche Konflikte;

⋯⟩ haben ein geringes Selbstwertgefühl;

⋯⟩ sind oftmals Ja-Sager.

Oft glauben Führungskräfte verpflichtet zu sein, mächtiger aufzutreten als sie sich fühlen. Dann kompensieren sie dies mit einer künstlichen +/- Einstellung, die sich in einem gereizten, manchmal unverhohlen arroganten Auftreten zeigt.

ICH BIN **NICHT OK,**
DU BIST **NICHT OK!**

„Ich bin erfolglos wegen der Unfähigkeit der anderen!" bedeutet, machtlos dem Leben ausgeliefert zu sein. Die innere Sicht „In dieser Welt gibt es keine guten Menschen und kein gutes Leben" spiegelt die typische -/- Grundhaltung wider. Man gesteht weder sich noch anderen einen besonderen Wert zu.

Eine Führungskraft mit der „Ich bin nicht OK, du bist nicht OK"-Haltung ist davon überzeugt, dass auf sie keinesfalls mehr Verlass sei als auf alle anderen. Selbstvertrauen und Vertrauen sind erheblich gestört.

Im Unterschied zur vorangegangenen -/+ Position leidet sie nicht unter Minderwertigkeitsgefühlen im üblichen Sinn. Sie kann der menschlichen Existenz einfach grundsätzlich keinen Reiz abgewinnen. Dies ist die Lebensposition der Sinnlosigkeit und (wenn auch nur heimlich) Verzweiflung. Man sieht nichts Positives bei sich selbst oder den anderen und kann weder der Arbeit noch dem Kontakt mit anderen oder dem Leben überhaupt etwas abgewinnen.

-/- Führungskräfte wirken oft zynisch und neigen dazu, konstruktive und lebensbejahende Lösungsansätze zu ironisieren, abzuwerten oder als unrealistisch abzutun. Sie suchen weder Hilfe noch Teamunterstützung, da sie sich davon ohnehin nicht viel versprechen. „Was soll das schon nützen!", „Mitarbeitermotivation? Alles, was Sie tun, ist ein Tropfen auf den heißen Stein!"

Weder besteht Hoffnung in die eigenen Kompetenzen noch in die Kompetenzen der anderen. Nichts macht Sinn! Es macht keinen Sinn, andere loszuwerden, um dann endlich allein erfolgreich zu sein, wie eine +/- Führungskraft das glaubt. Noch macht es Sinn, wegzulaufen und endlich Ruhe vor den Anforderungen der anderen zu haben, wie es sich eine -/+ Führungskraft erhofft. Wenn nichts Sinn macht oder Erfolgsaussichten bringt, ist es letztlich egal, wohin man sich wendet, wahrscheinlich wird man sich gar nicht erst in Bewegung setzen: „Wozu auch?" Die Bewegung der „Ich bin nicht OK, du bist nicht OK"-Grundeinstellung ist erst gar nichts anfangen, dann doch etwas beginnen, stecken bleiben, sich verheddern und schließlich nirgendwo ankommen.

MISSTRAUEN

Menschen mit der -/- Grundeinstellung haben die Neigung, sich aus der Gesellschaft auszugrenzen. Sie haben den Spaß am Leben schon verloren, halten sich für unterlegen und nicht liebenswert. Eine Führungskraft ohne sinnvolle Perspektive arrangiert sich mit dem ‚Schicksal des Loosers'. Niemand kann helfen, also werden Zuwendung und Aufmerksamkeit sogar aktiv abgelehnt. Obwohl diese Führungskräfte psychisch verkümmern, sind sie nicht in der Lage auszusteigen. Sie sitzen im Glashaus, an dem außen das Schild hängt, wie man rauskommt. Denn für alle anderen ist offensichtlich, dass sie sich das Leben selbst schwer machen. Menschen mit der -/- Grundeinstellung benötigen beratende, mitunter auch therapeutische Hilfe von außen, um diese Position verlassen zu können.

Führungskräfte mit der **-/-** Grundposition:

⋯⋗ haben keine Freude an sich selbst, an anderen, an
    der Arbeit oder dem Leben;
⋯⋗ vertrauen weder sich selbst noch anderen.

Eine -/+ Führungskraft droht in die negativere „Ich bin nicht OK, du bist nicht OK"-Haltung zu verfallen, wenn eine Person oder ein Ideal, auf das sie sich bis dahin stützte, versagt hat.

Eine +/- Führungskraft kann ebenfalls in die sinnlose „Ich bin nicht OK, du bist nicht OK"-Grundeinstellung verfallen, wenn sie trotz ihrer Überlegenheitsgefühle vor sich selbst versagt. Oder sie wird diese -/- Einstellung im Sinne einer vorübergehenden ‚Entlastung' der vorangegangenen -/+ Position benutzen. Nach dem Motto: „Ich tauge zwar nichts, aber ich werde den anderen beweisen, dass sie auch nicht in Ordnung sind."

Es ist davon auszugehen, dass die beiden asymmetrischen Grundeinstellungen +/- und -/+ oft nichts anderes sind als die Abwehr der „Ich bin nicht OK, du bist nicht OK"-Einstellung. Da die sinnlose -/- Position kaum zu ertragen ist, wechselt man in eine angenehmere Haltung über, man zieht quasi um in das besseres Wohnviertel des „Ich bin OK, du bist nicht OK" oder „Ich bin nicht OK, du bist OK".

Die Ohne-Macht-Wippe

Eben noch verhält sich die Führungskraft abwertend und großspurig ihrem Mitarbeiter gegenüber. Sie ist offenkundig in der „Ich bin OK, du bist nicht OK"–Haltung und fühlt sich überlegen. Sobald sie das Büro ihres Vorgesetzten betritt, beginnt die Wandlung. Innerhalb von Sekundenbruchteilen wird aus der übergroßen Person jemand deutlich kleineres. Die Führungskraft rutscht in die gegenteilige „Ich bin nicht OK, du bist OK"–Grundposition. Sie verhält sich angepasst, spricht leise und die Körperhaltung zeigt etwas Unterwürfiges.

Kaum verlässt sie das Büro des Vorgesetzen, trifft sie im Flur einen Praktikanten und mit einem Wimpernschlag vollzieht sich die Verwandlung zurück in die +/- Position: „Sagen Sie, haben Sie nichts zu tun?!"

Zweimal ist die Führungskraft gekippt – von einer Grundeinstellung zur anderen. Das ist nicht Standfestigkeit! Das ist die Ohne-Macht-Wippe in Aktion.

Die beiden komplementären Positionen, die +/- Haltung der scheinbaren Macht und die -/+ Haltung der Ohnmacht funktionieren miteinander wie eine Wippe. Einer von uns beiden ist oben, der andere unten. Wer genug Schwung oder Kraft in den Beinen hat, stößt sich ab und schwingt sich in die überlegene Position, auf Kosten des anderen, der damit automatisch in die unterlegene Grundposition des „Ich bin nicht OK, du bist OK" wippt.

Was auf dem Kinderspielplatz ein netter Zeitvertreib ist, entpuppt sich im Führungsalltag als Energiefresser. Die Ohne-Macht-Wippe verführt uns zu glauben, dass, wenn wir nur kräftig genug draufhauen, erfolgreich genug verkaufen, schnell genug arbeiten, wir endlich für immer oben bleiben. Doch dies ist eine llusion, die Wippe des ‚top dog – under dog' ist ständig in Bewegung und raubt Kraft und Nerven. Von Standfestigkeit sind wir weit entfernt, und wir reiben uns in einem unsinnigen Konkurrenzkampf auf.

NARZISSMUS

Nach dem hermetischen Gesetz des Innen wie Außen können wir die Ohne-Macht-Wippe nicht nur im Führungsalltag beobachten, sondern auch als Mechanismus in uns selbst. Einzelne Persönlichkeitsanteile unserer Psyche spielen die Ohne-Macht-Wippe und rauben uns Kraft, die wir sinnvoller nutzen könnten. Die innerpsychische Ohne-Macht-Wippe ist der Narzissmus.

Eine einzelne Person kippt hier zwischen Größenphantasie und Minderwertigkeitskomplex hin und her. Das kann so weit gehen, dass die eigentliche Person kaum noch zu erkennen ist unter dem Aufbau der beiden Abwertungsbrüder: „Ich bin der Größte" – „Ich bin der Kleinste".

„Ich bin alles, ich kann alles, ich bin der Beste!" Das ist der große Held (+/-). An der Hand führt er seinen kleinen Bruder, den Minderwertigkeitskomplex (-/+): „Ich bin ein Nichts, ich bin ein Versager!". Beide Überzeugungen sind übertrieben und unrealistisch. Keine kann über längere Zeit aufrecht erhalten werden und so lebt ein Narzisst in ständiger Bedrohung. Wenn er in der Größenphantasie nicht besteht, kippt er automatisch in die Minderwertigkeit. Von ‚himmelhochjauchzend' geht es direkt ins ‚zu Tode betrübt'. Die größte Angst des Narzissten ist, dass jemand erkennt, was hinter der Größenphantasie steckt, ein Nichts. Seine größte Angst ist es, dass jemand den Betrug aufdeckt.

Unter diesen beiden Komplexen, nicht selten tief verborgen, ruht die wahre Person, der echte und wahrhaftige, authentische Mensch. Diesen echten Persönlichkeitskern in sich selbst gilt es wieder zu erreichen. Das bedeutet, dass wir letztendlich bereit sein müssen, von der Größenphantasie zu lassen, ebenso wie von den Minderwertigkeitskomplexen. Ohne die überlegene und ohne die unterlegene Maske wird es möglich, die wahre Person in sich zu stärken und die +/+ Position wieder zu gewinnen.

Das Phänomen des Narzissmus ist in allen Branchen zu beobachten. Besonders anfällig mögen dafür Personen des öffentlichen Interesses sein, beispielsweise Popstars. Sobald sich diese Menschen mit dem Glanz und der Glorie identifizieren, die um sie herum aufgebaut werden, verlieren sie sich selbst. Die Gefahr ist, emotional leer zurückzubleiben und mehr eine glänzende Fassade als eine eigenständige Persönlichkeit zu sein. Zurück bleibt nur das Echo dessen, was man in sie hineinprojiziert. Natürlich wissen diese Menschen, dass sie lediglich eine gute Show abliefern und müssen ständig befürchten, dass ihnen jemand zu nahe kommt und das Geheimnis lüftet, den Betrug entdeckt, dass sozusagen ‚nichts dahinter steckt'. Fehlt es an äußerer Beweihräucherung durch Fans, stürzt das Luftschloss der Größenphantasie ein und kippt in die emotionale Leere der Depression.

Nun ist dies kein neuzeitliches Persönlichkeitsproblem. Bekannt war es schon in der Antike. Im Mythos des Narzissos ist alles enthalten – er kann niemanden lieben, nur sein Spiegelbild. Und da er Nähe nicht erträgt, ist seine Geliebte ein Echo.

Narzissos' Lebensbeginn ist bereits überschattet. Der Wassergott Kephissos überfällt die Nymphe Leriope und vergewaltigt sie. Leriope wird schwanger. Sie gebiert den Sohn – Narzissos. Von dem es heißt, dass er schön und kaltsinnig sei. Seine Mutter ist um seine Zukunft besorgt. Nazissos kann nicht lieben, nur in sein Spiegelbild ist er vernarrt.

Von Narzissos selbst hört man nicht viel, mehr von seinen Anbetern, die an seiner Kälte zugrunde gehen. Auch die Nymphe Echo verliebt sich in ihn.
Echo ist mit dem Verlust ihrer Sprache bestraft und kann nur noch den Ruf anderer nachreden. Sie folgt ihm auf die Jagd und möchte mit ihm sprechen, kann aber das Gespräch selbst nicht beginnen. Endlich ruft Narzissos als er sich verirrt: „Ist jemand hier?"
„Hier!" antwortet Echo, doch Narzissos kann sie nicht sehen.
„Komm!" ruft er. „Komm!" erwidert sie.
„Warum meidest du mich?" verlangt Narzissos zu wissen und Echo antwortet: „Warum meidest du mich?"
„Lass uns hier zusammenkommen!"
„Lass uns hier zusammenkommen!" wiederholt Echo und springt voll Freude aus ihrem Versteck, da Narzissos den Anfang gemacht hat. Sie will ihn umarmen, doch er schüttelt sie roh von sich und läuft davon: „Ich würde eher sterben, als mit dir liegen!" ruft er.
„Mit dir liegen!" fleht Echo.
Doch Narzissos ist schon fort und Echo verbringt den Rest ihres Lebens in einsamen Schluchten, wo sie vor Liebeskummer dahinsiecht, bis nur noch ihre Stimme zurückbleibt.

Narzissos und Echo sind in dieser unglückseligen Liebesgeschichte wie auch in narzisstischen Persönlichkeiten miteinander verknüpft. Sie sind als einander entgegengerichtete Wirkkräfte Anteile einer einzigen Persönlichkeit. In jedem Narzissten fristet auch eine liebeshungrige Echo ihr Dasein. Die liebende, bedürftige Seite ist es, die der Narzisst abwehrt, roh abschüttelt und vor ihr davonläuft, indem er sie in den Schatten seines Bewusstseins verbannt. Von dort kann sie nur noch leise als Echo nachhallen. Es ist der Wunsch nach Liebe, der kompensiert wird über den Wunsch nach Bewunderung für Attraktivität, den größten gezüchteten Kürbis, die meisten Diplome, die höchsten Vertragsabschlüsse usw.

Für einen Narzissten ist es furchtbar, wenn seine Leistungen keine Anerkennung hervorrufen, er also echolos bleibt. Dann fehlt der Spiegel, in dem er sich wohlwollend betrachten kann. Ohne diese äußere Rückmeldung bleibt ihm nichts – das ist kaum zu ertragen. Darum muss ein Narzisst immer mehr, immer schneller, immer höher und immer weiter leisten ... ohne Ruhepausen. Ruhephasen kann er sich nicht gönnen, denn sie sind eine Zeit ohne Echo. Eine Zeit ohne Größenphantasie ist aber immer eine Zeit im Minderwertigkeitskomplex. Und so lebt der Narzisst mit der ständigen Bedrohung, in seinen Minderwertigkeitskomplex zurück zu fallen.

Weg vom Narzissmus – hin zu mir selbst

Wie kommt man zu sich selbst?

Bleiben wir im Bild der narzisstischen Persönlichkeitsstruktur. Der übergroße Bruder (+/-) muss sich überwinden, seinen überkleinen Bruder (-/+) in den Arm zu nehmen. Es lässt sich also nicht vermeiden, genau das zu akzeptieren, wovor man vielleicht sein Leben lang davongelaufen ist: seine Minderwertigkeitsideen und Versagensängste. Anstatt zu rennen und zu rennen, in der Hoffnung etwas abzuschütteln, das uns ja doch im Herzen begleitet, müssen wir anhalten, uns umdrehen und das in den Arm nehmen, wovor wir Angst haben! Wenn diese beiden narzisstischen Bereiche des Übergroßen und Überkleinen sich akzeptieren und verschmelzen, sinkt man automatisch in seinen eigenen Persönlichkeitskern.

Das Heil eines Narzissten liegt letztendlich in seiner fantasierten größten Katastrophe: ‚normal' zu sein, Vor- und Nachteile zu haben. Es geht darum, sich Schwächen eingestehen zu können und gleichzeitig für sich selbst einzustehen. Weder bin ich der König noch bin ich der Bettler. Ich bin ein ‚normaler' Mensch mit Vorzügen und Schwächen. Was vermag ich wirklich und was vermag ich nicht?

Der Gewinn für einen Narzissten liegt darin, sich endlich zu entspannen, echte, warme Beziehungen eingehen zu können und dennoch Herausragendes zu leisten. Das liest sich wie ein Widerspruch: normal werden, um herausragend zu sein. Das Phänomen des Narzissten ist, dass er das Potential hat, wirklich Großartiges zu leisten. Dieses Potential entfaltet sich allerdings nur, wenn er bereit ist, normal zu sein. Erst wenn er bereit ist auf das Über-Großartig-Sein zu verzichten, stellt es sich ein. Wenn Narzissten es nicht mehr brauchen, beweihräuchert zu werden, dann erst können sie auf Dauer wirklich großartig sein. Wenn sie sich und anderen Fehler zugestehen können, dann erst zeigen sie menschliche Größe und werden nahbarer und menschlicher. Das ist wahre Macht.

Wenn Sie Ihre Schattenseiten zulassen und integrieren, können Sie die Lichtseiten leben. Nur eine Seite leben zu wollen, Licht oder Schatten, ist nicht durchzuhalten – denn dann stellt sich sofort wieder die Ohne-Macht-Wippe ein. Im gleichen Maßen wie ein Narzisst vor seiner minderwertigen Seite davonläuft, reduziert sich auch sein positives Potential!

Die Faustregel für Narzissten: „Sie können nur so groß sein, wie sie bereit sind, klein zu sein!"

Die richtigen Fragen stellen

Standfestigkeit ergibt sich aus dem Zusammenspiel von realistischem Vertrauen in sich selbst und realistischem Vertrauen in andere. Das verlangt, seine Standfestigkeit im Rahmen der „Ich bin OK, du bist OK"–Grundposition weiter auszubauen. Entdecken Sie sich: „In welchen Bereichen kann ich mir selbst vertrauen? Und in welchen Bereichen kann ich mir heute noch nicht vertrauen?" Wichtig ist hier differenziert zu fragen und nicht generalistisch, wie es die drei negativen Grundpositionen tun. Für Ihr Vertrauen in andere gilt das Gleiche: „Wo kann ich meinen Mitarbeitern realistisch vertrauen und wo noch nicht?"

Um zu angemessenen Ergebnissen zu kommen, ist es wichtig die richtigen Fragen zu stellen. Eines der größten Probleme besteht darin, dass sich Führungskräfte gerne grundsätzliche Ob-Fragen stellen. Diese Fragen bringen mehr Probleme mit sich als Lösungen, denn Ob-Fragen laden dazu ein, misstrauisch zu werden, weil sie einen unrealistischen Anspruch haben: ob ja oder ob nein. „Ob man vertrauen kann? Ob Herr Schulze wohl kompetent ist? Ob ich das wohl schaffe? Ob die machen, was sie sollen? Ob die Mitarbeiter sich motivieren lassen?" Ob-Fragen lassen nur schwarz oder weiß zu. Es ist wie ein 100 Cent Spiel: Nur bei 100 Cent haben wir einen Euro. Was machen wir mit nur 99 Cent? Das ist kein ganzer Euro. Übertragen auf die Motivation von Mitarbeitern: „Ob die wohl zu motivieren sind, noch mehr zu arbeiten?" Diese Ob-Frage lässt sich nur mit ja beantworten, wenn die Mitarbeiter zu 100% motiviert werden können; alle Mitarbeiter, die sich nur auf 95% Motivation einlassen, sind also laut der Ob-Frage nicht motivierbar. Die Frage an sich ist also falsch gestellt. Eine Ob-Frage passt nie, denn sie ist zu eng und führt dazu, dass Frust aufkommt – ohnmächtiger Frust (-/+) oder aggressiver Frust (+/-).

Die Frage lautet nicht: „Kann ich vertrauen, ja oder nein?" Die Frage muss anders gestellt werden, um der Realität gerecht zu werden. Schon die Umformulierung der Frage ergibt die Lösung. Die Frage lautet: „Wo, in welchen Punkten, kann ich vertrauen?" Diese Frage ist offener und gleichzeitig spezifischer. Weg von den Pauschalisierungen.

„In welchen Punkten kann ich vertrauen? Wie weit kann ich motivieren? Wer lässt sich auf was ein? Womit muss ich rechnen, wenn ich diese Anweisung gebe?"

Es stellt sich nicht die Frage: Sind Ihre Mitarbeiter motiviert – ja oder nein? Sind sie kompetent – ja oder nein? Sondern: In welchen Punkten und in welchen Bezügen sind Ihre Mitarbeiter bereits kompetent und wo brauchen sie noch Ihre Hilfe? In Bezug auf was sind sie motiviert? Und wo brauchen sie Ihre Unterstützung?

Das ist die richtige Fragestellung! Und damit kommen Sie zu einer realistischen Einschätzung, die Ihnen Vertrauen in Ihre Einschätzungsfähigkeit gibt.

Indem Sie sich selbst und Ihre Mitarbeiter realistisch mit Vor- und Nachteilen betrachten, kommen Sie zu zuverlässigen Schlussfolgerungen. Und mit diesen objektiven Ergebnissen wird sofort deutlich, welches Führungsverhalten von Ihnen verlangt wird.

Ich weiß, dass ich Herrn Müller im Punkt Zuverlässigkeit absolut vertrauen kann, wenn es um Zeitvorgaben geht. Ich kann diesem Mitarbeiter aber nicht in dem Punkt vertrauen, dass die Unterlagen vollständig sind und er sein Bestes gibt. Ist Herr Müller damit doch unzuverlässig? Keineswegs, Herr Müller hat nur andere Prioritäten – nun bin ich als Führungskraft gefragt, saubere Anweisungen zu geben: „Herr Müller, ich benötige die Unterlagen am Donnerstag um 15:00 Uhr und ich brauche sie auf dem neuesten Stand und in Top-Form."

Mein Anteil am Gelingen ist die angemessene oder unangemessene Führungsarbeit. Herr Müller hatte früher schon gezeigt, dass er zuverlässig sein kann. Nun muss ich ihn darin unterstützen, auch da zuverlässig zu sein, wo ich es brauche. Und mit einer für diesen Mitarbeiter angemessenen Anweisung kann ich ihm wieder vertrauen. Das ist Führung!

ANLEITUNG ZUR STANDLOSIGKEIT

Niemand wird zu seinem Glück gezwungen; deshalb hier einige Tipps für Ihre Grundposition:

+/- „ICH BIN OK, DU BIST NICHT OK"

⋯⟶ Lassen Sie keine Zweifel aufkommen: Niemand kann Ihnen das Wasser reichen. Sie sind der Schnellste, Größte, Schönste und besser als alle anderen.

⋯⟶ Angriff ist die beste Verteidigung. Bevor jemand Sie in die Pfanne haut, hauen Sie die anderen in die Pfanne.

⋯⟶ Schmücken Sie sich mit möglichst vielen fremden Federn. Je mehr, desto besser.

-/+ „ICH BIN NICHT OK, DU BIST OK"

⋯⟶ Bedenken Sie, in gut preußischer Manier, was Sie alles nicht können. Dann sollten Sie sich ausschließlich auf diese Schwächen besinnen und immer hart daran arbeiten, um vielleicht doch noch etwas rauszuholen. Aber Vorsicht: Achten Sie ja nicht auf Ihre Stärken und Talente!

⋯⟶ Sie sind klein, dick, dumm und hässlich. Sollte Ihnen doch hin und wieder etwas gelingen, bewerten Sie das als Glücksgriff!

⋯⟶ Wie oft waren Sie sich selbst untreu? Wie oft hatten Sie Pläne und haben sie nicht verfolgt? Wie oft haben Sie sich etwas vorgemacht? Wie oft haben Sie sich selbst belogen und betrogen? Seien Sie ehrlich, Sie können nicht auf sich selbst vertrauen.

-/- „ICH BIN NICHT OK, DU BIST NICHT OK"

⋯⟶ Jeder, der Sie mag, ist ein Spinner, beweist derjenige doch, dass er kein Beurteilungsvermögen hat.

⋯⟶ Misstrauen Sie jedem, der freundlich zu Ihnen ist. Jeder ist nur auf seinen Vorteil aus.

⋯⟶ Beherzigen Sie die goldene Regel und Sie können nicht enttäuscht werden: Vertrauen können Sie nur auf das Schlechte im Menschen!

+/+ „ICH BIN OK, DU BIST OK"

Vorsicht: Hier erlangen Sie Standfestigkeit!

Fragen aus der Praxis

F: Wie komme ich dahin, dass – egal, von welcher Richtung ein Windchen weht, oder sogar ein Sturm oder ein Tornado aufzieht – ich mich von nichts und niemandem beirren oder beeinflussen lasse?

A: Das ist das Ziel eines Narzissten! Die Hoffnung, dass irgendwann niemand mehr bedrohlich sein wird und kein Problem mehr Verunsicherung mit sich bringt, ist die unrealistische Hoffnung der +/- Position. Die Befürchtung, dass Sie etwas völlig ‚umhaut' speist sich aus der -/+ Position, aus den Minderwertigkeitsideen.

Standfestigkeit bedeutet, sich auf das Umfeld einzulassen und zu lernen, angemessen mit allem umzugehen, was einem begegnet. Manchmal fällt man dabei auf die Nase, doch learning by doing ist immer noch das beste Rezept. Es geht darum, fest in seinem Stand zu sein, nicht starr.

Die realistische +/+ Einschätzung lautet: Es mag Situationen und Personen geben, die mich erst einmal ‚umhauen', doch dann stehe ich stärker wieder auf.

F: Was soll ich machen? Ich habe schon immer gedacht, dass ich irgendwie nicht gut und austauschbar bin und dass ich nichts Besonderes kann. Wie soll ich damit umgehen?

A: Nach dem Motto: Der Mensch ist ja ohnehin austauschbar? Das stimmt so nicht. Das ist eine fixe Idee und ein Vorurteil, das Menschen ängstlich hält und manipulierbar macht. Jeder hat ein ganz eigenes Set an Talenten, Möglichkeiten und Fähigkeiten. Nelson Mandela schrieb: „Wer bis du eigentlich, deine Talente der Menschheit nicht zur Verfügung zu stellen, sie zurückzuhalten? Wir sind alle Kinder Gottes."

Viele glauben, es gäbe wertvolle Menschen und weniger wertvolle. So als würden ein paar Edelsteine aus der grauen Masse herausstechen und der Rest sei nur Durchschnitt. Das ist eine Illusion. Alle Menschen sind wertvoll. Die Frage ist: Wer macht was aus seinen besonderen Anlagen? Einige arbeiten viel an sich und bringen den Rohdiamant in eine geschliffene Form. Sie polieren die getrübten Seiten, damit mehr Licht hineinfällt. Und andere Edelsteine sind noch im Urzustand, aber nicht weniger wertvoll. Viele sehen womöglich nicht sofort den Wert, doch er ist vorhanden. Es gibt Liebhaber für die funkelnden Steine. Und es gibt Liebhaber für die naturbelassenen. Dies ist keine Frage des Wertes, sondern des Geschmacks.

F: Ich habe mich bisher in meinem Leben immer als etwas ganz Besonderes gesehen – ich bin was Besonderes, ich bin auf der Welt um viel zu bewegen, um Großes zu leisten. Durch diese Einstellung habe ich vieles erreicht! Wo ist die fließende Grenze zum Narzissmus?

A: Selbstverständlich sind Sie etwas Besonderes, wie könnte jemand auf den Gedanken kommen, dass er oder sie nicht etwas Besonderes sei. Fragen Sie Eltern, ob ihre Kinder etwas Besonderes für sie sind. Sie erhalten sicherlich ein kraftvolles „Ja". Wir können uns also darauf einigen, dass Sie für sich etwas Besonderes sind, doch Sie sind nicht besonderer, sprich besser als andere.

Narzissmus und die darin enthaltene übergroße „Ich bin OK, ihr seid nicht OK"–Haltung beinhaltet immer einen abwertenden Vergleich. Geht Ihr Besonders-Sein auf Kosten anderer? Das ist Narzissmus. Können Sie das Besondere der anderen gleichwertig anerkennen, so ist es Einzigartigkeit!

F: Ich bin sehr erfolgreich als Verkäufer, weil ich alles 10.000 Mal besser verkaufen kann als es ist. Doch wenn ich jetzt in der +/+ Position bin, dann mache ich die Dinge ja nicht mehr besser als sie sind – dann haben ich doch weniger Erfolg.

A: Keineswegs, die Fähigkeit, die Sie besitzen, etwas besonders gut darzustellen mag ja aus dem Narzissmus geboren sein, doch Sie müssen sie nicht verlieren. Wenn Sie den Narzissmus aufgeben, müssen Sie nicht gleichzeitig die damit einhergehenden Fähigkeiten aufgeben. Nein! Im Gegenteil. Es ist wie ein Freifahrtschein. Sie können ihn nutzen, Sie können es auch lassen. Sie sind jetzt flexibel und können nun eigenverantwortlich damit umgehen. Sie müssen jetzt nicht alles größer machen, sondern haben die Möglichkeit und können für sich schauen: Passt es, ist es ethisch angemessen? Sie sind jetzt frei zu entscheiden.

Übungen zur REFLEXION

-/+ Ich bin nicht OK, du bist OK!

In welchen Situationen und mit welchen Personen fühlen Sie sich unterlegen im -/+?

Was hält Sie davon ab, sich selbst als OK anzusehen?

Welche -/+ Botschaften vermitteln Sie Ihren Mitarbeitern?

SELBSTZWEIFEL

-/- Ich bin nicht OK, du bist nicht OK!

Wo befinden Sie sich zeitweise in der „Ich bin nicht OK, du bist nicht OK"-Grundposition?

Welches Verhalten und welche Umstände verstärken bei Ihnen die -/- Haltung?

Welche -/- Botschaften vermitteln Sie Ihren Mitarbeitern?

MISSTRAUE

+/+ ICH BIN OK, DU BIST OK!

Mit welchen Personen fühlen Sie sich „Ich bin OK, du bist OK"?

Wer und was unterstützt Ihre +/+ Grundposition?

Welche +/+ Botschaften vermitteln Sie Ihren Mitarbeitern?

+/- ICH BIN OK, DU BIST NICHT OK!

Wann fühlen Sie sich in der „Ich bin OK, du bist nicht OK"–Grundposition überlegen?

Welche Umstände und inneren Überzeugungen begünstigen die +/- Haltung bei Ihnen?

Welche +/- Botschaften vermitteln Sie Ihren Mitarbeitern?

STANDFESTIGK
+/+ GRUN

😊 „Ich bin OK, du bist OK"
bedeutet: „Wir sind gleichwertig und respektieren uns gegenseitig!"

- Das Schlüsselkriterium der Säule Standfestigkeit ist Vertrauen.

- Die „Ich bin OK, du bist OK"–Grundeinstellung ist für Führungskräfte unverzichtbar, wenn sie Menschen führen – also immer!

- Im Allgemeinen muss diese gesunde und positive Grundeinstellung wieder neu erlernt und eingeübt werden.

- Die Bewegung der +/+ Position ist vorankommen. Das bedeutet, konstruktiv mit Mitarbeitern, Kollegen und Problemen umzugehen.

- Bei hohem Selbstvertrauen und hohem Vertrauen in andere ist Ihr Verhalten autonom, unabhängig und unmittelbar realitätsbezogen.

EIT IST EINE DEINSTELLUNG

- Sie nehmen Ihre eigenen Bedürfnisse wie auch die Bedürfnisse anderer wahr und sind bestrebt, sie in Ihren Handlungen zu berücksichtigen.

- Sie treffen Entscheidungen selbstständig, schätzen die Folgen realistisch ein und tragen die Konsequenzen.

- Sie können es sich leisten, Fehler zu machen und sich auch vorübergehend unsicher zu fühlen, ohne dass Sie den Glauben an sich selbst verlieren.

- Diese Haltung fördert gute Kommunikation und effektive Arbeit. Sie streben tragfähige Vereinbarungen und ein produktives Miteinander an.

- Führungskräfte mit der +/+ Grundhaltung sind wahre Gewinner.

Ihre Mitarbeiter werden es Ihnen danken!

LEIDENSCHAFT

2

SÄULE

DIE FÄHIGKEIT, MITGERISSEN ZU SEIN UND ANDERE MITZUREISSEN!

DIE FÄHIGKE

MITGERISS

MITZUREISS

- Ist Motivation Ihr Motor?
- Wie motivieren Sie sich?
- Wie motivieren Sie Ihre Mitarbeiter?
- Genießen Sie Ihre Rolle?
- Sind Sie nah am Mitarbeiter?
- Haben Sie professionelle Distanz?

T,
EN ZU SEIN
UND ANDERE
EN!

LEIDENSCHAFT ALS **MACH**TPOTENTIAL

Empfinden Sie Lebensfreude?

Die Säule der Leidenschaft kommt einem Lebenselixier gleich – sie schenkt Kraft und Energie. Psychisch geht es hier um die Fähigkeit, das Leben, die Arbeit und die Menschen zu genießen. Zwei polare Kräfte sind in diesem Machtpotential aktiv:

 Schöpfung und Zerstörung

Wer leidenschaftlich ist verfügt über die Kraft, die Ausdauer und das Geschick, Dinge zu verwirklichen – also schöpferisch zu sein. Ist dieses Machtpotential gestört, wirkt sich die Leidenschaft zerstörerisch aus. Die Zerstörung kann sich in zwei Richtungen vollziehen: Im Falle einer Blockierung richtet sie sich gegen die Führungskraft selbst – die schöpferische Energie wird nicht genutzt und richtet sich in Form einer Implosion gegen den eigenen Körper oder die eigene Psyche. Ist Leidenschaft dagegen fehlgeleitet, richtet sich die Zerstörung nach außen, auf Karriere, Projekte und Beziehungen.

Leidenschaft ist die Begeisterung, die Sie in Schwung hält. Nichts kann einen Menschen so sehr beleben wie die Macht der Leidenschaft. Leidenschaft kann aufbauen und zerstören. Sie vereint Gegensätze und kann Konfrontation und Veränderung bringen. Eine gut entwickelte Säule der Leidenschaft ist mit Blick auf die ihr innewohnende Vitalität besonders wichtig für körperliche Gesundheit und seelisches Wohlbefinden – nicht zu verachtende Nebeneffekte. Leidenschaft ist der Schlüssel zu echter Lebensqualität!

Führungskräfte brauchen Leidenschaft, um sich selbst und auch ihr Umfeld zu motivieren. Das bedeutet aktivierende Impulse zu setzen und zuzulassen. So steigern sie die Kreativität und Freude an der Arbeit.

Leidenschaft ist als zweite Säule die Säule der Berührung. Dazu gehören Neugierde, Lebenslust und Sinnlichkeit. Lebenslust und Lebensfreude können nur entstehen, wenn die Welt mit allen Sinnen erfasst und die eigene Persönlichkeit liebevoll angenommen wird. Das bedeutet Schamgefühle loszulassen und mit uns und unserer Umwelt in Kontakt zu sein.

Ist Leidenschaft als Machtpotential entwickelt, verfügen Sie über:

- ⋯⟩ Entfaltung Ihrer Lebensenergie im Sinne von Lebenslust und Sinnlichkeit;
- ⋯⟩ Körperbewusstsein und Vitalität
- ⋯⟩ Lebensfreude
- ⋯⟩ Kreativität und schöpferische Kraft
- ⋯⟩ Motivation und Motivationsfähigkeit
- ⋯⟩ Lust zur Entfaltung
- ⋯⟩ eine gehörige Portion Schwung im Leben

Eine gut entwickelte Leidenschaft ermöglicht es einer Führungskraft, gesunde Beziehungen zu sich selbst und zu anderen zu leben. Leidenschaft und Emotionen werden nicht unterdrückt, sondern können sich frei entfalten. Der eigene Körper und auch die eigene Persönlichkeit werden bewusst wahrgenommen und trotz kleiner Schwächen und Fehler geliebt. Auch die erotische Beziehung zum Partner ist erfüllend und von Hingabe geprägt.

Ist diese Säule der Macht ausgeglichen entwickelt, kann die Führungskraft ihr kreatives Potential voll entfalten. Selbstsicherheit, Vitalität und Lebenslust haben eine große Anziehungskraft auf Mitarbeiter, Kollegen und Kunden.

PROBLEME MIT DER LEIDENSCHAFT

Der Dämon der Leidenschaft ist die Scham!
Blockierungen und Fehlentwicklungen zeigen sich in Form von (unbewussten) Schamgefühlen, die Verzagtheit mit sich bringen. Ihre Mitarbeiter empfinden Sie dann als halbherzig, langweilig und feige: „Da kommt nichts rüber!"

Die Führungskräfte fühlen sich selbst oft kraftlos, ohne Motivation, etwas Neues in Angriff zu nehmen. Daraus können depressive Verstimmungen und schöpferische Krisen erwachsen.

Gleichzeitig ist die sinnliche Wahrnehmung reduziert und es fällt schwer, das Leben zu genießen. Dieser Mangel an sinnlicher Freude führt bei vielen Managern zu paradoxen Verhaltensweisen. In Form einer Konterdynamik reagieren sie mit starkem Suchtverhalten: Sie spüren (unbewusst), dass sie sich allem Sinnlichen verstärkt zuwenden sollten. Doch die einfachste, unmittelbar zugängliche und zugleich stärkste sinnliche Erfahrung ist die Rauscherfahrung. Zur Berauschung lässt sich allerlei nutzen, nicht zuletzt auch Drogen und Stress. Führungskräfte im Stressrausch wirken außer Rand und Band. Sie reißen möglichst viele Projekte an sich, verzetteln sich und verlieren sich im Wust all der vielen anliegenden Projekte.

Wenn auch Rauscherfahrungen kurzzeitig eine Blockade lösen können, führt doch eine Sucht immer zur Abstumpfung der Sinne und zur Zerstörung des eigenen Lebens.

Die bewusste Arbeit an dieser Säule schützt vor Triebhaftigkeit, unerfüllter Sehnsucht und damit zusammenhängenden Suchtgefährdungen, Eifersucht, Ängsten und nicht zuletzt einer unbefriedigenden Sexualität.

Merksatz für eine gestörte Leidenschaft:
„Sie empfindet keine Lebensfreude!"

Theoretisches Konzept

Das Geheimnis der Mitarbeitermotivation liegt maßgeblich in der bereits vorhandenen Eigen-Motivation der Führungskraft. Als Faustregel gilt: Sie können so stark motivieren, wie Sie selbst motiviert sind!

Das Ausmaß an Leidenschaft, das Sie für Ihre Arbeit, für das Produkt, für die Mitarbeiterführung und für das Leben aufbringen, überträgt sich als leidenschaftliche Belebung auf Ihre Mitarbeiter. Weniger lebensbejahende Angestellte werden einfach mitgerissen, ohne sich als Spielball der Gezeiten zu fühlen. Sie schwimmen dann als Nutznießer auf dem Kamm der Welle der Leidenschaft. Eher blockierte Mitarbeiter, die gern möchten, sich aber nicht trauen, erhalten über Ihre Leidenschaft die Erlaubnis und das Vorbild, sich ebenso in die Materie zu stürzen.

Dieses zweite Machtpotential ist die Macht der Lebensfreude. Der indische Name für dieses Chakra lautet ‚Svadhisthana‘ und bedeutet Süße. Diese Süße im Leben entsteht durch sinnliche Freuden - in allem was wir tun. **So ist der Schlüssel zur Leidenschaft** schlicht **der Genuss!** Genuss und Lebensfreude stellen sich jedoch nur ein, wenn Sie sich berühren lassen. Das bedeutet, in Kontakt zu sein:

⤏ mit sich selbst und den eigenen Energien, Wünschen und Begeisterungen:
   sich selbst zu spüren und danach zu handeln;
⤏ mit der Welt um sich herum und sich von ihr berühren zu lassen: das Wachstum zu
   spüren und den Verfall und damit ein Gespür für den Rhythmus des Lebens zu erhalten;
⤏ mit den Menschen und sich von ihren Gedanken, Empfindungen und Persönlichkeiten
   berühren zu lassen: ihre Vielfalt zu spüren, ihre Potentiale und Begrenzungen.

Mit der Bereitschaft zur leidenschaftlichen Wahrnehmung dessen, was um Sie herum vorgeht, entfalten sich für Sie sinnliche Genüsse jeder Form, Kunst- und Kulturgenuss, Erotik und lustvolles Erleben.

Damit stellen sich die Fragen:
1. **Was unterdrückt Leidenschaft?**
2. **Und was fördert Leidenschaft?**

Leidenschaft ist ein weiblich dominiertes Machtpotential. Sie ist uns angeboren. Leider erfahren wir im Laufe unseres Lebens immer mehr Einschränkungen und Begrenzungen dieser Quelle der Macht.

Nun gilt es diesen Quell wieder freizulegen. Dann können Sie täglich neu entscheiden: „Wie viel Leidenschaft möchte ich heute leben?“

INNERER DIALOG

Liebe Leserin, lieber Leser; jetzt mal Hand auf's Herz! Hören Sie Stimmen?

Viele Seminarteilnehmer sehen mich bei dieser Frage entsetzt an: „Wie jetzt ... nein, natürlich nicht!" – Nun, das ist schlecht!

Ob Sie angemessen führen, hängt im Wesentlichen davon ab, wie gut Ihre Ich-Zustände miteinander kommunizieren. Und wenn Sie diese inneren Diskussionen nicht wahrnehmen – diesen inneren Stimmen also nicht zuhören – dann bedeutet das, dass Sie eventuell nur ausführendes Organ für die Persönlichkeitsanteile sind, die sich innen durchsetzen.

Nur wenn Sie Ihre inneren Stimmen bewusst wahrnehmen, können Sie lenkend eingreifen, die Moderation übernehmen und so das Diskussionsergebnis mitprägen. Vergleichbar mit einem Meeting – sind Sie nicht anwesend, so wird eventuell über Ihren Kopf hinweg entschieden und Sie müssen ihn hinterher dafür hinhalten.

Normalerweise können Sie Ihre inneren Stimmen sehr gut zuordnen: Ach, guck mal, das ist doch Tante Frieda mit ihrer Schwarzseherei: „Gott, Jung', das kann doch nicht gut gehen!"

Sie können also aufatmen – Sie sind nicht verrückt. Sie lauschen lediglich dem inneren Dialog Ihrer Ich-Zustände und den darin enthaltenen Introjekten, wie Tante Frieda, Mutter, Cousine Elsbeth, Onkel Paul, Opa Heinz und noch so manch anderen.

Einzige Faustregel: Sie hören Stimmen, die sich nicht in Ihrem Kopf melden oder die Sie nicht als bekannte innere Persönlichkeitsanteile identifizieren können. Dann flugs zum Therapeuten!

Geben Sie einmal Acht, ob bestimmte Stimmen besonders laut oder einflussreich sind. Kann sich Frieda mit der Schwarzseherei durchsetzen und damit Ihre Begeisterung regelmäßig unterdrücken?

Sie kennen diese Leute ja auch in Ihrem Arbeitsalltag! Sie tragen gute Ideen vor und dann kommt der Auftritt der Bergaufbremser. „Ja, das soll man nicht so hoch bewerten! Da muss man erst einmal abwarten, wie sich der Markt entwickelt." Mit scheinbarer Logik und gut ausgedachten destruktiven Argumenten wird dann Neues abgewiesen und Leidenschaft unterdrückt. Die Energie, die Sie mit Ihrer Leidenschaft mitbringen, wird von oben gedeckt. Und genau dieses bekannte Ausbrems-Phänomen findet auch innerpsychisch in unserer Persönlichkeit statt.

Sie verfügen sowohl über leidenschaftliche wie auch bremsende Persönlichkeitsanteile. Doch wer setzt sich durch?

ErInnern wir uns der Ich-Zustände. Sie kennen bereits das Strukturmodell mit den drei Instanzen: **Kind-Ich K**, **Erwachsenen-Ich ER** und **Eltern-Ich EL**.

Diese Ich-Zustände werden nun noch weiter differenziert und nach der Art und Weise benannt, mit der sie sich präsentieren. So werden das Eltern-Ich und das Kind-Ich in verschiedene Qualitäten unterschieden. Ausnahme ist das Erwachsenen-Ich, das nicht weiter differenziert wird, da es in sich vollständig ist. Dieses erweiterte Modell ist das **Funktionsmodell**.

Da wir alle zwei Elternteile hatten, bietet es sich an, das Eltern-Ich in zwei Qualitäten zu unterscheiden: nicht in Vater und Mutter, sondern in eher weiblich zugeordnete Qualitäten und eher männlich zugeordnete Qualitäten. Diese beiden Qualitäten lassen sich in allen Kulturen wiederfinden und natürlich in Männern und Frauen gleichermaßen.

So sprechen wir von einem **fürsorglichen Eltern-Ich fEL**, welches tröstet, Unterstützung gibt und wohlwollend ist. Diese Persönlichkeitsqualität kann sich förderlich und produktiv auswirken, wenn Sie jemanden unterstützen. Doch auch alles Gute lässt sich pervertieren. Das fürsorgliche Eltern-Ich wirkt eher destruktiv, wenn man andere mit zuviel ‚scheinbarer' Fürsorge klein hält, nach dem Motto: „Ach Kind, ich nehme dir das mal ab." Diese Fürsorge mag oberflächlich betrachtet liebevoll aussehen, doch sie ist ‚overprotective' und verhindert die Entwicklung wichtiger Fähigkeiten. Schon Erich Kästner sagte: „Das Gegenteil von gut ist gut gemeint!"

Auf der anderen Seite steht das **kritische Eltern-Ich kEL** mit seinen Forderungen nach Leistung, seiner Kritikbereitschaft und der Fähigkeit, Grenzen zu setzen. Wie wichtig dieser Ich-Zustand ist, zeigt sich in den Auswüchsen antiautoritärer Erziehung, welche ganz ohne diese Qualitäten auskommen wollte. Das kritische Eltern-Ich ist produktiv, wenn es Entwicklung und Wachstum fordert. Destruktiv ist dieser Persönlichkeitsanteil, wenn man generalistisch abwertet: „Du kannst ja gar nichts."

Unsere Ich-Zustände kommunizieren nicht nur nach außen mit anderen Personen, sondern auch nach innen mit unseren anderen Persönlichkeitsanteilen. Dieser innere Dialog, dieses Miteinander unserer Ich-Zustände wirkt sich wesentlich auf unsere Persönlichkeit aus. In Reaktion auf unsere inneren Eltern, auf unser Eltern-Ich **EL**, zeigt sich unser Kind-Ich **K** ebenfalls in verschiedenen Qualitäten. Bisweilen ist dies nicht nur situativ, sondern prägend für ein ganzes Leben.

Wenn Kinder vor allem dem kritischen Eltern-Ich **kEL** ihrer Bezugspersonen ausgesetzt waren, dann entwickeln sie sehr wahrscheinlich eine Persönlichkeit, die man als schüchtern, wenn nicht sogar verschreckt wahrnimmt. Dies ist der Ich-Zustand des **angepassten Kind-Ichs aK**. Im Erwachsenenalter versuchen diese Menschen beim Gesprächspartner zu erahnen: Was will mein Gegenüber wohl von mir? Um es dann schon vorab zu liefern. Hier ist die eigentlich notwendige Sozialanpassung, die wir alle brauchen, um uns in eine Gesellschaft einfügen zu können, übermäßig ausgeprägt und wirkt nicht förderlich, sondern hemmend. Diese Führungskräfte machen dann lieber „was der Kollege oder Mitarbeiter will, dann gibt es keinen Stress".

Im Rahmen einer Konterdynamik kann diese Anpassung aber auch ins Gegenteil umschlagen. Anstatt im originär angepassten Kind-Ich **aK** aus Prinzip ‚Ja' zu sagen und viel mit sich machen zu lassen, werden andere Charaktere in die Rebellion gehen und aus Prinzip ‚Nein' sagen. Es ist gar nicht so selten, dass man sich im Kontakt mit einem 50-jährigen Mitarbeiter innerlich fragt, ob derjenige wohl schon aus dem Trotzalter heraus ist. Per bescheinigtem Alter im Personalausweis sind solche Menschen schon im reifen gesetzten Alter. Doch das emotionale Alter ist davon unabhängig. So kann man sich auch noch mit 50 Jahren wie ein trotziger Dreijähriger benehmen. Dann ist eine erwachsene Person im **rebellischen Kind-Ich rK**.

Beide Formen, das angepasste wie auch das rebellische Kind-Ich, sind keinesfalls Ausdruck von Leidenschaft, sondern von Anpassung. Je nachdem, auf welcher Seite derjenige vom Pferd gefallen ist, wird er in die akzeptierende (**aK**) oder abweisende (**rK**) Anpassung gehen. Beide haben die Vorgabe des Gegenübers im Zentrum ihres Erlebens. So heißt es entweder prinzipiell „ja, mache ich" oder „nein, mache ich nicht". In beiden Fällen entsteht kein eigener Entwurf für angemessenes Verhalten.

Kinder, die vorrangig aus dem fürsorglichen Eltern-Ich **fEL** unterstützt wurden, durften Kind sein, Spaß haben und erfahren, was sie selbst möchten. Sie haben ihre natürlich angelegte Leidenschaft entfaltet, was ihnen ein Leben lang erhalten bleibt. Leidenschaft selbst ist die Qualität, die ein **freies Kind-Ich fK** mit sich bringt. Das freie Kind-Ich **fK** ist der ursprünglichste und natürlichste Teil unserer Person, der zu Beginn unseres Lebens ganz im Vordergrund steht.

Wenn wir im freien Kind-Ich sind, spüren wir unsere unmittelbaren Bedürfnissen und Gefühle, folgen spontan unseren Impulsen und richten uns nicht nach den Erwartungen und Vorschriften anderer. Im freien Kind-Ich können wir kreativ und pfiffig, spielerisch und zärtlich, aber auch egoistisch und rücksichtslos sein.

Der Sitz Ihrer Leidenschaft ist das freie Kind-Ich. Doch das Kind-Ich ist gleichzeitig der verletzlichste Persönlichkeitsanteil in Ihnen. Dort, wo Ihre ureigene Energie sitzt, sitzt auch Ihre ureigene Verletzlichkeit. Begeisterung, auf etwas zuzugehen (freies Kind-Ich **fK**) und Rückzug, die Angst vor anderen (angepasstes Kind-Ich **fK**) liegen nah beieinander.

DAS SCHLECHTE GEWISSEN

Ihre Leidenschaft ist im freien Kind-Ich **fK** angelegt. Dort sitzen auch Ihre Energie, Vitalität und Kreativität.

Ihr freies Kind-Ich denkt in „Ich will!", in Bedürfnissen und in Wünschen. Während die anderen Ich-Zustände auf verschieden Weise für die Selbst-Kontrolle zuständig sind. Das Eltern-Ich **EL** kontrolliert unreflektiert und automatisch, oftmals in überholten Bahnen. Was vor 50 Jahren angemessen war, und Vater mir eingebleut hat, passt heute gesellschaftlich oft nicht mehr. Doch aus dem rebellischen Kind-Ich **rK** zu behaupten „Ich mach' das nicht mehr mit, das ist doch Quatsch!" ist keine gute Idee. Denn: Was damals im Umgang mit Eltern galt, gilt auch heute noch – innerpsychisch.

Erinnern Sie sich noch, wie Sie damals für Fehlverhalten ausgeschimpft wurden? Sich gegen die Vorgaben der Eltern zu verhalten brachte immer Ärger. Heute mögen Ihre Eltern tatsächlich nicht mehr all Ihre Handlungen kommentieren. Das brauchen sie auch nicht zu tun, denn Sie selbst übernehmen das ja mit Ihrem kritischen Eltern-Ich **kEL**. Sie müssen auch nicht mehr von Ihren Eltern ausgeschimpft oder womöglich bestraft werden, wenn Sie sich gegen die moralischen Gebote verhalten – auch das übernehmen Sie selbst. Das ist nämlich Ihr schlechtes Gewissen!

Und ehrlich gesagt ist nicht besonders viel gewonnen, wenn Sie sich jedes Mal nach bestimmten Aktionen mies fühlen, oder?! Doch jetzt ein Leben lang machen, was Mama und Papa immer schon gesagt haben?

Ihr Eltern-Ich denkt in Erwartungen und Prioritäten der Gesellschaft, nach dem Motto: „Was sollte ich?" Diese elterlichen Vorgaben dienen dazu, uns kleine Racker zu sozial verträglichen Menschen zu erziehen. Doch manche Eltern vergalloppieren sich in ihren Ansprüchen und viele Erziehungsvorgaben büßen über die Jahre ihre Aktualität ein. Wenn wir dann erwachsen sind, können so manche Inhalte des Eltern-Ichs arg bearbeitungsbedürftig geworden sein.

Und stellen Sie sich vor, Sie würden immer nur das tun, was ‚man' sollte. Stellen Sie sich vor, Sie würden immer nur tun, was andere von Ihnen erwarten. Der Gedanke allein raubt schon Kraft, denn wo bleiben Sie selbst mit Ihren Bedürfnissen bei all diesen Erwartungen?

Sich allein nach den Vorgaben und Erwartungen des Eltern-Ich zu richten, entspricht der depressiven Grundeinstellung **-/+**.

Leidenschaft kann nur in der produktiven **+/+** Einstellung sprudeln, in der man sich um einen angemessenen Kompromiss zwischen eigenen Wünschen und Bedürfnissen (**K**) und den Erwartungen und Vorgaben anderer (**EL**) bemüht.

Hier hilft das Erwachsenen-Ich **ER.** Reflektieren Sie, welche Wünsche und Bedürfnisse Sie haben, welche Erwartungen von außen an Sie herangetragen werden und wie Sie diese beiden Vorgaben sinnvoll zusammen bringen. Es gilt, den aktuellen gesellschaftlichen Normen angemessen zu entsprechen und gleichzeitig seine eigene Leidenschaft zu leben. So lenken Sie Ihre Energie bewusst und können sie in vollem Ausmaß nutzen. Dann können Sie Ihre Berufung im Beruf ausleben, Ihre Talente im Unternehmen kreativ einsetzen und Spaß daran haben.

Erfahrungsgemäß marschieren vor der Befreiung des Kind-Ichs noch einmal alle elterlichen Normen auf.

ARMEE VON ZEIGEFINGERN

Der Zeigefinger – auch Eltern-Ich-Finger genannt – soll uns an elterliche Erziehungsregeln erinnern und sie auch durchsetzen.

So wie wir damals unsere Eltern und andere Autoritätspersonen erlebt haben: ihre Fürsorge, ihre Kritik, ihre Unterstützung, ihre Forderungen, bleiben uns als Introjekt im Eltern-Ich erhalten. So haben wir wesentliche Sequenzen unserer Erziehung im Eltern-Ich wie auf einer DVD abgespeichert. Nach Belieben können wir dann immer mal wieder eine alte Opa-Platte oder Mama-Arie abspielen. Manche Inhalte entwickeln eine Eigendynamik. Sie verselbstständigen sich zu Kopfbewohnern. Im Laufe unseres Lebens kommt eine ganze Armee von Kopfbewohnern zusammen, die unsere Leidenschaft bremsen. Glücklicherweise stehen wir nicht ständig unter ihrem Einfluss. Sie spielen ihre Arien nur in bestimmten Situationen oder bestimmten Personen gegenüber ab.

Ein weiterer Vorteil ist, dass die Eltern-Ich-DVD keinen Schreibschutz hat. Sie kann überarbeitet werden. Neue Sequenzen können die alten hinderlichen Kopfbewohner entmachten. Dieses Überschreibungsprogramm nennt sich Neu-Beelterung und Ihr Erwachsenen-Ich **ER** ist der Computer, auf dem Sie sich mit neue Inhalte erstellen können.

⊙ **Tipp:**
Wann immer Sie ein Unwohlsein verspüren, bringen Sie sich den inneren Dialog ins Bewusstsein. Wie bei einem Videoband spulen Sie die letzten Sekunden oder Minuten in Wort und Bild zurück.
Wann hat das ungute Gefühl begonnen?
Was ist an Information von außen gekommen?
Welche alte Platte habe ich dazu innen aufgelegt?

Schwellenwächter der Leidenschaft

Sie sind also nicht hilfloses Opfer Ihrer Kopfbewohner und es kann nicht darum gehen, darüber zu klagen welchem Kopfbewohner Sie ausgesetzt sind.

Es geht nun daran, herauszufinden, mit welchem Kopfbewohner Sie sich selbst bremsen. Auf welchen Kopfbewohner hören Sie? Dies ist ein aktiver Prozess und die Macht Ihrer Kopfbewohner ergibt sich allein aus Ihrer Hörigkeit – das ist alles.

Ihre Kopfbewohner sind Schwellenwächter. Sie bewachen Ihr Abenteuerland, Ihr Paradies eines Lebens voller Leidenschaft.

Die Vertreibung aus dem Paradies ist kein Reisebericht der Bibel. Vielmehr wird ein innerpsychischer Prozess bildhaft beschrieben:

Indem vom Baum der Erkenntnis genascht wurde – Wissen erlangt wurde – ist der ursprünglich glückselige Zustand vorerst verloren. Die Wüste, das trockene Land, ist kein anderer Ort. Die Wüste erleben wir, wenn wir Leidenschaft unterdrücken: Ein trostloses, ödes Leben. Viele Menschen empfinden so ihre Realität.

Uns allen wohnt der Wunsch inne, zurückzukehren ins Paradies, ins Abenteuerland. Unser Abenteuerland ist keinesfalls ein Urlaubsort. Es ist ein Ort in uns selbst! An dem wir wieder bunte Farben spüren, an dem wir wieder Freude empfinden. Ein Zustand, in dem wir wieder nackt wir selbst sein dürfen, ohne uns zu schämen. Ein akzeptierter Ich-Zustand mit all seinen Macken und Kanten – das freie Kind-Ich.

Vor den Toren unseres inneren Paradieses stehen die Kopfbewohner. Als Schwellenwächter bewachen sie den Eintritt, doch sie verhindern ihn nicht. Es ist allein unsere Angst vor den Kopfbewohnern, die uns vor dem Eintritt zurückschrecken lässt. Beschämt und ängstlich (aK) trauen wir uns nicht an ihnen vorbei. Und so bleibt das Paradies, die Möglichkeit wieder mit sich selbst im Reinen zu sein, ein Wunsch.

Im Mythos wird beschrieben, dass die Sphinx all die verbrennt, die nicht unschuldig wie die Kinder durch das Tor hindurchschreiten. Das bedeutet nicht, dass Sie ein Kleinkind vorwegschicken sollen. Doch wie ein unschuldiges Kind gilt es, mit sich selbst im Reinen hindurchzuschreiten. Wenn Sie aber Ihren Kopfbewohnern hörig sind, dann werden Sie sprichwörtlich von den wertenden Augen des Eltern-Ichs verbrannt und alle Leidenschaft verdorrt.

Welche Schwellenwächter stehen vor Ihrem Abenteuerland?

Das ‚Who is Who‘ der Kopfbewohner

Wer wagt es, Ihre Leidenschaft zu bremsen? Wer ist überkritisch und möchte alles in Schutt und Asche legen, wenn Sie sich nicht richtig verhalten? Wer ist mit panischen Schreckensbildern dabei, Ihre Leichtigkeit auszutreiben?

Um Kopfbewohner zu identifizieren, ist es angezeigt, einige Steckbriefe zu erstellen. Wie in alten Wild-West-Filmen werden Sie so den Übeltätern auf die Spur kommen. Sobald Sie sie gestellt haben, werden sie aber nicht standrechtlich erschossen, sondern mit humaneren Techniken entschärft. Zur Inspiration ein paar Kopfbewohner-Steckbriefe.

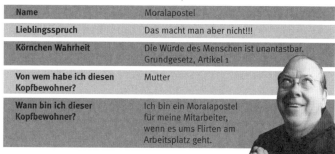

Name	Moralapostel
Lieblingsspruch	Das macht man aber nicht!!!
Körnchen Wahrheit	Die Würde des Menschen ist unantastbar. Grundgesetz, Artikel 1
Von wem habe ich diesen Kopfbewohner?	Mutter
Wann bin ich dieser Kopfbewohner?	Ich bin ein Moralapostel für meine Mitarbeiter, wenn es ums Flirten am Arbeitsplatz geht.

So erstellen Sie einen Steckbrief:

Zuerst geben Sie dem Kopfbewohner einen **Namen**. Das darf der Name der Person sein, von der Sie die Direktive aufgeschnappt haben – Opa Heinz oder Tante Frieda. Das darf aber auch gern ein ausgedachter Name sein, der die Art und Weise des Kopfbewohners benennt: Angstmacher, Nörgler, Finanzminister, Schwarz-Weiß-Seher, Scharfrichter, Besserwessi usw.

Als nächstes kommt die **Lieblingstirade** dieses Kopfbewohners; quasi der typische Opa-Heinz-Spruch, die alte Besserwessi-Nummer, die Finanzminister-Platte, der Nörgler-Kommentar. „Was fällt Dir denn ein?", „Warum machst Du auch so'n Scheiß!", „Ohoh, wenn das man gut geht?!", „Hach, das wird nie was!" usw.

Da Eltern den Trend haben nicht locker zu lassen, wenn es darum geht ihren Nachwuchs zu dressieren, hilft uns eine rebellische Haltung à la: „Da mache ich nicht mit, das lasse ich mir nicht mehr bieten!" nicht weiter. Im Gegenteil, die betreffenden Kopfbewohner legen sich nur noch mehr ins Zeug.

Name	Runtermacher
Lieblingsspruch	Das taugt nichts!
Körnchen Wahrheit	Die Idee ist noch nicht ausgefeilt. Es ist nicht alles Gold, was glänzt. Ist wirklich alles so toll, wie es sich anhört?
Von wem habe ich diesen Kopfbewohner?	Opa
Wann bin ich dieser Kopfbewohner?	Manchmal bin ich ein Runtermacher für meine Mitarbeiter, wenn sie mit Verbesserungsvorschlägen kommen.

Aber haben wir nicht als Führungskräfte so einiges an Kommunikations- und Verhandlungstechniken gelernt? Nun können Sie sie anwenden! Sie wissen, was ich meine: zuhören, Rapport geben, mitteilen, was Sie verstanden haben, abgrenzen,

Name	Pfennigfuchser
Lieblingsspruch	Da wird das Geld zum Fenster rausgeschmissen.
Körnchen Wahrheit	Es lässt sich realistisch noch etwas einsparen.
Von wem habe ich diesen Kopfbewohner?	Vater
Wann bin ich dieser Kopfbewohner?	Ich bin ein Pfennigfuchser für meine Mitarbeiter, wenn es um den Umgang mit Büromaterial geht. Nach dem Motto: Das Blatt hat auch eine Rückseite!

wozu Sie nicht bereit sind und benennen, woran sie weiter arbeiten werden und natürlich: sich bedanken für das Feedback und die Mühe, Sie darauf aufmerksam zu machen.

Wir suchen nun also nach dem **Körnchen Wahrheit** in der Aussage unseres Kopfbewohners und notieren dieses in unserem Steckbrief. Damit wertschätzen wir die Mühe, die sich unser Kopfbewohner gibt, uns auf Probleme aufmerksam zu machen. Was

Name	Schwarzseher
Lieblingsspruch	Das wird nicht gut gehen.
Körnchen Wahrheit	Es hat ein Risiko.
Von wem habe ich diesen Kopfbewohner?	Fußballtrainer
Wann bin ich dieser Kopfbewohner?	Ich bin für meine Mitarbeiter ein Schwarzseher, wenn die neuen Programme in den Testlauf gehen.

ist das Körnchen Wahrheit? Was will mir mein Kopfbewohner mitteilen? Auch wenn es manchmal kaum zu glauben ist, so haben unsere Kopfbewohner die besten Absichten und wollen uns nur helfen. Leider schaffen sie das nicht besonders gut, denn es fehlt ihnen an dem notwendigen Wohlwollen. Sie kennen ja Tante Frieda und ihre Ich-bin-beleidigt-und-lasse-nicht-mehr-mit-mir-reden-Nummer. Jetzt können Sie all die Führungstechniken endlich einmal intern anwenden und Ihre Persönlichkeitsanteile in die Kooperation führen: „Vielen Dank für den Hinweis, ich werde ihn gern berücksichtigen."

Schreiben Sie auch auf **von wem** Sie diesen Kopfbewohner geerbt haben.

Nun müssen Sie noch einmal schonungslos ehrlich zu sich selbst sein: Wann sind

Name	Anstandsdame
Lieblingsspruch	Was sollen denn die Leute denken?!
Körnchen Wahrheit	Es wird immer Leute geben, die gern über mich herziehen – egal, was ich tue.
Von wem habe ich diesen Kopfbewohner?	Mutter
Wann bin ich dieser Kopfbewohner?	Ich bin eine Anstandsdame für meine Mitarbeiter, wenn sie ungewohnte Dinge tun.

Sie ein **sichtbarer Kopfbewohner** für Ihre Mitarbeiter? Wann verhalten Sie sich Ihren Mitarbeitern gegenüber wie Tante Frieda? Wann sind Sie der

Finanzminister für Ihre Mitarbeiter? Wann sind Sie ein Hartmacher für Ihre Abteilung? In welchen Situationen geben Sie sich schon mal als Besserwessi? Unter welchen Umständen treten Sie als Nörgler in Aktion? Diese Reflexion hilft Ihnen zu analysieren, welchen Einfluss die jeweiligen Kopfbewohner auf Sie haben.

Und hier noch ein paar weitere: der Tyrann, die Meckerziege, die Heilige, der Nörgler, die Schreckmaus …

Bevor Sie weiterlesen, prüfen Sie sich doch einmal auf einen bestimmten Kopfbewohner. Ich nenne ihn

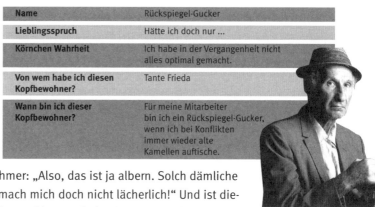

Name	Rückspiegel-Gucker
Lieblingsspruch	Hätte ich doch nur …
Körnchen Wahrheit	Ich habe in der Vergangenheit nicht alles optimal gemacht.
Von wem habe ich diesen Kopfbewohner?	Tante Frieda
Wann bin ich dieser Kopfbewohner?	Für meine Mitarbeiter bin ich ein Rückspiegel-Gucker, wenn ich bei Konflikten immer wieder alte Kamellen auftische.

den nörgelnden Seminarteilnehmer: „Also, das ist ja albern. Solch dämliche Übungen mache ich nicht! Ich mach mich doch nicht lächerlich!" Und ist dieser Kopfbewohner aktiv und leistet Widerstand, damit Sie nur nicht mit Ihrer Leidenschaft vorankommen? Oder brauchen Sie niemanden, der Sie vor spannenden Erfahrungen schützt?

Nun denn, weiter geht's: Im Teich der Kopfbewohner wird sich so mancher Fisch tummeln. Und dann gibt es da noch die 5 ganz großen Fische – die Antreiber! Sie sind die Hechte im Karpfenteich. Und diesen 5 ganz großen gehorchen alle anderen Kopfbewohner auf's Wort.

DIE 5 GENERÄLE

Ebenso wie die anderen Kopfbewohner handelt es sich bei den Antreibern um verinnerlichte Anweisungen. Doch im Falle der Antreiber muss nicht unbedingt eine konkrete Person der Urheber sein. Oft genug erlebt man einfach einen inneren Druck, sich auf eine bestimmte Art und Weise verhalten zu müssen. Wenn Führungskräfte mit ihren Strategien stecken bleiben und sich unwohl fühlen, reagieren sie meist spontan mit Antreiberverhalten.

Diese Super-Kopfbewohner, die Befehlshaber in der Armee von Kopfbewohnern haben alle 5 Bedürfnis-Ressorts untereinander aufgeteilt. Damit herrschen sie gemeinsam über alle Bedürfnis- und Handlungsbereiche. Sie versprechen unsere Bedürfnisse gefahrfrei zu erfüllen, wenn wir uns ihrem Befehl unterwerfen.

Nehmen Sie alle Kopfbewohner dieser Welt zusammen und Sie können sie kulturübergreifend auf die 5 Antreiber runterkürzen – sie sind universal und jeder kennt sie. Es ist nur eine Frage der Befehlsgewalt des jeweiligen Antreibers, ob er unser Handeln maßgeblich bestimmt oder wir selbst der ‚Herr im eigenen Hause' sind.

So herrscht	über die Bedürfnislage
Sei gefällig	Liebe & Zugehörigkeit
Sei stark	Sicherheit in sozialen Kontakten
Streng dich an	Leistungsbereitschaft
Beeil dich	Die Erfahrung der Fülle im Leben
Sei perfekt	Wissen und Können optimal einzusetzen

Wenn Sie sich in bestimmten Situationen unwohl fühlen, dann greift gern einer der Generäle ein und übernimmt die Führung: Sie sind sich der Loyalität Ihrer Mitarbeiter nicht sicher und glauben diese durch Nettigkeit und Harmoniestreben zu gewinnen. Sie wollen einen guten Eindruck beim Chef machen und meinen es sei hilfreich, sich unberührbar zu geben. Ein Bericht ist abzugeben und Sie knobeln so lange daran herum, bis Sie genug Anstrengung darauf verwendet haben. Ihr Schreibtisch quillt über, was Sie mit besonderer Schnelligkeit in den Griff bekommen wollen. Sie geraten bei einem Meeting unter Stress und glauben, nur ja keinen Fehler machen zu dürfen, um Ihren Ruf zu retten.

Je zwanghafter Sie den Befehlen der 5 Generäle folgen, desto mehr haben Sie Ihre Macht ans Pentagon abgegeben. Vorsicht vor diesen Befehlen:

General	Befehl
Sei gefällig	Mache es anderen recht!
Sei stark	Lass nichts an dich herankommen!
Streng dich an	Gib dir Mühe!
Beeil dich	Mach schnell!
Sei perfekt	Mach keine Fehler!

Als ‚ferngesteuertem‘ Manager ist einem nicht immer bewusst, dass man sich sklavisch unter den Befehl eines Antreibers begibt. Denn diese innerlich einprogrammierten Befehle verselbstständigen sich in Stresssituationen und blockieren das klare Denken im Erwachsenen-Ich. Eine angemessene Lösung wird sabotiert und ein General, wenn nicht sogar mehrere, spielen ‚das Imperium hat die Macht‘. Die Hoffnung mit dem antreibergesteuerten Verhalten die Situation angemessen zu bewältigen entpuppt sich als Irrglaube. Vor langer Zeit schon haben sich die Generäle im Pentagon gemütlich niedergelassen. Heute spulen sie nur noch alte (oft aus der Kindheit stammende) Strategien ab, statt gescheit und gegenwartsbezogen zu arbeiten. Einstige Gewinnformeln sind nun Anleitungen für den Holzweg.

Ein weiterer Minuspunkt ist, dass die Generäle unersättlich sind in ihren Forderungen nach

Gehorsam. Nie sind Sie nett genug, nie cool genug, nie bemüht genug, nie schnell genug, nie perfekt genug.

UND WAS NUN?

Wir werden unsere Antreiber nicht einfach verteufeln und sprichwörtlich in die Wüste schicken. Zum einen werden sie auch dort Unfug anrichten, wie wir in der Säule der Selbst-Kontrolle erfahren werden und zum anderen haben sie oft genug ausgeholfen, wenn wir allein nicht mehr weiterkamen. Sie haben damit auch Fähigkeiten und Ressourcen zur Verfügung gestellt, die wir weiterhin nutzen wollen. Wir werden die Antreiber also nicht abschaffen, sondern den Befehlsgehorsam verweigern – wir machen nur noch mit, wenn wir Lust dazu haben (**K**) und es uns sinnvoll erscheint (**ER**), so zu handeln!

Denn im normalen Arbeitsleben sind Liebenswürdigkeit, Stärke, Bemühen wie auch Begeisterung, Schnelligkeit und Genauigkeit wichtige positive Eigenschaften.

Antreiber	Ressource
Sei gefällig	**Einfühlungsvermögen:** Die Fähigkeit, sich auf die Umgebung und sich selbst zu beziehen.
Sei stark	**Distanzierungsvermögen:** Die Fähigkeit, sich von der Umgebung und sich selbst zu distanzieren.
Streng dich an	**Durchhaltevermögen:** Die Fähigkeit, Kraft angemessen einzusetzen.
Beeil dich	**Raum-Zeit-Gefühl:** Die Fähigkeit sich zeitlich und räumlich zu orientieren, das zeigt sich in Sprinterqualitäten, wie auch in der Fertigkeit, sich ruhig fließend zu bewegen.
Sei perfekt	**Sinn für Vollkommenheit:** Die Fähigkeit, für die Handlung eine optimale Technik zu entwickeln und einzusetzen.

Mit den Antreibern ist es wie mit den Hunden: Hat der Antreiber Sie, dann beißt er Sie in die Wade und schadet mehr als dass er hilft. Doch wenn Sie vom Druck erlöst sind, dann können Sie den Antreiber vor Ihren Schlitten spannen. Wenn es Ihnen gelingt, die einschränkende, destruktive Kraft der Antreiber aufzuheben, werden die Generäle zu Befähigungen im Arbeits- und Kommunikationsverhalten.

Schauen wir uns die einzelnen Antreiber genauer an:

Welcher Antreiber ist wohl bei Ihnen besonders aktiv? Und welche Reaktion provozieren Sie mit Ihrem antreibergesteuerten Verhalten beim Mitarbeiter? Welche Haltungen werden beim Geschäftspartner stimuliert? Zu welchem Verhalten fühlt sich der Kollege eingeladen?

Sei gefällig!

Wenn Sie in Verhandlungen stecken bleiben, versuchen Sie dann die Wünsche und Erwartungen Ihrer Geschäftspartner zu erahnen? Ist Ihnen wichtig, dass sich alle in der Besprechung wohl fühlen? Haben Sie in solchen Situationen schon mal Angst, abgelehnt zu werden? Glauben Sie an Bedeutung zu gewinnen, wenn Sie Ihren Kunden die Wünsche von den Augen ablesen?

Beginnen Ihre Anweisungen mit: „Könnten Sie vielleicht …"? Begründen Sie mit: „Sie wissen ja …", und ermutigen Sie Ihre Gesprächspartner gern mit einem zustimmenden „Hmm" und häufigem Nicken?

Führungskräfte mit der Sei-gefällig-Dynamik sind sehr bemüht, das Wohlbefinden ihrer Mitarbeiter sicherzustellen. Sie arbeiten beständig an einer freundlichen Atmosphäre und versuchen den Wünschen und Erwartungen des Gesprächspartners gerecht zu werden.

Indem diese Führungskräfte ihr Gespür ausschließlich auf ihre Umgebung fokussieren, verlieren sie oft den Kontakt zu den eigenen Bedürfnissen. Daraus resultiert eine Nicht-OK-Position mit Abhängigkeitsgefühlen. Sei-gefällig-Manager fühlen sich unwichtig, unfähig und unterlegen (-/+ Haltung).

Sie nehmen ungern einen eigenen Standpunkt ein und grenzen sich kaum ab. Gern schieben sie das auf einen Sprachfehler: „Ich kann einfach nicht ‚Nein' sagen."

Ihre Aufmerksamkeit richtet sich stärker auf Beziehungen als auf Sachverhalte. Das Miteinander ist wichtiger als die Zielerreichung. Genauer, ihr Ziel ist das harmonische Miteinander.

Zu ihren Ecken und Kanten wollen sie nicht stehen, denn sie fürchten, dass andere sich daran stoßen könnten. Sie fürchten sich vor Konflikten, als würden diese automatisch die Beziehung gefährden. Doch wer sich konturlos präsentiert, erhält nicht den Respekt, der für eine gute Beziehung erforderlich ist. Der Zuwendung, die diese Vorgesetzten bekommen (wenn sie sie überhaupt bekommen), fehlt der Respekt. Sie ist deshalb nicht sättigend. Da ihre Persönlichkeit nicht sichtbar ist, verlieren sie für andere an Bedeutung. Wenn sie Zugehörigkeit finden, dann vor allem, weil sie sich so bereitwillig ausnutzen lassen.

Wirkung auf den Mitarbeiter

Dem Mitarbeiter bleibt wenig Spielraum, die Beziehungs-Distanz zu gestalten. Da der Sei-gefällig-Chef scheinbare Herzlichkeit anbietet, aber kaum Konturen zeigt, kommt es nicht zu echtem Kontakt. Es bleibt sogar unklar, wo die angebotene Beziehung anfängt und wo sie aufhört. In Diskussionen ist es mit solchen Vorgesetzten schwer, einen Standpunkt abzugleichen, weil sie unscharf formulieren, Ausflüchte suchen, irgendwie immer alles möglich ist und insgesamt keine eigene Position vertreten wird. Es ist, als wollte man einen Pudding an die Wand nageln.

Mitarbeiter haben Schwierigkeiten zu orten, wer dieser Mensch ist. Da kaum Kontur zu erkennen ist, fehlt die Kontaktfläche. Die Nähe wird als unangenehm erlebt. Es können sich auch Phantasien bilden, missbraucht zu werden oder nicht als Person gemeint zu sein. Meist reagieren Mitarbeiter darauf mit Rückzug.

Sei-gefällig-Chefs seien gewarnt: Die einzig sichere Variante ewig erfolglos zu bleiben ist die, es allen recht machen zu wollen!

Beruflicher Rollenwechsel (vom Mitarbeiter zur Führungskraft) und die damit einhergehende Verunsicherung können dieses Antreiberverhalten auslösen. So orientieren sich junge Führungskräfte dann an ihren Phantasien, was andere wollen, und lassen eigene Entwürfe vermissen, indem sie beispielsweise als Abteilungsleiter gefällig und immer um Harmonie bemüht sind, anstatt zu führen oder Ansprüche zu formulieren.

Entmachtung des Antreibers

Die Lösung liegt in einer ausgeglichenen Kombination von Selbstbeachtung und Entgegenkommen. Wichtig ist es, auf sich und auf andere Rücksicht zu nehmen. Diese Führungskräfte müssen lernen, auch sich selbst zu gefallen. „Sie dürfen sich den anderen zumuten.", „Machen Sie es sich selbst recht."

Gehen Sie davon aus, dass Ihr Umfeld gar nicht begeistert sein wird, wenn Sie plötzlich eigene Ansprüche formulieren. Ihre Gefälligkeit war durchaus bequem!

Ressource

Die große Ressource der Sei-gefällig-Führungskraft ist ihre soziale Wahrnehmung. Sie kann zu jeder Tages- und Nachtzeit auf die Bedürfnisse anderer eingehen. Sie ist sehr sensibel für Gruppenprozesse und Stimmungen. So kann sie sich problemlos an andere Menschen und Systeme ankoppeln.

Nähe und Distanz werden im erlösten Zustand nicht mehr als Gegensätze erlebt, sie gehören zusammen. Aus dieser gereiften Haltung entsteht stimmige Hilfsbereitschaft.

Sei stark!

Lassen Sie sich nicht gern anmerken,
wie Sie sich fühlen? Verbergen Sie gut,
was in Ihnen vorgeht? Hält man Sie für
den Fels in der Brandung? Verfügen Sie
über ein cooles Pokergesicht?
Verschränken Sie gern die Arme?
Haben Sie selbst in Sprachlos-Situatio-
nen einen lockeren Spruch parat? Und
wenn man Sie vor schwierigen Situationen warnt, können Sie dann reagieren
mit: „Das macht mir nichts aus"?

Sei-stark-Leitungen leben nach dem
Motto: „Ein Indianer kennt keinen
Schmerz!"

Und je nach Befehlsgewalt ihres
Antreibers, können sie sich in bestimmten Situationen effektiv distanzieren
oder sogar als der nächste Terminator bewerben.

Diese Führungskräfte versuchen, ihre Bewegtheit zu verbergen und vermitteln Stärke und
Unangreifbarkeit. Es scheint, als gingen sie zur eigenen Empfindsamkeit und der anderer auf
Distanz. Sie behalten immer ihre Umgebung im Auge und sind jederzeit gewappnet.

Die absolute Kontrolle ist eine Reaktion auf die Angst, in emotional geladenen Situationen von
Gefühlen überschwemmt zu werden und zusammen zu brechen. Also macht man sich in der
Sei-stark-Dynamik starr und deckelt vor allem die Gefühle, die angeblich mit Schwäche verbunden sind: Traurigkeit, Schmerzen, Hilflosigkeit, Angst und Verzweiflung. So manche Sei-
stark-Führungskraft spürt solche Gefühle gar nicht mehr bewusst. Wut ist das bevorzugte Gefühl, wenn etwas nicht so optimal aussieht und funktioniert, wie man es gerne hätte. Auch
seelische Schmerzen werden so lange negiert, bis sie eine Eigendynamik entwickeln und entweder erruptionsartig hervorbrechen oder sich psychosomatisch verlagern. Sich jemandem
anzuvertrauen ist undenkbar.

Daraus resultiert die Gefahr, dass sich diese Führungskräfte überfordern. Sie merken zu
spät, dass ihre Kräfte zur Neige gehen. Es ist für sie auch nicht spürbar, dass sie zu kurz
kommen, was Trost, Anregung, Verständnis und Ermutigung betrifft.

Nicht nur sich selbst haben Sei-stark-Vorgesetzte unter Kontrolle, um sich vor Unvorherseh-
barem zu schützen. Auch im Miteinander dominieren sie und sagen, was zu tun ist und was

nicht geschehen darf. Sie antworten lieber als dass sie fragen und behalten gern das letzte Wort.

Die misstrauische Haltung (+/-) spiegelt die uneingestandene Angst, enttäuscht, im Stich gelassen oder missbraucht zu werden. So suchen sie sich Gefolgsleute und Helfer unter denen, die sie als schwächer ansehen und lassen sich von ihnen bedienen. Gern lassen Sie sich als Führer, Wegweiser, Bahnbrecher, Guru oder auch als allwissender Berater feiern.

Wirkung auf den Mitarbeiter

Mitarbeiter berichten, dass sie sich bei solchen Führungskräften unter Druck gesetzt fühlen. Sie treten ein in eine Szene, in der es um Kampf, Kontrolle und Überlegenheit geht. Manche Mitarbeiter kämpfen mit und antworten mit Gegenkontrolle, andere ziehen sich ängstlich zurück oder beschwichtigen. Es handelt sich also um ein Beziehungsnullsummenspiel, bei dem der eine verliert, wenn der andere gewinnt – die Ohne-Macht-Wippe in Aktion!

Der Mitarbeiter hat das Gefühl, dass er sich gegen diese Führungskraft behaupten muss. Das drückt sich dann im Miteinander in dem Wunsch aus, irgendeine Schwachstelle zu finden, eine Tür zu den verborgenen Gefühlen der Führungskraft notfalls gewaltsam aufzubrechen.

Werbe-Slogans wie: „Sind sie zu stark, bist du zu schwach", spiegeln dieses Beziehungsmuster wieder.

Entmachtung des Antreibers

Wichtig ist, anzuerkennen, dass Mitmenschen nicht aus Schwäche weich oder liebevoll sind, sondern aus Stärke. „Sie dürfen offen sein und vertrauen!" Gehen Sie noch einmal zurück zur Säule der Standfestigkeit.

Ressource

Erlöste Sei-stark-Führungskräfte können situativ hohe Leistungen erbringen. Sie haben einen Sinn für kraftvollen Umgang mit Aufgaben und genügend Widerstandskraft und Kampfgeist, Dinge voranzutreiben, auch wenn es schwierig wird.

Sie können aber auch loslassen und freundlich sein, wenn es nichts mehr zu kämpfen gibt. Erhalten bleibt die Fähigkeit, sich durchzusetzen, sich zu behaupten und andere zu führen. Die geübte Fähigkeit, sich authentisch distanzieren zu können, führt zu selbstbestimmter, kreativer Disziplin.

STRENG DICH AN!

Wenn Ihr Team stagniert, haben Sie dann die Neigung, sich für eine Lösung abzurackern? Bringen Sie ständig Ratschläge, bemühen Sie sich um Vorschläge? Stellen Sie gern mehrere Fragen auf einmal? Ist Ihr Schreibtisch überladen? Schaffen Sie es immer wieder hart am Limit zu arbeiten? Nutzen Sie Redewendungen wie „Ich bin nicht ganz sicher, aber ich könnte vielleicht sagen ..." Meldet man Ihnen zurück, dass Sie Fragen nicht direkt beantworten? Wirken Sie dabei ungeduldig? Kennen Sie von sich, dass Ihre Haltung und Ihre Gebärden eher verkrampft sind? Ihre Stirn ist oft gerunzelt, reden Sie manchmal mit Händen und Füßen?

Streng-dich-an-Führungskräfte lassen sich als ‚Begeisterte' gern von ihrem eigenen Engagement hinwegtragen. Doch dann geht es plötzlich über ihre Kräfte, sie bemühen sich und strampeln sich ab, verzetteln sich dabei, kommen nicht auf den Punkt und nur mit Mühe zu einem erfolgreichen Abschluss.

Diese Führungskräfte glauben, dass Leistung an der Mühe gemessen wird, nicht an den Ergebnissen der Arbeit. Die Nützlichkeit einer Führungskraft für ein Unternehmen erweist sich

jedoch – wie bei jedem Mitarbeiter – in den guten Ergebnissen des Tuns, nicht in der aufgewandten Mühe. Je effektiver die Führungskraft zu Ergebnissen kommt, desto nützlicher ist sie. Und die Propaganda solcher Führungskräfte, dass sie unendlich viel zu tun haben, überzeugt auf Dauer nicht.

Gern klagen sie über ihre viele Arbeit und machen einen vielbeschäftigten Eindruck. Zugleich wird aber auch deutlich, wie sie Anforderungen auf sich ziehen. Und anstehende Aufgaben unnötig kompliziert gestalten. Es fällt ihnen schwer, zielgerichtet zu arbeiten. Und sie neigen dazu, dieses und jenes noch so nebenbei zu erledigen. Damit arrangieren sie sich ihre Arbeit so, dass immer noch etwas zu tun ist. Symbolisch dafür sind die Aktenberge auf ihrem Schreibtisch.

Streng-dich-an-Führungskräften fällt es auch schwer, Entscheidungen zu treffen. Anders als bei Führungskräften, die vom Sei-perfekt-Antreiber infiziert sind, spielt dabei die Angst, Fehler zu machen, keine Rolle. Vielmehr leitet sie die Vorstellung, dass nur das, was Mühe gekostet hat, gut sein kann.

In der Kommunikation wirken sie meistens umständlich. Sie kommen nur nach und nach auf die entscheidenden Punkte, wenn überhaupt. Sie bringen Sätze nicht immer zum Ende, weil sie aus Mühe, die richtigen Worte zu finden, stecken bleiben. Der Commedian Piet Klocke ist ein Paradebeispiel. Auch bei ihm verspürt man den Impuls, mit einfachen Worten und klaren Formulierungen zu helfen.

Wirkung auf den Mitarbeiter

Ein Streng-dich-an-Boss wirkt lähmend auf seine Mitarbeiter. Einerseits hat man den Eindruck, gegen einen unsichtbaren Widerstand anzukämpfen. Andererseits blockiert die Führungskraft aktiv, indem sie mit einfachen Lösungen nicht zufrieden ist. In Kooperationen hält sie die Mitarbeiter hin, weil sie mit ihrem Teil noch nicht fertig ist.

Die Mitarbeiter spüren den Impuls helfend einzuschreiten, doch erste Impulse, die Sache zunächst durch Auflockerung oder Ermunterung voranzubringen, bleiben stecken und die Hilfsangebote werden von der Führungskraft eher mit noch mehr Anstrengung quittiert. Schwere und Anstrengung entwickeln in solchen Abteilungen ein Eigenleben. Und so fehlt auf Dauer bei den Mitarbeitern das Zutrauen in die Leistungsfähigkeit des Gesamtteams. Daraufhin werden sich die Mitarbeiter abwenden, um sich von der Anstrengung möglichst wenig berühren zu lassen. In der Zusammenarbeit erwarten sie dann auch eher eine Zusatzbelastung als eine Erleichterung durch ihre Führungskraft.

Entmachtung des Antreibers

Zur Strukturierung Ihrer Arbeit gehört auch, dass Sie lernen, Prioritäten zu setzen und Wichtiges von Unwichtigem zu unterscheiden, Aufgaben die sofort erledigt werden müssen von denen zu trennen, die noch Wochen Zeit haben. So sind für diese Führungskräfte Zeitmanagement und klare Vereinbarungen über realistische Ziele das Mittel der Wahl.
„Sie dürfen es gelassen tun und vollenden."

Ressource

Ressourcen dieser Führungskräfte sind ihr Durchhalte- und Beharrungsvermögen. Sie verfolgen Aufgaben mit Beständigkeit und haben den nötigen Sinn für Gründlichkeit und Ausdauer. Eine nötige Mühsal kann für sie sogar zum stillen Genuss werden. Diese Führungskräfte stehen im erlösten Zustand für Nachhaltigkeit, wo sie gebraucht wird. Initiative und Engagement sind dann bewusste und willkommene Fertigkeiten.

BEEIL DICH!

Wenn Ihnen bestimmte Besprechungen wichtig sind und Sie Sorge haben, ob Ihr Gegenüber auch alles mitbekommt, bemerken Sie dann ein innerliches Gehetzt-Sein? Sprechen Sie dann immer schneller? Beantworten Sie Fragen bevor der Sprecher geendet hat? Arbeiten Sie nach dem Motto: „Komm, zack, zack, voran hier!" Sind Sie ungeduldig und haben oft den Eindruck, dass andere zu lange und unnötig ausführlich reden? Fühlen Sie sich dann richtig kribbelig? Ändern Sie oft Ihre Körperhaltung? Und Sie trommeln schon mal mit den Fingern?

Beeil-dich-Manager sind Hektiker und wirken manchmal unersättlich. Sie machen den Eindruck, dem Leben hinterher zu laufen – ungeduldig, innerlich schon beim Nächsten und Übernächsten. Ein Zeitabschnitt für den noch nichts vorgesehen ist, ist ihnen ein Graus – die Angst vor Leere stellt sich ein.

Beeil-dich-Führungskräfte wünschen sich nichts mehr, als die Fülle und den Reichtum des Lebens zu erfahren. Vermieden werden soll, dass die Zeit vergeht, ohne sinnvoll genutzt zu werden. Doch sie verwechseln Quantität mit Qualität. Erfüllt-Sein wird ersetzt durch Schnell-Sein und Viel-Tun.

Ihre Feuerwache ist immer in Alarmbereitschaft. Es gibt so viel Wichtiges, Interessantes, Aufregendes, dass sie sich sorgen, etwas zu verpassen. So scheint Eile unvermeidbar.

Besondere Spezialisten meinen sogar „Wenn ich mich nicht beeile, kommen mir andere zuvor." Sie haben Angst, dass das Leben zerrinnt oder eine Gelegenheit verloren geht.

Das Bedürfnis, das Leben in Fülle zu erleben, wird auf diese hektische Weise nicht erfüllt. Indem Beeil-dich-Chefs dem Leben hinterherlaufen anstatt bei ihrem Erleben zu verweilen,

verpassen sie das Leben. Die Zeit geht schnell vorbei und bietet im Rückblick keine bedeutsamen Erinnerungen. Sie versuchen dann, im Moment zu packen, was sie kriegen können und so viel zu erzählen, wie nur eben möglich. Atemlosigkeit in Lebensführung und Sprechweise sind die Regel. Ohne Punkt und Komma werden in enormer Geschwindigkeit Worte aneinandergereiht. Sie wollen alles auf einmal sagen, nicht so ausführlich wie die Perfektionisten, sondern vollkommen unterschiedliche Dinge schnell hintereinander. Sie hüpfen von Thema zu Thema. Wenn sie unterbrochen werden, fällt ihnen hinterher nicht mehr ein, was sie noch alles sagen wollten.

Wirkung auf den Mitarbeiter

Typischerweise hüpfen Hektiker von Anspannung zu Anspannung. Es fällt schwer, zu verfolgen, was die hektische Führungskraft erzählt oder tut. Der Mitarbeiter glaubt, nicht genug Raum zum Arbeiten und zum Atmen zu haben.

Einige Mitarbeiter verlieren über kurz oder lang das Interesse und sind im Gespräch ebenfalls nicht wirklich anwesend: „Ich lasse ihn einfach reden …“

Andere Mitarbeiter treten ebenfalls in die Hektiker-Dynamik ein. Da die Führungskraft als ungeduldig erlebt wird, glaubt der Mitarbeiter, dass er schnelle Ergebnisse liefern muss um zu bestehen.

Entmachtung des Antreibers

„Nehmen Sie sich Zeit!“

Oftmals stößt diese Erlaubnis auf suchtmäßige Ausprägungen des Antreibers und die Führungskraft reagiert mit Entzugserscheinungen, denn noch fehlt die Fähigkeit, sich zu vertiefen und so finden sie alles vorübergehend langweilig. Diese Durststrecke ist jedoch nur einmal zu überwinden, danach haben Sie es geschafft!

Ressource

Erlöste Beeil-dich-Führungskräfte können unter absolutem Zeitdruck auf hohem Aktionsniveau leistungsfähig bleiben und dies auch bei hoher Situationskomplexität. Sie entwickeln sogar eine gewisse Lust, auf diesem Niveau zu leisten. Solche Führungskräfte wünscht man sich auf der Notfallstation oder bei Crashs des EDV-Systems.

Ist der Antreiber entmachtet, kann sich die Führungskraft entscheiden, ob und wann sie sich beeilt. Sie kann ihre ausgeprägten Sprinterqualitäten im rechten Moment beweisen und ein angemessenes ‚Mitfließen‘ im normalen Tagesgeschehen leben.

SEI PERFEKT!

Haben Sie die Tendenz, noch einmal alles haarklein zu erklären, wenn Ihr Gegenüber nicht auf Anhieb versteht? Sind Sie für Exaktheit und ausgeklügelte Formulierungen bekannt? Zählen Sie Ihre Gesprächspunkte gern mit den Fingern an „Erstens ..., zweitens ..., drittens ...“? Sind Sie in der Lage komplizierte Redewendungen und verschachtelte Sätze fehlerfrei vorzutragen? Dann mag Ihre Körperhaltung angespannt sein, ein ernster Blick und eine verhaltene Stimmlage mit einem Hauch von Selbstgerechtigkeit Ihr Markenzeichen sein.

Als Sei-perfekt-Vorgesetzte machen Sie alles gern 200%ig und es ist Ihnen ein Rätsel, wie sich andere mit weniger zufrieden geben können. Mängel im Wissen und Können werden nicht geduldet.

Der Perfektionismus soll Anerkennung bringen und vermeiden, für Fehler beschämt zu werden. Perfektionisten haben das unterschwellige Grundgefühl als Personen nicht liebenswert zu sein. Sie versuchen dann, statt dem, was sie sind, anzubieten, was sie leisten können. Ihre Hoffnung ist, dass sie dann doch noch geliebt werden.

Bei diesem Antreiber gilt besonders, dass er sich nicht auf alle Gebiete des Lebens auswirkt. Der Perfektionismus gilt nur für spezielle Lebensbereiche, die für die persönliche Identität einen hohen Stellenwert haben, z.B. einen perfekten Haushalt, eine perfekte wissenschaftliche Arbeit mit lückenlosem Literaturverzeichnis, perfekte Kleidung, perfekte Berichte ...

Die Pflege von Geschäftskontakten oder guten Beziehungen zu den Mitarbeitern ist für diese Manager nicht ansatzweise so wichtig wie Korrektheit, Fehlerlosigkeit, Rechtschaffenheit und Vollkommenheit.

Ihr Vollständigkeitsstreben führt zum Überdetaillieren. Es fehlt an Mut zur Improvisation. So halten sich diese Führungskräfte mit Details anderer auf, statt ihr eigenes Potential zu entfalten. Fehler kommen einer Katastrophe gleich und so sind sie wenig bereit, sich mit den eigenen Fehlern auseinander zu setzen und daraus zu lernen.

Wirkung auf den Mitarbeiter

Den um Makellosigkeit bemühten Ausführungen des Perfektionisten lässt sich nichts mehr hinzufügen. Beim Mitarbeiter entsteht der Eindruck, nicht gut genug zu sein. Hinzu kommt die Sorge, bei Fehlern, mangelndem Wissen oder mangelnder Korrektheit ertappt werden zu können. Das ist nicht unbegründet, denn diese Sei-perfekt-Manager neigen dazu, andere zu kritisieren. In Kooperationsverhältnissen haben sie Sorge, dass ihre Mitarbeiter die Arbeit nicht so korrekt ausführen, wie es ihren Maßstäben entspricht. Sie neigen dazu, die Beiträge der Mitarbeiter zu kritisieren und Arbeitsergebnisse nachzubessern – äußerst demotivierend.

Entweder ziehen die Mitarbeiter nach und nach ihre Eigenverantwortung und Aufmerksamkeit ab, oder die immer perfekteren Ausführungen ziehen genau das auf sich, was sie vermeiden sollen: Kritik! Die Kritik gilt jedoch nicht den Inhalten, sondern der unangenehmen Beziehungsdynamik. So sucht man nach wunden Punkten, um den Perfektionisten doch noch irgendwie menschlich greifen zu können.

Entmachtung des Antreibers

„Sie dürfen Fehler machen und daraus lernen."

Ressource

Präzision, Sorgfalt und Ästhetik werden zu einem bewussten Handlungsrepertoire.

Der Sinn für Vollkommenheit und die gute Organisation bringen mit sich, dass die erlöste Führungskraft mit Leichtigkeit komplexe Systeme begreifen und bedienen kann.

ENTWAFFNUNG

Am liebsten möchte man so manchen Kopfbewohner chirurgisch sauber entfernen. Leider funktioniert das nicht. Die DVDs sind im Regal und die Kopfbewohner darauf eingebrannt. Sie müssen die alten Scheiben natürlich nicht wieder auflegen. Das setzt allerdings voraus, dass Sie Ersatz geschaffen haben – wohlwollenden Ersatz in Form von Erlaubnissen.

Statt eines Gegengiftes erlauben wir die Verabschiedung von der Zwanghaftigkeit. Damit reduziert sich der negative Anteil des Kopfbewohners spürbar und die Ressourcen bleiben erhalten.

Eine Erlaubnis ist ein Passierschein – ein Freibrief. Sie funktioniert allerdings nur, wenn das Körnchen Wahrheit, der gut gemeinte Hinweis des Kopfbewohners, beachtet wird. Denn Tante Frieda mit ihrer Schwarzseherei wird immer wieder auf den Plan kommen, wenn sie den Eindruck hat, dass der Bengel nicht gut genug Acht gibt. Sie müssen also die innere Tante Frieda beruhigen, damit sie in den wohlverdienten Ruhestand tritt. Sie werden sie geradezu erleichtert aufatmen hören: „Gott sei Dank, hat ja doch noch was gebracht."

Und dann gilt es noch jemanden zu beruhigen – Ihr Kind-Ich. Bedenken Sie, dass es das **Kind-Ich** ist, das vor der zänkischen Tante Frieda zurückschreckt. Eine logische Erwachsenen-Ich Erklärung, warum es nicht mehr nötig ist auf sie zu hören, wird nicht helfen. Ihr **Kind-Ich** braucht, wie alle Kinder, einen wohlwollenden und zugleich mächtigen Schutz vor der phanta-sierten oder tatsächlichen Bedrohung. Diesen Schutz kann Ihr fürsorgliches Eltern-Ich geben.

Um Ruhe vor Ihren Kopfbewohnern zu bekommen, geben Sie sich selbst die Erlaubnisse, die Ihnen in den jeweiligen Stresssituationen Entlastung schaffen.

Das sind meist die Bestätigungen und Erlaubnisse, die Sie als Kind nicht erhalten haben und nun selbst nachliefern. Mit diesen positiven Botschaften sprechen Sie sich das Recht zu, Ihr eigenes Potential zu entfalten.

Solche Erlaubnisse können Sie sich auch als wohlwollende Kopfbewohner vorstellen. Viele kennen dieses Prinzip aus dem Mentaltraining: Sie setzen sich einen oder zwei Helfer auf die Schulter, die Sie darin unterstützen eine bestimme Entscheidung zu treffen oder eine be-stimmte Situation zu meistern.

Diese Objektpräsenz kennen Sie im Destruktiven von Ihren Kopfbewohnern, und nutzen sie im Produktiven nun mit Ihren Erlaubern gleichermaßen. Ihre Erlauber fungieren als Mentoren, bis Sie selbst stark genug sind ohne sie auszukommen.

Von mir erhalten Sie für Ihre Leidenschaft folgende Erlaubnis:
„Ich traue Ihnen zu, sich kraftvolle Erlaubnisse zu geben und freue mich über Ihren Erfolg!"

ANLEITUNG ZUR LUSTLOSIGKEIT

⋯⟩ So, aha, na ja, ... was würde denn Ihr Vater dazu sagen?

⋯⟩ Mein Gott, was sollen bloß die Leute denken!?!

⋯⟩ Immer gut dastehen ist die Devise.

⋯⟩ Jetzt geben Sie sich aber mal etwas Mühe!

⋯⟩ Beeilung, Beeilung, Beeilung – geht das denn nicht schneller?

⋯⟩ Also das wird doch wohl besser gehen!

⋯⟩ Passen Sie auf, dass Sie nichts verpassen!

⋯⟩ Vermeiden Sie jeglichen Körperkontakt, die meisten Leute haben Krankheiten!

⋯⟩ Bloß keine Euphorie, wer weiß wohin das führt!

⋯⟩ Hände über die Decke!

Geheimtipp
Die ultimative antreibergesteuerte Erlaubnis:
„Ich will mir große Mühe geben, gleich morgen völlig damit aufzuhören!"

Fragen aus der PRAXIS

F: Wie kann ich die Leidenschaft meiner Mitarbeiter erhöhen?

A: In der Rolle der Führungskraft sind Sie Mentor für Ihre Mitarbeiter und das bedeutet auch, ihr Erlauber zu sein. Ein Erlauber sind Sie automatisch im Rahmen Ihrer Vorbildfunktion. Machen Sie doch einfach vor, wie man leidenschaftlich zu Werke geht.

Oder Sie sprechen Ihre Erlaubnis dem Mitarbeiter direkt aus. Wenn Sie einen Beeil-dich-Kandidaten haben, verkneifen Sie sich das Nörgeln aus dem kritischen Eltern-Ich: „Da ist ja schon wieder ein Flüchtigkeitsfehler!", sondern geben ihm die wohlwollende Rückmeldung: „Sie schaffen viel in Ihrer Zeit, gönnen Sie sich mehr Muße!" Damit trauen Sie Ihrem Mitarbeiter zu, es zu schaffen und geben ihm den Raum, den er für seine Entwicklung braucht.

F: Also ich weiß nicht, ich bin eben so, ich mache eben alles ganz fix. Jetzt auf einmal künstlich eine Langsamkeit reinzubringen bedeutet für mich doch nicht mehr Leidenschaft.

A: Die Fähigkeiten, die Ihnen Ihr Antreiber verliehen hat, bleiben Ihnen erhalten. Das bedeutet, dass Sie Ihre Sprinterqualitäten weiter nutzen können. Doch Sie müssen nun nicht mehr alles wie einen Sprint angehen. Sie dürfen sich nun erlauben, auch mal langsam zu machen, wenn Ihnen danach ist. Wenn Sie Ihre Antreiber entschärfen werden Sie nicht die positiven Aspekte aufgeben, sondern sich von dem Zwang befreien, sich immer so verhalten zu müssen, auch wenn es nicht angemessen ist. Es findet keine Beschneidung Ihrer Identität statt, sondern eine Erweiterung.

F: Wo ist die Abgrenzung zwischen leidenschaftlich sein und getrieben sein? Woran erkenne ich das bei meinen Mitarbeitern und auch bei mir?

A: Sie sehen es in den Augen! Hat Ihr Mitarbeiter eher einen gehetzten Blick, der für Angetriebensein spricht oder hat Ihr Mitarbeiter Feuer im Blick, das Feuer der Leidenschaft?
Und wie fühlt es sich an? Haben Sie aber den Eindruck, Sie bekommen nicht genug Luft, um hinterher zu kommen, dann spricht das für Getrieben-Sein. Haben Sie Power, schwimmen Sie oben auf dem Kamm der Welle – dann ist es Leidenschaft!
Sie können sich auch im Denken ertappen: Für Ihre Kopfbewohner und Antreiber spricht die Anpassung an die Eltern-Ich-Vorgaben: „Ich muss!" Und das Lustprinzip „Ich will!" spricht für Leidenschaft.

F: Aber im Moment ist es doch so, dass der Druck von außen kommt. Die neuen Zahlen von der Konzernleitung, immer weniger Zeit für die gleiche Qualität. Wie kann ich da anders reagieren als mich getrieben zu fühlen?

A: Es gibt den äußeren Druck und es gibt das, was innerlich damit in Schwingung kommt. Ihnen den äußeren Druck wegzureden wäre unrealistisch. Doch wie sehr jemand innerlich mit dem äußeren Druck in Schwingung kommt und sich ohnmächtig fühlt, das ist der Anteil der Antreiber. Das sind dann Ihre persönlichen Aktien in dem Geschäft. Diesen inneren Anteil gilt es zu entschärfen. Denn sonst wird ein äußerer Druck schnell Ihren inneren Antreiber-Knopf drücken. Äußere Umstände werden dann immer bei Ihrer persönlichen Schwachstelle einhaken können und ein erhöhtes Stressniveau produzieren. Antreiber sind Stressproduzierer. Leidenschaft dagegen ist ein Stressreduzierer. Sind Ihre Antreiber also entschärft, dann können Sie ruhig bleiben und sich vergegenwärtigen: Es ist wichtig, dass wir das in Ruhe machen, damit es gut wird.

F: Wie komme ich vom Getriebensein in die Leidenschaft?

A: Kurz gesagt: Indem Sie die Antreiber und Kopfbewohner entschärfen. Dafür benötigen Sie Erlaubnisse. Dann können Sie Ihre Antreiber vor Ihren Karren spannen und sie für sich arbeiten lassen, statt dass Sie deren Sklave sind.

F: Gut, Leidenschaft gibt es ja auch im Privatleben. Und muss ich da eine Unterscheidung treffen – Leidenschaft privat, Leidenschaft professionell?

A: Nein, Leidenschaft ist Leidenschaft! Und wenn Ihre Leidenschaft gut entwickelt ist, dann haben Sie Leidenschaft für Menschen, für Beziehungen, für bestimmte Projekte, für bestimme Unternehmen, für bestimmte Aufgaben.

F: Hm! Und die Kopfbewohner, die „versauen" mir also meine Leidenschaft sowohl im Privaten als auch im Beruf?

A: Ja, auf jeden Fall!

Übungen zur Reflexion

Den eigenen Antreibern auf der Spur

Stellen Sie sich vor, Sie sind eben am Seminarort angekommen. Sie steigen aus dem Auto und gehen mit dem Koffer in der Hand in das Seminarhotel. Zwei Tage Leidenschaft der 7 Säulen der Macht warten auf Sie. Sie gehen zur Rezeption und fragen nach Ihrem Zimmerschlüssel. Lassen Sie sich einmal deutlich diese Situation erleben. Stellen Sie sich die Szene am Empfang vor. Erleben Sie, wie Sie den Koffer abstellen und nach dem Schlüssel fragen.

Die Dame am Empfang freut sich, dass Sie gut angekommen sind und sagt: „Wir haben schon gestern auf Sie gewartet – hoffentlich haben Sie nicht allzu viel verpasst. Der Seminarraum ist dort rechts – die Gruppe macht sicherlich gleich Pause."

Was passiert? Was sagen Sie in Ihrem Kopf zu sich selbst? Wie reagieren Sie körperlich und emotional?

Wer hat die Oberhand, der Problemlöser aus dem Erwachsenen-Ich oder irgendjemand anderes? Ihr Kopf kann mit den verschiedensten Gestalten angefüllt sein. Sie können auf die verschiedensten Antreiber reagieren:

- Verkrampft sich alles in Ihrem Körper?
- Werden Sie hektisch?
- Reagieren Sie verwirrt? „Wie, was, ja, aber ..."
- Wollen Sie nur ja keinen Ärger mit der Seminarleitung und überlegen fieberhaft, was Sie als Entschuldigung anbringen können?
- Schalten Sie in den Pokerface-Modus und tun so, als wäre alles richtig so?

Mit welchen Antreibern und Kopfbewohnern reagieren Sie in einer solchen Stresssituation?

Ist Ihnen klar, dass die einzig logische Reaktion eine Klärung wäre, welches Seminar Sie besuchen und welche Seminargruppe dort tagt, um Verwechslungen zu vermeiden?!

MEINE KOPFBEWOHNER

Fertigen Sie eine Liste Ihrer Kopfbewohner an:

Immer wenn Ihnen ein Kopfbewohner etwas entgegenschleudert, Sie ausschimpft oder sonst wie angeht, notieren Sie sich alles über ihn, was Sie in Erfahrung bringen können. So erhalten Sie mit der Zeit ein Set der inneren Stimmen, die Sie tagtäglich beeinflussen.

Name:

Lieblingsspruch:

Körnchen Wahrheit:

Von wem habe ich diesen Kopfbewohner?

Wann bin ich dieser Kopfbewohner?

CHECK UP

LEIDENSCHAFT

POSITIVE FR

☺ Leidenschaft entspringt dem **positiv freien Kind-Ich + fK**.
Das bedeutet, dass das positiv freie Kind-Ich unsere Lebensenergie in sich birgt.

◉ Das Schlüsselkriterium der Säule Leidenschaft ist der Genuss.

◉ Das **+ fK** ist unverzichtbar, wenn Sie sich selbst und Ihre Mitarbeiter motivieren wollen – also immer!

◉ Im Allgemeinen muss dieser positive Kind-Ich-Zustand wieder freigelegt werden.

◉ Wohlwollende Unterstützung erfahren Sie durch Ihr fürsorgliches Eltern-Ich **EL**.

◉ Die Effekte der Leidenschaft im **+fK** sind Lebensenergie und Vitalität.

- Erlaubnisse sind der Passierschein zur Leidenschaft.

- Durch die Entschärfung Ihrer Kopfbewohner und Antreiber erlangen Sie Autonomie im Denken, Fühlen und Verhalten.

- Sie erlauben sich, mehr Sie selbst zu sein.

- Sie empfinden Lebensfreude.

- Führungskräfte mit dem **+ fK** sind wahre Gewinner.

Ihre Mitarbeiter werden es Ihnen danken!

SELBST-KONTROLLE

SÄULE

3

SICH IM GRIFF HABEN!

CH IM GRIFF?

- Reagieren Sie in allen Situationen angemessen?
- Verfügen Sie über Disziplin?
- Führen Sie oder werden Sie vom Team geführt?
- Wer oder was beherrscht Sie?
- Sind Sie beherrscht?
- Herrschen Sie oder führen Sie?

HABEN SIE SIC

SELBST-KONTROLLE ALS MACHTPOTENTIAL

Haben Sie sich im Griff?

Als Sitz der persönlichen Identität schenkt uns diese Säule Selbstachtung. Psychisch schaffen wir uns hier das Recht zu handeln. Auch in diesem Machtbereich herrschen zwei polare Kräfte:

 zur eigenen Macht finden und Machtlosigkeit

Sind wir im Besitz der eigenen Macht, dann fühlen wir uns besonders stark und es gilt wachsam zu sein, um nicht von Machtgelüsten getrieben zu handeln und Kontrolle über andere auszuüben. Auf der Seite der Machtlosigkeit gilt es darauf zu achten, anderen nicht zu viel Macht über sich selbst einzuräumen.

Kontrolle wurde und wird immer wieder missbraucht. Dennoch ist sie eine wichtige Form der Macht. Selbst-Kontrolle – körperlich und seelisch – gibt Ihnen Macht über sich selbst. Sie ist besonders dann wichtig, wenn sie in Form von Selbstdisziplin die anderen Kräfte wie Leidenschaft und Vernunft, Kommunikation und alle Emotionen reguliert. Selbst-Kontrolle kann sogar lebenswichtig werden, wenn die Ereignisse in Ihrem Umfeld plötzlich eskalieren und Ihre Existenz bedrohen.

In dieser Säule drückt sich Ihr Wille zur Individualität aus. Ihre potentiell grenzenlose Entwicklungsfähigkeit als auch Ihre selbst auferlegten Beschränkungen zeigen sich hier. Nur wenn Sie Ihre Ängste und Machtansprüche überwinden, können Sie anderen Menschen ihre freie Entfaltung lassen. Ihr Weg zur Säule der Liebe führt also zwingend über die Selbst-Kontrolle.

Ist die Säule der Selbst-Kontrolle als Machtpotential entwickelt, verfügen Sie über:
⋯⟩ Selbstachtung, Selbstvertrauen und Selbstwertgefühl
⋯⟩ Ich-Gefühl und Individualität
⋯⟩ Emotionalität, Empathie und Sensibilität
⋯⟩ Durchsetzungsvermögen
⋯⟩ ein stabiles Nervenkostüm
⋯⟩ eine optimale Verarbeitung neu aufgenommener Eindrücke

Eine stabile Selbst-Kontrolle ermöglicht es einer Führungskraft ihre eigene Identität zu entwickeln: Sie weiß, wer sie ist. Mit einer gesunden Ich-Entwicklung gehen Selbstachtung und Selbstvertrauen einher. So wird diese Führungskraft selbstbestimmt leben und ihre Ziele ausdauernd verfolgen können. Sie erreicht ihre Ziele durch die Kraft, die aus ihrer Mitte kommt und sie alle auftauchenden Hindernisse mit der Leichtigkeit des auf sich selbst Vertrauenden überwinden lässt. Zudem besitzt sie die Ausdauer und Geduld, die es braucht, um schwierige

Lebensphasen zu überstehen. Aber trotz des Bewusstseins ihrer persönlichen Macht und Stärke erhält sich diese Führungskraft ein hohes Maß an Sensibilität und Mitgefühl gegenüber anderen und geht nicht mit den Ellbogen durchs Leben. Sie strahlt Selbstbewusstsein und Tatkraft aus.

Somit bildet eine starke Säule der Selbst-Kontrolle die Grundvoraussetzung für den Erfolg im Leben, ganz gleich, wie man Erfolg für sich definiert.

PROBLEME MIT DER SELBST-KONTROLLE

Der Dämon der Selbst-Kontrolle ist der innere Schweinehund!
Der physische Sitz der Selbst-Kontrolle ist das Solar-Plexus-Chakra. Hier entstehen Gefühle. Wenn diese immer wieder runtergeschluckt anstatt genutzt werden, richtet sich ihre Energie schließlich gegen den eigenen Körper. So entstehen sprichwörtlich Verdauungsprobleme; die so genannte Verarbeitung von Themen ist gestört. Körperlich wirkt sich dies als Druckgefühl auf den Magen aus. Die psychische Entsprechung ist das Gefühl, ‚eine Sache nicht verdauen zu können‘ oder Situationen, die einem ‚auf den Magen schlagen‘.

Bei einer Fehlentwicklung dieser Säule werden Führungskräfte zu Kontroll-Fanatikern – krampfhaft bemüht, in jeder Lebenslage die Oberhand zu gewinnen und den Überblick zu behalten. Sie sind die sprichwörtlich typischen ‚Machtmenschen‘ oder ‚Familientyrannen‘'. Ihre negativen Charakterzüge wie Machtbesessenheit, Eifersucht, übertriebener Ehrgeiz, Neid, Aggression und Rücksichtslosigkeit verschrecken ihr Umfeld.

Eine Blockierung der Selbst-Kontrolle hingegen zeigt sich in einem Mangel an Energie für die eigene Person oder eigene Sache. Dies führt zu Unsicherheiten, geringer Selbstachtung, Autoritätsangst, fehlender Orientierung im Leben, Selbstmitleid und Sentimentalität. Diese Führungskräfte werden Opfer ihrer Selbst, süchtig und depressiv leiden sie unter Schlaf- und Antriebslosigkeit. Wie ein Spielball, der gelebt wird aber nicht selbst lebt, treiben sie zwischen den Wellen.

Mit konzentrierter Arbeit an dieser Säule trägt man dazu bei, sein Leben aktiv in die Hand zu nehmen, anstatt sich von den Umständen und Mitmenschen ‚leben zu lassen‘.

Merksatz für eine gestörte Selbst-Kontrolle:

„Mit allen Fasern hängt er am Weltlichen.“

Theoretisches Konzept

Selbst-Kontrolle ist eine der sieben wichtigsten Kompetenzen der Führung. Leider erfahren wir im Alltag, dass besonders diese Säule der Macht extrem unterentwickelt ist. Die Auswirkungen zeigen sich in Unzufriedenheit im Beruf, Krisen im Privaten und Kriegen zwischen den Nationen.

Und all das nur, weil viele Menschen nicht bereit sind, die volle Verantwortung für ihr Tun zu übernehmen. Nach dem Motto: „Lasst den Dreck doch die anderen fortschaffen." Nach psychologischen Maßstäben verhalten sich diese Menschen auf dem Niveau eines Kleinkindes – zwischen 18 Monaten und 3 Jahren. Dies ist die so genannte anale Phase, was sich nicht zuletzt darin spiegelt, dass diese Menschen viel ,Sch...', also Schaden anrichten.

Social Control

Das große Ziel der 7 Säulen der Macht ist Autonomie. Eric Berne, Begründer der Transaktionsanalyse, legte besonderen Wert auf ,social control' als unumgänglichen Grundstein von Autonomie.

Viele Menschen verstehen dies falsch und meinen, es genüge, sein Umfeld, die Menschen und Dinge um einen herum, zu kontrollieren. Doch dies ist nicht Autonomie und schon gar nicht bedeutet es Macht. Im Gegenteil, allein der Wunsch nach Kontrolle anderer beweist die Ohnmacht der kontrollierenden Person.

Social Control bedeutet, sich selbst zu kontrollieren und dies besonders in sozialen Bezügen. Es geht darum, dass Sie sich stets so verhalten, dass Ihr Verhalten Ihr Umfeld stärkt,

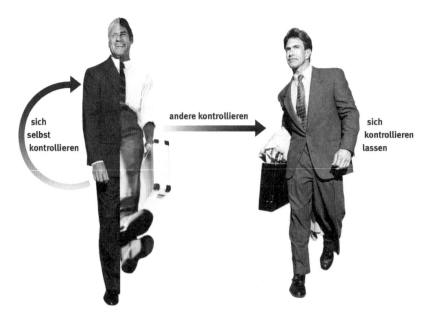

sich selbst kontrollieren → andere kontrollieren → sich kontrollieren lassen

niemals schwächt! Das ist nur möglich, wenn Sie sich selbst kontrollieren. Oder wie der Volksmund sagt: „Sich im Griff haben.“

Somit ist die Frage der Ausrichtung geklärt: Kontrolle richtet sich immer nach innen! Da man im Außen nicht bewältigen kann, was in einem selbst, also in der eigenen Persönlichkeit außer Rand und Band geraten ist, muss es um die Kontrolle der inneren Prozesse gehen, um sich sozial zu befähigen und gesellschaftsfähig zu sein.

Ohne Selbst-Kontrolle ist eine Führungskraft weder gesellschaftsfähig noch vermag sie der Verantwortung für die ihr übertragenen Bereiche gerecht zu werden. Als Führungskraft tragen Sie nicht nur für sich und Ihr Handeln Verantwortung, sondern auch für das Unternehmen und für Ihre Mitarbeiter. So ist es für Sie zwingend notwendig Selbst-Kontrolle zu etablieren!

Selbst-Kontrolle bedeutet nicht, sich asketisch alles zu versagen. Selbst-Kontrolle bedeutet auch nicht, nichts zu fühlen und nur roboterhaft zu funktionieren. Sie soll keinesfalls das freie Kind-Ich wieder an die Leine legen, sondern seine Kreativität und Energie lenken. Selbst-Kontrolle bedeutet, alle inneren Qualitäten zu koordinieren.

In der Säule der Leidenschaft haben Sie Ihre Lebens-Energien befreit. In der Säule der Selbst-Kontrolle erfolgt die Lenkung dieser Energien in die Bahnen, die Sie für angemessen halten. Doch was ist angemessen?

DIE VERANTWORTUNG DER FÜHRUNG

Sie finden Probleme überall dort, wo Menschen versuchen, sich davor zu drücken,
⋯⋗ entweder Verantwortung zu übernehmen,
⋯⋗ oder Entscheidungen zu treffen (was bedeutet, Verantwortung zu übernehmen).

Das Schlüsselkriterium der Selbst-Kontrolle ist Verantwortung. Was aber ist Verantwortung? Das Wort selbst trägt es in sich: Verantwortung meint eine angemessene Antwort auf jede Situation zu geben – sich selbst, dem Unternehmen und natürlich auch den Mitarbeitern gegenüber. Das ist Ver-**ANTWORT**-ung!

Dazu gehört das entsprechende Verantwortungsbewusstsein, das sich im Handeln an professionellen Standards und ethischen Prinzipien ausrichtet. Das bedeutet Verantwortung für sich und sein Tun zu übernehmen und die Selbstdisziplin aufzubringen, anderen nicht den „Schwarzen Peter“ zuzuschieben. Verantwortung von sich zu schieben nach dem Motto: „Hier bin ich nicht zuständig!“ ist unangemessen und verantwortungslos. Man will sich davonstehlen (-/+ Haltung), macht sich klein vor dem Problem und hofft, dass jemand anderes die Verantwortung übernimmt (Kollegen oder Mitarbeiter). Um es auf den Punkt zu bringen: Diese Führungskraft macht ihren Job nicht!

Im Gegensatz zur Leidenschaft, die uns in die Wiege gelegt ist, muss Selbst-Kontrolle entwickelt werden. Auch Verantwortung ist nicht angeboren, wir lernen, sie im Laufe unseres Lebens zu übernehmen. Uns angeboren ist ein inneres, sehr genau funktionierendes seismografisches System für Gerechtigkeit. So spüren wir genau, wenn etwas nicht gerecht ist, doch wie wir mit diesem Empfinden und der damit verbundenen Verantwortung umgehen ist individuell sehr verschieden.

So erleben wir es nicht selten, dass eine Führungskraft sich vor ihrer Verantwortung drückt, sich ziert, sich zu entschuldigen und die Dinge wieder gerade zu biegen. Die einen schleichen sich still davon (**-/+** Position). Die anderen setzen noch einen drauf (**+/-** Position) und drehen ihre Verantwortung – wie den sprichwörtlichen Spieß – um. Sie behauptet dann der andere sei ‚Schuld'. So wird aus meiner Verantwortung (etwas wieder gut zu machen) deine Schuld (mir etwas Gutes zu tun). Dies ist Selbstgerechtigkeit, die letztendlich die Beschämung über sich selbst kaschieren soll, nicht die menschliche Größe zu haben, für seine Fehltritte einzustehen. Verrückterweise muss nun das Umfeld dafür büßen, dass die Führungskraft es nicht schafft, sich verantwortlich zu verhalten.

MEINE SCHULD – DEIN SCHULDGEFÜHL? ODER MEIN SCHULDGEFÜHL – DEINE SCHULD?

Differenzieren wir an dieser Stelle Schuld und Schuldgefühl, um Unklarheiten vorzubeugen: Auf der einen Seite haben wir die Schuld als tatsächliche Verschuldung. Hier hat man etwas getan oder unterlassen, was einen negativen Effekt verursachte. Durch mein Handeln habe ich mich quasi verschuldet. Und genauso, wie man Schulden bei der Bank machen kann und diese mit Zinsen zurückzahlen muss, bedeutet das, übertragen auf Schuld, dass ich diese Verschuldung nur auflösen kann, indem ich mich entschulde. Das deutsche Wort ‚Entschuldigung' wird dem verbalen Anteil dieser Entschuldung gerecht. Natürlich nimmt auch unsere Bank kein Falschgeld an und so ist ein Lippenbekenntnis „'tschuldigung" keine Ent-Schuldung. Dem Geschädigten fehlt dabei die Einsicht, das spürbare Erleben, dass man verstanden hat, was verursacht wurde und dies ehrlich bereut. Dieser emotionale Anteil der Reue ist wesentlich wichtiger als eine materielle Wiedergutmachung, die selbstverständlich ist.

Problematisch ist immer der emotionale Schaden, der entsteht. Und diesen verursachten emotionalen Schaden – einen Mitarbeiter durch flapsige Bemerkungen verletzt, bei den Kollegen Misstrauen hervorgerufen, etc. – wieder gut zu machen, das ist die eigentliche Herausforderung. Wesentlich ist hier nicht, sich besonders schuldig zu fühlen und zu Kreuze zu kriechen, nach dem Motto: „Jetzt fühle ich mich erstmal eine Weile schlecht und dann kann ich wieder weitermachen!" Wesentlich ist hier, sich dem Gefühl der Reue zu stellen und seine Verantwortung zu übernehmen. Dabei muss man sich nicht schlecht fühlen.

Auf der anderen Seite hört man immer wieder von Schuldgefühlen. Auch hier existiert ein Gefühl von Verschuldung, doch es wurde keine tatsächliche Schuld als Tatbestand oder Unterlassungssünde begangen. Das heißt, es besteht das Gefühl für eine Verschuldung, die nie stattgefunden hat. Besonders problematisch ist, dass dieses Gefühl durch eine Wiedergut-machung nicht aufgelöst werden kann. Denn wie kann ich etwas wieder gut machen, dass ich nicht verbockt habe? Es ist nicht möglich und damit haben wir einen Teufelskreis – ich spüre Schuldgefühle und kann sie nicht durch gute Taten auflösen – ich scheine im Schuldgefühl gefangen zu sein.

Dies kann vorkommen, wenn Sie berechtigten Ärger nicht loswerden konnten. Ein Beispiel: Sie werden mit Ihren Verbesserungsvorschlägen und Veränderungswünschen im Vorstand nicht gehört. Normalerweise geht es nun für Sie darum, sich zu behaupten. Doch die Damen und Herren wollen davon nichts wissen und Sie sehen sich mit der doppelten Arbeit konfron-tiert. Was nun mit Ihrer Wut? Sie den betreffenden Vorstandsmitgliedern gegenüber zu äußern mag fatal ausgehen. Und nicht jeder hat einen Boxsack zu Hause. Wenn Sie Ihren berechtigten Ärger nicht loswerden können, ist sehr wahrscheinlich dass Sie ihn schlucken. In Ihrem psychi-schen Verdauungstrakt mag der alte Ärger jedoch einen anderen Aggregatszustand annehmen und sich in Schuldgefühle verwandeln („Ich habe es nicht richtig hinbekommen."). So tief im Gedärm muss es Ihnen nicht als Schuldgefühl bewusst werden, vielmehr spüren Sie ein laten-tes Nicht-OK-Gefühl der **-/+** Position. Wahrscheinlich springt daraufhin Ihr Antreiber an und Sie versuchen, es dem Vorstand nur noch recht zu machen.

Faustregel: **95% aller Schuldgefühle sind aufgestauter Ärger!**

Fragen Sie sich also immer bei Schuldgefühlen:
⋯⟩ Habe ich tatsächlich etwas verschuldet?
⋯⟩ Oder sitze ich auf altem Ärger?
Diese Fragen sind nicht immer einfach zu beantworten. Sicherlich möchten Sie dazu erst ein-mal nachdenken. Das ist auch Ihre Aufgabe in diesem Machtpotential: zu denken! – **???**
Ja, Sie haben richtig gelesen. Sie sollen denken! Das machen Sie schon? Gut, dann wird es Ihnen nicht schwerfallen auch ungetrübt zu denken, im Erwachsenen-Ich!

Lernen Sie zu Denken! – im Erwachsenen-Ich!

Dem **Erwachsenen-Ich ER** ordnen wir jedes Verhalten zu, das eine Reaktion auf die jeweilige Situation im Hier und Jetzt darstellt und bei dem alle Möglichkeiten eingebracht werden, die die betreffende Person als Erwachsene überhaupt hat.

Klischeehaft könnten wir sagen, dass eine Versammlung von Wissenschaftlern wohl am ehesten für eine Erwachsenen-Haltung steht, weil sie als sachlich und objektiv eingeschätzt werden. Unabhängig vom Alter der Person umschreibt sich das Erwachsenen-Ich als bewusster intentionaler Umgang mit der gegenwärtigen Realität:
⋯⟩ beim Kind häufig noch prälogisch, naiv und intuitiv;
⋯⟩ beim Erwachsenen logisch, rational überlegt mit analytischem Verstand.

Wir nehmen Informationen auf und verarbeiten sie, erkennen Zusammenhänge, wägen Wahrscheinlichkeiten ab, ziehen Schlussfolgerungen und treffen auf dieser Basis Entscheidungen. Im Erwachsenen-Ich verhalten wir uns überwiegend sachlich, logisch und konsequent. Wir beschreiben unsere Wahrnehmungen und erläutern Zusammenhänge ohne eigene Verklärung.

Jedem Menschen ist es möglich, diesen Ich-Zustand einzunehmen; allein mit einem Hirnschaden hätten Sie eine Chance, sich herauszureden. Jedoch: Es ist ebenfalls möglich (und dies ist nicht die Ausnahme, sondern eher die Regel), diesen produktiven Ich-Zustand nicht zu nutzen, also die Möglichkeit erwachsen zu sein nicht oder nur unzureichend zu ergreifen.

Bereits in der Säule der Leidenschaft haben wir Trübungen aus dem Eltern-Ich in Form von Kopfbewohnern kennen gelernt. Diese Trübungen gilt es aufzulösen, damit wir im Erwachsenen-Ich angemessen denken, fühlen und handeln können. Doch noch einmal genauer, was sind Trübungen?

GETRÜBTE SICHT

In den beiden vorhergehenden Säulen der Macht haben wir eine Differenzierung der Ich-Zustände vorgenommen und uns um eine klare Kontur bemüht. So wurden Kind-, Erwachsenen- und Eltern-Ich-Zustände sauber voneinander getrennt. Doch es ist nicht immer so, dass sich der Inhalt des einen Ich-Zustandes deutlich von dem des anderen unterscheidet. Es ist auch nicht allen Führungskräften gegeben, nach Belieben von einem Ich-Zustand in den anderen überwechseln zu können.

Was aber geschieht, wenn sich zwei Ich-Zustände miteinander vermischen? Dieses Phänomen nennt sich Trübung. Dann hält der Manager Anteile des Kind-Ichs **K** oder Eltern-Ichs **EL** irrtümlich für einen Inhalt seines Erwachsenen-Ich-Zustandes. Er glaubt also, aus seinem Erwachsenen-Ich-Zustand zu handeln, richtet sich jedoch nach Impulsen aus dem Kind-Ich und präsentiert sich rebellisch. Oder aber er folgt Vorgaben aus dem Eltern-Ich und lässt sich von Kopfbewohnern steuern.

Fast scheint es, als hätten Inhalte des einen Ich-Zustandes die Grenzen gesprengt und wären in einen anderen eingedrungen. Getrübt wird immer nur das Erwachsenen-Ich und so sind zwei Trübungsvarianten möglich:

···⊱ die **Eltern-Ich-Trübung** – die Trübung des **ER** aus dem **EL**
···⊱ und die **Kind-Ich-Trübung** – die Trübung des **ER** aus dem **K**.

Die Eltern-Ich-Trübung

Trübungen aus dem Eltern-Ich finden statt, wenn die Führungskraft elterliche Behauptungen für die Realität in ihrem Erwachsenen-Ich hält. Dies sind Überzeugungen, die sie von Autoritätspersonen übernommen hat und nun als Fakten begreift. Kurz gesagt, die so genannten Vorurteile (manchmal auch Kopfbewohner genannt) sind Eltern-Ich-Trübungen:

····> Mitarbeiter sind faul!

····> Der Vertrieb hat keine Ahnung vom Produkt!

····> Die Verwaltung schläft den ganzen Tag!

····> Man kann niemandem trauen!

◉ **Tipp:**
Wenn Sie gern mit ‚man' reden, dann kann dies ein Hinweis auf eine Eltern-Ich-Trübung sein: „Hören Sie mir auf mit diesem ganzen Teamquatsch. Pack schlägt sich, Pack verträgt sich - da kann man halt nichts machen!"

Solche Einstellungen und Äußerungen haben Sie von Elternfiguren übernommen und glauben sie ungeprüft in scheinbar jeder Situation.

Die kind-Ich-Trübung

Im Falle einer Kind-Ich-Trübung ist das klare Denkvermögen durch ein Wiedererleben alter Situationen beeinträchtigt. Man glaubt, die Realität zu erleben, statt sich bewusst zu sein, eine alte Platte wieder aufgelegt zu haben. Sie verlassen den Konferenzraum und hören Gelächter: „War doch klar, dass die über mich lachen, wenn ich denen den Rücken kehre."
Dies sind Selbsttäuschungen, wie:

····> Ich kann einfach nicht vor Leuten sprechen!

····> Ich und eine Fremdsprache – da prallen Welten aufeinander!

····> Ich bin schon hektisch auf die Welt gekommen!

····> Die nehmen mich einfach nicht ernst!

Solche Trübungen bewirken sowohl eine Verzerrung des Denkens als auch eine Einengung der Handlungsmöglichkeiten. Ob und wie Sie Ihre Fühl-, Denk- und Handlungsmöglichkeiten einengen, zeigt sich in Ihrem Bezugsrahmen.

BezugsRahmen

In welchen Rahmen sind Sie einst ‚eingezogen'? Ist dieser Rahmen erweiterungsfähig? Oder sind die Grenzen starr und unbeweglich? Integrieren Sie neue Informationen oder prallen diese an Ihren Grenzen ab? Sind Sie in der Lage, Ihren Bezugsrahmen an die neuen Informationen anzupassen und somit zu erweitern? Sehen Sie alles durch eine getönte Brille? Können Sie Neues assimilieren?

Bezugsrahmen meint im deutschen Sprachgebrauch das Bezugssystem einer Person, also den Maßstab, der ihren Urteilen zugrunde liegt, wenn etwas als wichtig oder unwichtig, gerecht oder falsch eingeschätzt wird.

In der Transaktionsanalyse wird der Bezugsrahmen umfassender verstanden als die Realität, in der man lebt. Wir sortieren all unsere Erfahrungen so, dass eine wieder erkennbare Struktur entsteht – der gewohnte Rahmen. Wer fühlt sich nicht sicher und behaglich in gewohnter Umgebung?

Bei so manchem verursachen Neuorientierungen Unsicherheitsgefühle. Erst wenn die Orientierung an eine neue Situation (Arbeitsplatz-, Führungswechsel) gelungen ist, stellt sich wieder Entspannung ein. Wenn es aber nicht gelingt, eine klare Orientierung zu finden, hinsichtlich Handlungsspielraum, zwischenmenschlichen Beziehungen, Ziel und gültigen Normen im Unternehmen, führt das zu Aggressivität (**+/-**), Frust (**-/+**) oder Resignation (**-/-**).

Ihr Bezugsrahmen ist die Sammlung all Ihrer Überzeugungen. Er ist Ihre persönlichen Weltanschauung. Sie empfinden ihn als tief sitzende Meinung, die notfalls verteidigt wird. Natürlich gibt es eine unüberschaubare Anzahl von Überzeugungen, doch bereits in der Säule der Standfestigkeit haben wir mit den Grundpositionen vier große Kategorien gefunden, in die sich alle Einstellungen eingliedern lassen.

Ob Ihr Bezugsrahmen flexibel und erweiterungsfähig ist, hängt von Ihrem individuellen Vermögen ab, andere mit ihren Meinungen und Einstellungen in Ihr Bezugssystem zu integrieren.

Viele Führungskräfte und noch mehr Mitarbeiter reagieren mit Abwehr auf neue Informationen. Neues wird als bedrohlich wahrgenommen und entweder ganz außen vor gelassen oder so verzerrt, dass es doch in die alten Schubladen passt.

Wie wäre es mit einem Beispiel? Eine Abteilungsleitung in der **+/-** Position hat eine geringe Meinung von ihren Mitarbeitern. „Die sind doch alle unfähig!" Sie stempelt sie ab, überträgt nur unwichtige Aufgaben und lässt sie deutlich ihre Missbilligung spüren. Das frustriert die Mitarbeiter, die sich innerlich zurückziehen und nur noch Dienst nach Vorschrift machen. Damit sieht die Leitung ihr Mitarbeiterbild bestätigt: „Keiner setzt sich hier für das Unternehmen ein!" und beschließt, auch weiterhin wichtige Aufgaben nicht an Mitarbeiter weiterzuleiten.

So kann man sich seinen Bezugsrahmen bestätigen – ein Teufelskreis: Der Chef putzt den Mitarbeiter runter – der Mitarbeiter zieht sich frustriert aus seinen Verantwortungsbereichen zurück. Vielleicht ist es auch so: Der Mitarbeiter zieht sich aus seinen Verantwortungsbereichen zurück – der Chef putzt den Mitarbeiter runter. Beide Parteien – Mitarbeiter wie Führungskraft – erleben sich als bloße Reagierende auf die provozierende Eigenart des anderen. Wie kann das passieren?

Die Bestätigung des vorhandenen Bezugsrahmens gelingt mit Hilfe der selektiven Wahrnehmung: Informationen, Meinungen und Einstellungen, die nicht in den vorhandenen Bezugsrahmen passen, werden nicht wahrgenommen, ausgeklammert oder so zurechtgebogen, dass sie in das alte Muster passen.

Sie kennen das aus dem Geschäftsalltag: Sie sprechen ein real existierendes Problem an und die Kollegen sehen das Problem nicht oder bewerten es anders. Dann hören Sie: „Ich weiß gar nicht, wo Sie so etwas immer hernehmen?!" oder „Nun machen Sie mal nicht gleich aus einer Mücke einen Elefanten!" oder „Ja, ja, das kenne ich, aber wissen Sie was, wenn Sie älter sind und mehr Erfahrung haben, dann erkennen Sie auch: Die wollen es nicht anders. Da kann man sich noch so sehr bemühen, da passiert nichts." All diesen Reaktionen liegt eine Leugnung bzw. Abwertung bestimmter Realitätsaspekte zugrunde. Dieses Abwerten nennt sich:

DISCOUNTING

Discounting ist der Nährboden für unproduktiven Umgang mit Problemen und Quelle von Blockierungen und Missverständnissen in der Kommunikation. Wenn Sie erst wissen, worauf Sie achten müssen, erkennen Sie es sofort: übersehen, vergessen, vermeiden, nicht wichtig nehmen, herunterspielen, bagatellisieren, bestreiten, leugnen usw.

Aus diesen und ähnlichen Reaktionen lässt sich eine Hierarchie des Problembewusstseins ableiten, die sich in vier Ebenen unterteilt. Jeder Ebene liegt mindestens eine Abwertung, wenn nicht sogar Leugnung bestimmter Aspekte der Realität zugrunde. Je weiter Sie innerhalb dieser Hierarchie von der Lösung entfernt sind, desto mehr Energie verschwenden Sie in Ineffektivität. Je näher Sie der Lösung kommen, desto mehr Energie werden Sie für diese zur Verfügung haben und desto klarer wird Ihr Denken.

Stufe 1: „Da ist nichts!"

Am weitesten entfernt von einem konstruktiven und verantwortlichen Umgang mit dem jeweiligen Problem sind Führungskräfte, die nicht einmal den Stimulus wahrnehmen, der auf eine Schwierigkeit hinweist. Wer Abgabetermine nicht sieht, wer den Tumult im Konferenzraum nicht hört, wer seinen berechtigten Ärger in Verhandlungssituationen nicht spürt ..., der leidet geradezu an Wahrnehmungsstörungen. Die Angst vor bestimmten Problemen ist offenbar so groß, dass man sich (bewusst oder unbewusst) entscheidet, die offensichtliche Realität radikal auszublenden. Im schlimmsten Fall sitzt die Führungskraft auf einem Haufen Mist, guckt um sich und behauptet: Probleme, wo? Hier steckt man den Kopf in den Sand und hofft, dass die anderen einen auch nicht sehen.

Die Mitarbeiter klagen über schlechte Stimmung bis hin zum Mobbing. Die Führungskraft verkriecht sich aber in ihrem Büro: „Ich weiß gar nicht, was die hier mit schlechter Stimmung ständig haben. Es ist doch alles in Ordnung. Jeder tut hier seine Arbeit."

Dies ist die Ebene mit dem stärksten Intensitätsgrad an Abwertung. Die Führungskraft befindet sich von jeglicher Lösung so weit entfernt wie nur möglich.

Stufe 2: „Das macht nichts!"

Unsere Führungskraft hat sich entschieden, die schlechte Stimmung im Team doch wahrzunehmen. Sie erkennt, dass da etwas ist, worüber sich die Mitarbeiter beklagen. Doch ihrer Einschätzung nach hat das alles nicht viel zu sagen – sie wertet die Bedeutung des Problems ab. „Ach, das bisschen schlechte Stimmung. Da gibt es ja wohl wichtigere Themen. Die Leute bekommen ihr Geld und wissen, was sie zu tun haben." Unserer Führungskraft fehlt ehrlich gesagt das Problem-Bewusstsein. Das Ausmaß des vorliegenden Problems ist ihr nicht zugänglich.

Probleme, die man nicht lösen will oder glaubt, nicht lösen zu können, stellen auf die Dauer eine große Belastung dar. Eine gewisse Entlastung bietet dann die Möglichkeit, die Bedeutung des Problems herunterzuspielen. Der Preis, den man dafür zahlt, besteht allerdings darin, dass man weit von der mit dem Erwachsenen-Ich wahrnehmbaren Realität entfernt ist.

Stufe 3: „Da kann man nichts machen!"

Unsere Führungskraft hat sich besonnen und erkennt, dass es sich durchaus um ein bedeutendes Problem handelt. Sie hat also die Tatsache anerkannt, dass etwas nicht in Ordnung ist. Zudem nimmt sie wahr, dass dies ein Problem mit größerem Ausmaß ist. Doch noch immer stockt sie, wenn es darum geht, das Thema anzugehen. Sie bleibt auf der dritten Stufe der Abwertungshierarchie stecken und möchte glauben, dass das Problem nicht lösbar sei. Sie wertet die Veränderbarkeit ab, nach dem Motto: Teams haben sich immer schon bekriegt. „Es gab in unserem Hause immer schon die Konkurrenz zwischen den Abteilungen. Ja, was

soll man denn da tun? Das liegt in der Natur des Menschen, diese Hackordnung. Schlimm, ja.
Aber machen kann man da nichts."

Stufe 4: „Ich kann nichts ausrichten!"

Unsere Führungskraft wurde darüber belehrt, dass dies kein Team-Karma sei, sondern durch-
aus veränderbar ist und einige Optionen bereits in der Vergangenheit gute Erfolge erzielten.
Nun versucht sie es ein letztes Mal, sich vor der Problemlösung zu drücken, indem sie ihre
persönlichen Fähigkeiten abwertet: „Ich habe so etwas noch nie gemacht, ich weiß gar nicht
wie das gehen soll – ich kann das nicht!"

Auf dieser Stufe wird auch gern behauptet, dass die finanzielle Lage eines Unternehmens
Problemlösungen unmöglich machen würde, oder dass bestimmte Branchen solche Themen
nicht bewältigen könnten. All das sind Ausflüchte, um doch noch um die Klärung und Ver-
antwortungsübernahme drumherum zu kommen.

Führungskräfte, die stark abwerten, bringen sich in größere Stress-Situationen als Leitungen,
die weniger abwerten:

⋯⟩ Es wird Energie für Abwertungen und Blockierungsaktionen verschwendet, die zur
   Problemlösung gebraucht wird.
⋯⟩ Die Person kommt mit dem Thema oder Problem nicht voran, sondern
   steckt fest, was weitere unangenehme Gefühle verursacht und somit
   weitere Energie bindet. Allein dies ist Stress.
⋯⟩ Das passive Verhalten verdeutlicht der Person ihre scheinbare
   Unfähigkeit, mit bestimmten Themen oder Problemen
   generell umgehen zu können. Dies schafft
   Minderwertigkeitskomplexe.

Und all das muss ja nun wirklich nicht sein!

Lösung

4. Persönliche Fähigkeit
Sie werten Ihre persönliche
Fähigkeit ab und sehen keine
Möglichkeit, sich persönlich
anders zu verhalten, um das
Problem zu lösen bzw. zu
vermeiden.

3. Veränderbarkeit / Optionalität
Sie bestreiten die Lösbarkeit und
behaupten, ,es' sei nicht vermeidbar
bzw. nicht (anders) zu schaffen.

2. Bedeutung
Sie spielen die
Bedeutung des
Problems herunter.

1. Existenz
Sie bestreiten die
Existenz des Problems.

Einem konstruktiven Umgang mit Problemen am nächsten sind Führungskräfte, die relevante Informationen wahrnehmen und beachten (Tumult im Team), die Bedeutung des dadurch angezeigten Problems realistisch einschätzen (motivierte Mitarbeiter und nahe gelegene Büros werden durch die schlechte Stimmung gestört), unterschiedliche Lösungsmöglichkeiten in Betracht ziehen (ein klärendes Gespräch mit den betreffenden Mitarbeitern führen, eine andere Teamform wählen, sanktionierende Maßnahmen) und sich für die angemessene Möglichkeit entscheiden und diese dann umsetzen.

⊙ **Tipp:**
> Disziplinieren Sie sich, alle Aspekte wahrzunehmen und in ihrer jeweiligen Wertigkeit zu realisieren, die Ihnen die Situation zur Verfügung stellt.
>
> Kommen Sie trotzdem nicht voran, suchen Sie die Diskrepanz zwischen dem bestehenden Problem und Ihrem vorhandenen Problembewusstsein: Prüfen und entscheiden Sie, ob es sinnvoll ist, in der gegebenen Situation alleine weiter zu analysieren oder ob Sie Unterstützung von einer neutralen Person benötigen.
>
> Können Sie die am Ende der Selbstanalyse erreichte Stufe aufrechterhalten? Überprüfen Sie bei einem Rückschritt, weshalb Sie zurückweichen bzw. in den Widerstand gehen und was Sie damit zu vermeiden suchen.

ERFOLGSKONTROLLE

Für Ihre Führungsarbeit ist die Discountinghierarchie ein unschlagbares diagnostisches Instrument. Wenn aneinander vorbeigeredet wird, liegt es meist daran, dass sich die Gesprächspartner auf verschiedenen Stufen des Problembewusstseins befinden. In einem solchen Fall hat es natürlich keinen Sinn, Lösungsmöglichkeiten anzusprechen, wenn Gesprächsparteien das Problem als solches oder seine Bedeutung nicht sehen oder sehen möchten.

Auf den Abwertungsstufen eins und zwei fehlt Problembewusstsein, auf den Stufen drei und vier geht es darum, mit Lösungsansätzen produktiv umzugehen. Erst wenn Ihr Gesprächspartner das Problem sieht (1), es als bedeutsam anerkennt (2) und Verhaltensalternativen (3) in Betracht zieht, hat es Sinn, mit ihm über eine Lösung zu sprechen. Alles andere ist Energie- und Zeitverschwendung.

Die Abwertungshierarchie ist somit Ihre Erfolgskontrolle! Sie ermöglicht Ihnen eine Einschätzung darüber, auf welcher Bewusstseinsstufe sich Ihr Gegenüber in Bezug auf den Umgang mit einem Problem befindet und welche Reaktion Ihrerseits dann im Gespräch oder im Verhalten angemessen ist. Als bemerkenswerten Erfolg können Sie für sich buchen, wenn Sie sich und Ihren Gesprächspartner deutlich und stabil von Stufe 1 zu Stufe 4 entwickeln.

PASSIVITÄT

Das beschriebene Discounting ist ein Ausdruck von Passivität. Wenn Sie das Wort Passivität lesen, haben Sie wahrscheinlich Menschen vor Augen, die auf ihrem Hintern sitzen und nichts geregelt bekommen, alles mit sich machen lassen und keine eigene Meinung haben.

Dazu gehören Sie sicherlich nicht, sonst würden Sie gar nicht in diesem Buch lesen. Oder doch?! Fragen Sie sich doch einfach mal, wie Sie es schaffen, bestimmte Probleme oder Themen in Ihrem Leben nicht zu lösen. Was für eine Frage das ist?

Ehrlich gesagt sind alle Menschen passiv, in unterschiedlicher Ausprägung und in unterschiedlichen Situationen; eben so unterschiedlich, wie es auch die Menschen an sich sind. Sie selbst sind nicht passiv? Sie doch nicht: ständig auf Achse, ständig in Bewegung und immer am Puls der Zeit, erfolgreich und liebenswert! Und das ist doch alles andere als passiv!

Nun, erst einmal zur Definition:

Passivität bedeutet keineswegs, nichts zu tun. Es bedeutet nichts bzw. nicht genug für die Lösung des Problems zu tun. Zur Passivität gehört all das Verhalten, das auf Vermeidung oder einen unproduktiven Umgang mit Problemen hinausläuft! Und Sie kennen sicherlich die Herrschaften, die eine ganze Menge Wirbel veranstalten, nur um sich bestimmten Aufgaben nicht zu stellen. Das ist Passivität!

Warum bloß? Davon hat doch niemand etwas! – Oder doch? Der (scheinbare) Gewinn: Diese Personen können immer jemand anderem den ‚Schwarzen Peter‘ zuschieben! Denn wer nicht selbst entscheidet, braucht sich nicht selbst zur Rechenschaft zu ziehen. Wer sich von anderen ‚entscheiden‘ lässt, hat immer die Möglichkeit über denjenigen zu klagen, der die Verantwortung schlussendlich übernommen hat.

Wenn jemand passiv denkt, also abwertet, dann ist es nur logisch, dass diese Person auch passiv handelt. So wären, am Beispiel eines Tumults, verschiedene passive Reaktionsformen denkbar: sich ans Fenster stellen und hinausschauen, bis der Streit abebbt; mit flehender, aber kaum hörbarer Stimme gegen den Lärm anreden; wahllos einzelne Mitarbeiter herausgreifen und mit Sanktionen bedrohen, ohne sie letztlich zu vollziehen; weinend aus dem Konferenzraum laufen und sich schluchzend in eine Ecke der Kantine setzen; oder als Kollege, der von außen den Tumult mitbekommt, ohne erkennbare Reaktion einfach vorbeigehen, schnurstracks zum Boss laufen und über den unfähigen Kollegen herziehen ...

All diese Verhaltensweisen, die in der Realität durchaus verbreitet sind, bezeichnet man als passives Verhalten und meint damit ein Verhalten, das auf Vermeidung und einen unproduktiven Umgang mit Problemen hinausläuft – und dies zeigt sich in vier Formen:

Nichtstun   **Überanpassung**   **Agitation**   **Gewalt**

Diese vier Verhaltensweisen werden deshalb passive Verhaltensweisen genannt, weil bei allen vieren etwas unterlassen wird, was ein anderer leisten muss. Alle vier Formen sind so etwas wie Einladungskarten, die mehr oder weniger charmant zur Übernahme der Verantwortung einladen.

NICHTSTUN

Hier unternimmt die Führungskraft keinerlei effektive Handlung; sie definiert das Problem nicht, sucht keine Lösung und denkt nicht logisch nach. Was sie wohl tut, ist, das Problem zu fühlen und zu erfahren. Sie regt sich innerlich immer mehr auf, bis jemand eingreift, stellvertretend die Verantwortung übernimmt und z.B. Vorschläge macht (auf die sie selbst hätte kommen können).

Anstatt die Energie für die Problemlösung einzusetzen, wird sie in die Vermeidung und in das Abwerten wichtiger Tatsachen investiert. Bisweilen genießt es eine Person, die ‚nichts tut‘, mit einem gewissen inneren Triumph, den Teamprozess zu blockieren und die Kollegen ‚zappeln‘ zu lassen. Dann findet ein stummer Kampf statt, wer die Situation länger aushalten kann. Oder die Führungskraft fühlt sich dabei unbehaglich und spult eine Menge Phantasien darüber ab, was die Anderen jetzt wohl über sie denken.

ÜBERANPASSUNG

Personen mit Überanpassung reagieren stets so, wie sie glauben, dass andere es von ihnen erwarten, ohne hierbei selbst logisch nachzudenken.

Anstelle des Problems wird die andere Person in den Mittelpunkt gestellt. Dies sind Menschen, mit denen man fast alles machen kann. Nicht selten kombinieren sich hier die -/+ Position und der Sei-gefällig-Antreiber aufs Unproduktivste. Die Energie bezieht sich auf den falschen Aspekt – die Erwartungen anderer, nicht die Lösung des Problems. Im Unterschied zum ‚Nichtstun‘ wird hier maximal gedacht, allerdings nicht in logischen Gedankengängen, sondern in ‚Denken für und über den anderen‘.

Diese Form der Passivität findet besonders häufig in Prüfungssituationen statt. Ich erlebe dies nicht selten bei meinen Studenten, die ihre Hausarbeiten schon mal danach ausrichten, wie sie meinen, dass ich eine solche Arbeit anlegen würde. Sie hoffen, dann eine gute Note zu erhalten, weil sie es dem Prüfer recht gemacht haben, anstatt zu erkennen, dass es darum geht, wissenschaftlich korrekt zu arbeiten und einen eigenen Stil zu entwickeln.

AGITATION

Agitation meint ziellose, ungerichtete, sich wiederholende körperliche Aktivitäten wie auf- und ablaufen, mit den Fingern trommeln, stottern, mit dem Kugelschreiber klicken, ständig mit dem Fuß wippen ... Dies kann sich auch in ganzen Abläufen zeigen – wenn ich im Büro anfange zu räumen, kann es gut sein, dass ich mich vor dem Jahresbericht drücke.

Die Energie wird sinnlos verbraucht, in ruhelosem Tun und Treiben, in mechanischen Aktivitäten, die kein Ziel haben und für die Problemlösung keinen Sinn machen. Wie bei einem Schnellkochtopf wird die überschüssige Energie (die man zur Problemlösung benötigt) über das Überdruckventil (mechanische Tätigkeiten) abventiliert.

Das Denken ist verwirrt, die Person fühlt sich unbehaglich und irritiert im schlimmsten Falle noch andere, die dann eingreifen und stellvertretend Verantwortung übernehmen.

GEWALT

Dies meint den Wutanfall ebenso wie das ‚Sich-unfähig-machen'. In einem Wutanfall entlädt man alle aufgestaute Energie mit der Konsequenz, dass andere notgedrungen eingreifen müssen. Beim Wutanfall fehlt das Denken vollständig, einige Personen kennen dann keine Grenzen und keine Verantwortlichkeit mehr, mit der Folge, dass Schaden oder Verletzungen entstehen. Nach einer solchen Energieentladung ist die Person, die den Wutanfall hatte, sehr wohl wieder in der Lage, logisch nachzudenken.

Führungskräfte, deren Kopfbewohner verbieten Aggressivität zu äußern, entscheiden sich in diesem Falle für ‚Sich-unfähig-machen'. Hier mischen sich Überanpassung und Wutausbruch, so dass statt einer Explosion eine Implosion stattfindet.

Diese Implosionen äußern sich in Migräne, sich übergeben, ohnmächtig werden und selbstverletzendem Verhalten (verbal und tätlich).

Führungskräfte, die zwischendurch immer mal wieder ausflippen, sind also passiv! Wutschnaubend trampeln sie bei ihren Mitarbeitern über die Grenzen und erreichen damit, dass man sie vor bestimmten Problemen verschont. „Lass das mal lieber, sonst flippt er wieder aus!"

Hier handelt es sich um emotionale Manipulation!

Während Frauen tendenziell aus der -/+ Position mit depressiven Gefühlen und Schuldthemen manipulieren, nach dem Motto: „Tu, was ich will oder fühle Dich schlecht", manipulieren Männer emotional eher aus der +/- Haltung mit Aggression, nach dem Motto: „Tu, was ich will oder gnade dir Gott!" Beide Geschlechter haben damit ihr Umfeld schnell und gut im Griff – nur sich selbst eben nicht. Letztendlich drücken Sie damit ihre Überforderung hinsichtlich bestimmter Probleme aus.

Und? Sind Sie nicht vielleicht doch manchmal passiv?

Kennen Sie das von sich? Sie haben einen Bericht anzufertigen. Das Thema reizt Sie und es ist ausreichend Zeit. Sie fangen sogleich emsig an, sammeln Material, insbesondere die Ergebnisse der Führungskraft, die Ihnen die Aufgabe übertragen hat (Überanpassung).

Nach zwei Stunden haben Sie die wesentlichen Daten zusammen und könnten loslegen. Jetzt gönnen Sie sich aber erst einmal eine ausgiebige Ruhepause und schieben den Beginn der Berichterstellung vor sich her (Nichtstun).

Nach einer Weile stellt sich Unbehagen ein, das dann viertelstündlich wächst. Ab und an melden sich innere Anflüge von Panik. Sie sagen sich alle paar Minuten: „Gleich muss ich aber unbedingt anfangen!" ‚Deshalb' räumen Sie erst einmal Ihren Schreibtisch gründlich auf und gehen vorausschauend in die Kantine, um sich Proviant zu beschaffen. Dabei fallen Ihnen weitere Dinge ein, die Sie vorher noch unbedingt erledigen müssen (Agitation).

Beim Aufräumen werfen Sie ‚zufällig' und ‚aus Versehen' wichtige Arbeitsunterlagen in den Reißwolf und müssen deshalb noch einmal von vorn anfangen. Alles sieht mittlerweile nach Überstunden aus, und so beginnen Sie Ihren Körper mit Zigaretten und Zuckerzeug zu schwächen und der viele Kaffee macht Sie auch nur noch hibbeliger. Ihre Umgebung strapazieren Sie durch Stress, zunehmende Nervosität und Aggression (Gewalt).

Entweder brechen Sie zusammen und erzwingen so die Fürsorge der Sekretärin und die Nachsicht des Chefs oder Sie schaffen alles ‚gerade noch so eben' mit Hilfe einiger abends schnell zusammengetrommelter Assistenten. Am Ende sind Sie womöglich noch stolz darauf, in ‚so knapper Zeit' den Bericht abgeschlossen zu haben.

Wenn Sie sich wiedererkannt haben, dann möchte ich Ihnen die Gretchenfrage stellen: Wie halten Sie es mit dem Wachstum?

Erinnern Sie sich, dass Wachstum die Folge der **+/+** Grundposition ist und immer wieder, ja geradezu Minute für Minute müssen Sie sich entscheiden: Was will ich? Wachstum oder …

WIDERSTAND

Selbst-Kontrolle, die eine Voraussetzung für Wachstum ist, bedeutet, Ihre Anfälligkeiten und Macken zu erkennen, zu reflektieren und zu überwinden. Das bedeutet auch immer wieder Arbeit mit und am eigenen Widerstand. Können Sie über Ihren Schatten springen?

Anstatt sich seinen Ängsten, Zweifeln und Minderwertigkeitsgefühlen hinzugeben geht es nun darum, sich den eigenen Widerständen zu stellen. Also: Augen auf und durch!

Was genau ist eigentlich Widerstand?

Stellen Sie sich vor, Sie räumen auf und putzen Ihre Wohnung, weil sich wichtiger Besuch angekündigt hat. Dingdong – die Türklingel geht und Sie sind noch nicht fertig. Was tun Sie? Schnell alles in die Rumpelkammer und unter's Sofa gekehrt – dort sieht man es ja nicht. Nun noch schnell die Fassung zurückgewinnen und die Tür öffnen.

Während der Besuch da ist, müssen Sie nur zwei Dinge erreichen – der Krempel darf nicht von allein unter dem Sofa hervorkullern und Ihr Besuch muss daran gehindert werden in Rumpelkammern zu schauen, die nicht für ihn bestimmt sind. Sie werden also ab und an mit dem Fuß ein wenig Kram zurück unter das Sofa schubsen und Ihren Besuch mit gekonnten Ablenkungsmanövern von der Rumpelkammer fernhalten.

Sie haben dieses Buch nicht gekauft, damit ich Sie an das Chaos in Ihrer Wohnung erinnere? Was bringt Ihnen dieses Beispiel für den Führungsalltag? Ganz einfach: Diese Aufräum- oder besser Kehr-unter-den-Teppich-Technik ist das, was die Psychologie unter Verdrängen, Abwehr und Widerstand versteht.

Noch einmal von vorn?

In Zeiten, in denen Sie nicht die Muße haben, Erlebnisse zu verarbeiten, weil Sie beispielsweise am Arbeitsplatz funktionieren müssen, kehren Sie diese erst einmal beiseite – Verschiebung ins Unterbewusstsein. Wenn Sie Ihren Krempel dann unter dem Sofa liegen lassen, weil Sie ihn vergessen haben oder besser gar nicht daran denken mögen, das alles an seinen Platz zu sortieren, dann ist dies der Mechanismus der Verdrängung.

Immer dann, wenn wieder etwas hervorkullern möchte und Sie mit dem Fuß nachschubsen, wehren Sie innerpsychisches Aufstoßen unverdauter Inhalte ab. Sprich: Sie schlucken es wieder runter, um es nicht wiederkäuen zu müssen.

Damit niemand dahinter kommt, was alles so unter dem Sofa und in der Rumpelkammer (Unterbewusstsein) ist, nutzen Sie verschiedene Formen von Widerstand, um den Topfgucker abzulenken. Sie bewachen quasi Ihre verdrängten Inhalte vor neugierigen Mauerspechten.

Diese Wächterfunktion übernehmen Sie nach innen – Abwehr – damit nicht mitten in einem Meeting unangenehme Inhalte von alleine hochkommen, und nach außen – Widerstand – Personen und Situationen gegenüber, die an die unterdrückten Inhalte rühren könnten.

Unter Ihrem Sofa, „Entschuldigung", in Ihrem Unterbewusstsein tummeln sich:
···⟩ **Unerwünschte Triebimpulse**
Ideen, die Ihnen in den Kopf kommen, wenn der verhasste Kollege am offenen Fenster steht.
···⟩ **Traumatische Erlebnisse**
Der extrem peinliche Auftritt auf dem Betriebsfest.
···⟩ **Ungeliebte Gefühle**
Unsicherheiten, die nicht in das Bild des erfolgreichen Managers passen.
···⟩ **Nicht akzeptierte Eigenschaften**
Ich bin nicht chaotisch – ich habe alles im Griff.

Widerstand ist also der Schutz davor, dass verdrängte Inhalte, die man nicht wahrhaben oder bearbeiten möchte, nach außen dringen und damit sichtbar werden. Widerstand ist gleichzeitig das beobachtbare Verhalten, das darauf hinweist, dass sich jemand mit bestimmten Dingen nicht auseinandersetzt.

Eine Auseinandersetzung würde die Erweiterung des Bezugsrahmens erfordern und damit schließt sich der Kreis. Wenn etwas oder jemand von außen am Bezugsrahmen kratzt, dann reagieren viele Menschen innerlich mit Discounting: „Was ich nicht weiß, macht mich nicht heiß", sprich: „Ich mach einfach die Tür nicht auf" und äußerlich mit Widerstand: „Hier kommt nix rein – du schon gar nicht".

Das Ausmaß der Wucht, mit der ein solcher Wächter (Widerstand) auftritt zeigt, wie bedrohlich der Stimulus empfunden wird. Doch hier ist nicht relevant, wie bedrohlich die neue Information objektiv zu sein scheint, sondern wie bedrohlich diese subjektiv wahrgenommen wird. Damit stellen sich die Fragen: Wovon will die Person ablenken? Was will jemand partout nicht wahrhaben? Wovor möchte sich derjenige schützen?

Als Faustregel gilt:
···⟩ Der Impuls für den Widerstand stammt immer aus dem **angsterfüllten Kind-Ich aK**.
···⟩ Für die einzelnen Widerstandsaktionen jedoch werden andere Ich-Zustände vorgeschickt: bevorzugt das **negativ fürsorgliche Eltern-Ich -fEL**, das **rebellische Kind-Ich rK** und immer wieder gern das **negativ kritische Eltern-Ich -kEL**.

FORMEN VON WIDERSTAND

Wo, wann und wem gegenüber zeigen Sie Widerstand? Erkennen Sie Mitarbeiter wieder?

Einwände erheben, rationalisieren, überdetaillieren

Auf den ersten Blick mag man den Eindruck gewinnen, dass hier mitgedacht wird. Doch Methoden-Diskussionen über das Für und Wider, intellektuelles Hin und Her, Theorien und Meinungen dienen dazu, die konkrete Umsetzung zu vermeiden. Es wird darüber geredet, anstatt es anzugehen. Nun, schön dass wir mal darüber gesprochen haben.

generalisieren, bagatellisieren, lächerlich machen

Sicherlich kennen Sie das: Sie konfrontieren das unangemessene Verhalten eines Mitarbeiters und dieser will Ihnen schönreden, dass das ja gar nicht so eng zu sehen sei und außerdem sei es ja nicht so gemeint gewesen. So versucht man, problematische Verhaltensweise abzuschwächen, zu verallgemeinern oder gar ins Lächerliche zu ziehen. Eine ernsthafte Auseinandersetzung wird vermieden. Auch gefürchtete Gefühle werden gern lächerlich gemacht. Es werden Zoten oder frauenfeindliche Witze gerissen, um sich vor negativen Erinnerungen oder Unzulänglichkeitsgefühlen zu schützen. Manchmal soll es auch einfach nur über einen angespannten Moment hinweghelfen, wenn es doch eine nähere emotionale Beteiligung gibt – man die Kollegin nämlich gern mag.

mauern, blockieren, verweigern

Zurückgelehnt und mit verschränkten Armen, eisiges Schweigen – eine Zurschaustellung offener Verweigerung. Lehrkräfte kennen dieses Bild nur zu gut. Auch Nörgeln und Beleidigtsein wie nonverbale Signale sind reiner Widerstand: gähnen, hinlümmeln, kichern, sms'n ...

vergessen, verwechseln, verschlafen, fehlen (sich entziehen)

Haben Sie Kollegen, die immer dann die Toilette aufsuchen, wenn es um die Klärung eines Konfliktes geht? Oder sind Sie es gar selbst, der immer im entscheidenden Moment einen dringenden Termin hat? Absprachen werden falsch oder gar nicht erinnert, wesentliche Aspekte vergessen oder man verschläft komplett.

abschweifen, das Thema wechseln

Eben wussten Sie noch, worum es ging, doch halt mal, wie sind wir denn nun darauf gekommen?! Ihre Aufmerksamkeit wurde auf einen Nebenaspekt gelenkt. Und Ihr Gesprächspartner hat es geschafft, um den problematischen Punkt herum zu schleichen und Sie auf einen ganz anderen Kriegsschauplatz zu führen. Die Hardcore-Variante ist es, abrupt das Thema zu wechseln, wenn Sie auf den Punkt kommen – dies ist derart irritierend, dass Ihr Gegenüber damit gar nicht so selten Erfolg hat.

sich verwirren oder dumm stellen

Frei nach dem Motto: ‚Je dümmer man sich anstellt, desto weniger muss man tun!' Sonst intelligente Menschen präsentieren sich eindeutig unter ihren intellektuellen Möglichkeiten: Sie sind verwirrt, bekommen die einzelnen Aspekte nicht zusammen, finden den roten Faden nicht, Gesprächsinhalte können nicht mehr wiedergegeben werden. Es ist, als hätte jemand im Kopf den Stecker gezogen und für einen Augenblick fließt keine Information mehr.

sich selbst, andere und/oder Sachen beschädigen

Dies kennen wir bereits von der passiven Verhaltensweise Gewalt. Es gibt die expressive Variante und die eher introvertierte. So kann man(-ager) explodieren: brüllen, Türen knallen und Tassen zerdeppern. So kann man(-ager) aber auch implodieren und an Migräne oder Magenkrämpfen leiden.

WAS TUN BEI WIDERSTAND?

Wenn Ihnen ein Mitarbeiter mit Widerstand entgegentritt, kann es gut sein, dass Sie erst einmal irritiert oder aber genervt sind. Einige Führungskräfte möchten sich dann am liebsten abwenden, nach dem Motto: „Dann sieh zu, wie du alleine klar kommst, aber du wirst schon sehen, was du davon hast!" Doch das ist nicht das, was man unter Führung versteht. Wo bleibt die Unterstützung für den Mitarbeiter, seinen Widerstand zu überwinden?

Andere Führungskräfte verstärken den Druck – was keinesfalls produktiv ist. Wie würden Sie denn reagieren, wenn man Ihr Wachpersonal umniatet? Okay, diese Runde geht an den Gegner, doch beim nächsten Mal sind Sie mit doppelten Bodyguards dabei, wetten?

Widerstand gewaltsam zu brechen ist nicht nur unethisch, sondern auch unproduktiv, da in der Folge eben dieser Widerstand erheblich verstärkt wird. Sinnvoller und entlastender für alle Beteiligten ist es, Widerstand als Impuls zu sehen und zu nutzen, um über die Gesprächssituation und die Beziehung nachzudenken. Beide Gesprächspartner können Anlass für Widerstand geben und Anteil daran haben.

Wann tritt der Widerstand auf den Plan und mit welcher Heftigkeit? Was sind die Themen, die wohl umschifft werden sollen?

Mögliche Anteile auf Seiten der Führungskraft:
- ⋯⋗ Sie drängeln, haben unangemessene Erwartungen und Ideen oder dergleichen, d.h. Sie wollen etwas von dem Mitarbeiter, was er glaubt nicht leisten zu können oder zu wollen.
- ⋯⋗ Sie haben keine klaren Absprachen, und der Mitarbeiter hat das Gefühl in der Luft zu hängen.
- ⋯⋗ Sie zeigen Ihrem Mitarbeiter gegenüber keinen Respekt.
- ⋯⋗ Sie agieren zu stark aus dem Eltern-Ich.
- ⋯⋗ Sie wollen selber zeigen, was sie alles ‚drauf' haben und stehlen dem anderen die Show.

Widerstand wird man nur freiwillig und unter Beteiligung der produktiven Ich-Zustände aufgeben. Dies geschieht am ehesten in einer Atmosphäre, in der das verängstigte Kind-Ich ausreichend geschützt ist. Und erst, wenn eine Alternative zum Widerstand entwickelt wurde, kann die Preisgabe des Verdrängten die ersehnte Entlastung bringen und Sie werden mit der Freisetzung der gebundenen Energie belohnt.

Noch zweierlei zum Widerstand

Der Führungsauftrag

Sie haben einen Führungsauftrag für Ihre Mitarbeiter, keinen therapeutischen Auftrag. Wenn Sie also Widerstand wahrnehmen, ist es an Ihnen, so zu führen, dass der Mitarbeiter leichter über seinen Widerstand hinwegkommen kann. Sie können und dürfen jedoch nicht erzwingen, dass der Mitarbeiter über seinen Widerstand hinwegkommt – das ist seine Entscheidung!

Sie haben kein Recht, Widerstand zu brechen. Sie haben weder den Auftrag noch die Kompetenz, in der Psyche des Mitarbeiters herumzufuhrwerken, um ihn aufzuweichen. Dies ist eine andere Branche. So behaupten Sie ja auch nicht plötzlich, Arzt zu sein, schnappen sich das Küchenmesser und operieren alles, was Ihnen verkehrt vorkommt.

Gern sollen Sie Mitarbeiter wohlwollend konfrontieren und rückmelden, dass dieses Verhalten uns alle nicht weiterbringt, doch dann ist der Mitarbeiter dran.

Die 50-50-Regel

Es gibt eine Verantwortung für den, der führt und eine Verantwortung für den, der geführt wird.

Die 50%-Regel soll Sie daran erinnern, dass 50% der Energie zur Problemlösung beim Gesprächspartner liegen sollte. Achten Sie auf Ungleichgewichte in der Gesprächsführung. Wenn ein Mitarbeiter mit seinem Problem zu Ihnen kommt, erleichtert von dannen zieht und Sie sich in den folgenden Nächten wie ein Grillhähnchen im Bett drehen, weil Sie keinen Schlaf finden, dann stimmt etwas nicht. Wenn Sie sich dann im Weiteren um eine Lösung bemühen, der Mitarbeiter aber immer weniger Energie einbringt, dann haben Sie sich mit Sicherheit mehr als 50% der Verantwortung aufgebürdet. Fragen Sie sich einmal: Was daran ist Ihr Problemanteil?

Wer nicht eigenverantwortlich handelt, bekommt die Unterstützung, die er oder sie dafür benötigt, was individuell vollkommen verschieden sein kann. Die einen benötigen einen kleinen Schubs in die richtige Richtung, andere viel Zuspruch und dann gibt es die Kandidaten, die nach Grenzen schreien und klare Konfrontation brauchen. Das Dümmste, was eine Führungskraft machen kann, ist, alle Mitarbeiter gleich zu behandeln. Das ist wie ein Schrotschuss in den Nebel – die Wahrscheinlichkeit, dass Sie etwas treffen ist groß, doch was Sie treffen ist ungewiss und ob Sie ins Schwarze treffen ein reiner Glücksfall.

Wenn Sie bei einem Mitarbeiter nicht spontan wissen, was es braucht, dann nehmen Sie sich die Ruhe, sich einmal hinzusetzen und zu vergegenwärtigen: Wofür braucht der Mitarbeiter mich heute?

ANLEITUNG ZUR ZÜGELLOSIGKEIT

---> Stellen Sie sich Tag für Tag vor den Spiegel und wiederholen Sie die Worte:
Ich kann tun und lassen, was ich will, denn ich bin der Boss!

---> Trainieren Sie Ihren Zeigefinger, Sie werden immer einen Schuldigen finden.

---> Sie wussten es ja schon immer: 100 % Ihrer persönlichen Probleme tragen Haare
auf dem Kopf!

---> Beschweren Sie sich, bevor es die anderen tun.

---> Verantwortung übernehmen Sie ausschließlich für Erfolge.

---> Halten Sie sich aus allem raus, und Sie haben keine Probleme.

---> Frei nach ,Kölscher Mundart': „Müssen tun wir schon mal gar nichts!"

---> Je dümmer Sie sich anstellen, desto weniger müssen Sie tun.

---> Mit Gewalt geht alles.

---> Seien Sie ehrlich: Sie waren immer schon sensibel, cholerisch oder verständnislos.
Sie können das einfach nicht anders!

Fragen aus der Praxis

F: Ich muss schon zugeben, dass ich manchmal die Beherrschung verliere und mit den Türen knalle oder meine Sekretärin anschnauze. Wie kann ich in einem solchen Moment meine Selbst-Kontrolle zurückbekommen?

A: Theoretisch ganz einfach, indem Sie sich sagen: „Ich höre jetzt auf!" Praktisch müssen Sie es dann aber auch tun und es sich nicht nur vornehmen.

Der Verlust der Selbst-Kontrolle ist nichts, das Ihnen einfach so geschieht. Sie entscheiden sich in einem solchen Moment, die Beherrschung loszulassen, sonst würden Sie sie nicht verlieren. Wenn Sie merken – jetzt, das ist jetzt der Moment, in dem ich ausrasten möchte – lassen Sie es einfach. Tief durchatmen und ruhig für ein paar Minuten die Situation verlassen, um sich selbst emotional wieder auf einen niedrigeren Aggressionslevel zu bringen. Seien Sie streng mit sich: „Nein! Jetzt wird nicht ausgerastet!" Und seien Sie gleichzeitig auch wohlwollen mit einem Augenzwinkern: „Guck, das wäre es wieder gewesen! Gut, dass du dich im Griff hattest!"

F: Gibt es auch eine Prävention für Selbst-Kontroll-Verlust? Ich meine, wenn ich schon einen Ausraster habe, dann ist es ja schon passiert. Kann ich noch ein Stück vorher etwas tun, dass ich erst gar nicht mehr ausrasten möchte?

A: Übernehmen Sie gleich von Anfang an die Verantwortung – in jeder Situation. Dann wird es Ihnen kaum noch geschehen, so viel Aggression aufgestaut zu haben, dass Sie ausrasten wollen. Sobald Sie merken, es läuft etwas schräg oder Sie haben ein ungutes Gefühl, halten Sie für einen Moment inne und prüfen Sie für sich: „Was mache ich hier eigentlich?"

Selbst mitten in einem Gespräch können Sie das tun. Es ist ein Zeichen von Kompetenz, Störungen anzusprechen. Und es ist ein Zeichen von Inkompetenz so zu tun, als wäre nichts geschehen und die Dinge laufen zu lassen – das ist Verantwortungslosigkeit.

Viele Führungskräfte glauben, dass sie Schwächen zeigen, wenn sie Störungen ansprechen, doch in Wahrheit werden ihre Mitarbeiter sie genau dafür lieben, dass sie auch Mensch sind und dies zugeben können.

F: Wie fördere ich die Eigenverantwortung meiner Mitarbeiter?

A: Indem Sie es vormachen. Sie sind im Positiven wie im Negativen Vorbild. Und dann ist es wichtig, dass Sie eigenverantwortliches Handeln positiv verstärken und offen bestätigen, also loben und honorieren.

Übungen zur REFLEXION

Eigenanalyse zum passiven Denken

Welches ist Ihre Lieblings-Abwertungs-Stufe? Wo befinden sie sich häufig?
Bitte markieren Sie für sich, welche dieser Abwertungsstufen Sie besonders gern einnehmen.

Stellen Sie eine Abwertungshierarchie für folgende Situation zusammen! Tragen Sie ein, wie Sie jeweils auf den einzelnen Abwertungsstufen reagieren.

Ein sehr geschätzter Kollege nimmt Sie in einer ruhigen Minute zur Seite. Vertrauensvoll und augenscheinlich besorgt teilt diese Führungskraft Ihnen mit: „Also ich habe lange darüber nachgedacht, aber wir kennen uns nun schon einige Jahre und arbeiten immer gut zusammen. Und ich halte es für meine Pflicht als dein Kollege, dir das mal zu sagen. Mir ist in den letzten Monaten eine Veränderung in deinem Verhalten aufgefallen, du wirkst auf mich so aggressiv. Was ist denn los?"

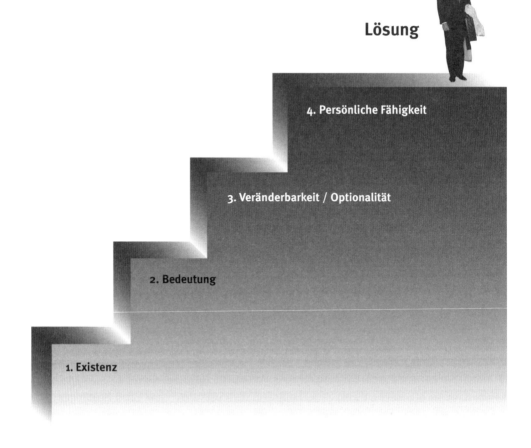

Lösung

4. Persönliche Fähigkeit

3. Veränderbarkeit / Optionalität

2. Bedeutung

1. Existenz

Eigenanalyse Widerstand

Wann zeigen Sie diese Form von Widerstand und wem gegenüber?

Einwände erheben
rationalisieren
überdetaillieren
bagatellisieren
lächerlich machen
mauern
blockieren
verweigern
vergessen
verwechseln
verschlafen
sich entziehen (fehlen)
abschweifen
das Thema wechseln
sich verwirren
dumm stellen
sich selbst schädigen
anderen Schaden zufügen
Sachen beschädigen

Welche Form von Widerstand präsentieren Sie besonders häufig?

Erkennen Sie ein Muster, auf welche Situation oder Person Sie mit Widerstand reagieren?

CHECK UP

😃 Selbst-Kontrolle schafft ein **ungetrübtes Erwachsenen-Ich ER**.
Das bedeutet eine realitätsgerechte Wahrnehmung und angemessene Reaktionen auf
das Hier und Jetzt.

◉ Das Schlüsselkriterium der Selbst-Kontrolle ist Verantwortung.

◉ Das ungetrübte Erwachenen-Ich ist unverzichtbar, wenn Sie sich selbst und Ihre Mitarbeiter
verantwortungsvoll führen wollen – also immer!

◉ Im Allgemeinen muss dieser produktive Erwachsenen-Ich-Zustand wieder enttrübt werden.

◉ Indem Sie Ihren Widerstand aufgeben, erlangen Sie Wachstum und Reife.

◉ Ihr Denken ist klar und unbelastet.

KONTROLLE

RÜBTE

CHSENEN-ICH

- Sie verfügen über Sicherheit und Souveränität im Umgang mit neuen Situationen.

- Sie strahlen Selbstbewusstsein und Tatkraft aus.

- Trotz und ob Ihrer persönlichen Macht und Stärke erhalten Sie sich ein hohes Maß an Sensibilität und Mitgefühl gegenüber Ihren Mitarbeitern und Kollegen.

- Ihre Mitarbeiter erleben Sie als verantwortungsvolle und vertrauenswürdige Person.

- Führungskräfte mit dem ungetrübten Erwachsenen-Ich sind wahre Gewinner!

Ihre Mitarbeiter werden es Ihnen danken!

LIEBE

4

MIT LIEBE UND WERTSCHÄTZUNG MENSCHEN FÜHREN!

MIT LIEBE UN

WERT

MENSCHEN

SCHÄTZUNG FÜHREN!

···❯ Wie geben Sie Feedback?

···❯ Ängstigen sich Mitarbeiter vor Gesprächen mit Ihnen?

···❯ Welche Zuwendungskultur herrscht in Ihrer Abteilung?

···❯ Kooperieren Sie oder manipulieren Sie?

···❯ Mögen Sie Ihre Mitarbeiter?

···❯ Werden Sie respektiert?

LIEBE als MACHTPOTENTIAL

Lieben Sie wahrhaftig und bedingungslos?

Als innere Mitte schenkt uns die Säule der Liebe die Kraft, Berge zu versetzen. Psychisch geht es hier um das Recht geliebt und wohlwollend angenommen zu werden, so wie wir sind, ohne uns verbiegen zu müssen, ohne es jemandem recht machen zu müssen, ohne etwas dafür tun zu müssen. Auch in diesem Machtpotential arbeiten zwei polare Kräfte gegeneinander:

 Liebe und Gleichgültigkeit

Lieben wir, so sind wir in der Lage über uns selbst hinauszuwachsen, unsere eigenen Grenzen zu sprengen und schier Unmögliches zu erreichen. Geben wir uns der Kälte der Gleichgültigkeit hin so gibt es kein Wohlwollen mehr. In diesem erschreckenden Zustand, der an Grausamkeit grenzt und den Anderen verletzt, sind wir kalt und gleichgültig.

Liebe ist ein wunderbares Gefühl! Jeder von uns möchte lieben und geliebt werden, denn wir alle wissen, welch wohltuendes Gefühl das ist. Wenn wir uns selbst akzeptieren, können wir unseren Mitarbeitern entspannt und wohlwollend begegnen.

Liebe ist machtvoll! Sie ermöglicht den liebevollen und unterstützenden Kontakt zum Mitarbeiter und führt weg von der Egozentrik hin zum Miteinander. Eine gut entwickelte Säule der Liebe macht keinen Unterschied zwischen persönlicher Sympathie oder Antipathie und gibt große Kraft und Offenheit. Mit der Qualität dieser Säule schaffen Sie Verbindungen zu anderen Menschen, ohne dabei egoistische Interessen im Auge zu haben.

Das Herz-Chakra bildet die Menschenmitte und verbindet die ersten drei Säulen, die mit Emotionen zusammenhängen und affektgesteuert sind, mit den folgenden drei Säulen des höheren menschlichen Bewusstseins. Dieses Machtpotential spielt für Ihre persönliche Entwicklung eine wichtige Rolle. Es ist der Schlüssel zur Menschlichkeit.

Ist Liebe als Machtpotential entwickelt, verfügen Sie über:
⋯⋗ Menschlichkeit und Mitgefühl
⋯⋗ Zuneigung, Gefühlswärme und Nächstenliebe
⋯⋗ Selbstwertgefühl
⋯⋗ künstlerische Ausdruckskraft
⋯⋗ Offenheit und Toleranz
⋯⋗ gesunde Abgrenzung

Ist die Säule der Liebe kraftvoll entwickelt, ist die Führungskraft zur Kommunikation von Herz zu Herz fähig. Dies bedeutet, dass man den Mitarbeitern unbefangen, ungekünstelt und ohne

Selbstverstellung begegnet. Offenheit und Toleranz gegenüber anderen Ideen und Kulturen sind dabei ebenso selbstverständlich wie gesunde Beziehungen. Eine stabile Säule der Liebe macht es leicht, Verantwortung für andere zu übernehmen – für die Mitarbeiter, Kollegen, das Projekt, das Gesamtunternehmen.

PROBLEME MIT DER LIEBE

Der Dämon der Liebe ist das Leid!

Je nach persönlicher Ausrichtung wird es sich als Mitleid (**+/-** Position) oder Selbstmitleid (**-/+** Position) manifestieren. Körperlich mögen sich Störungen in der Säule der Liebe in Form von Herzbeschwerden, einem Engegefühl in der Brust und Atemproblemen auswirken.

Ist die Kraft der Liebe nur schwach entwickelt, findet man nur schwer Zugang zu den eigenen Gefühlen (selbst dann, wenn die voran stehenden Säulen gut entwickelt sind). Diese Führungskräfte sind unfähig zu umsorgen und umsorgt zu werden, ja nicht einmal sich selbst können sie dann lieben. Sie leiden oft an Einsamkeit, dem Gefühl der Isolation und haben Kontaktschwierigkeiten. So entstehen viele Probleme, die mit Geben und Nehmen in Zusammenhang stehen.

Es fällt ihnen schwer, sich ihren Mitarbeitern zu öffnen und deren Stimmungen wahrzunehmen. Sie können weder Anerkennung geben noch Anerkennung annehmen. Auf Mitarbeiter wirken diese Führungskräfte gefühlskalt. Es mangelt ihnen an Wärme und Mitgefühl für den Mitarbeiter, was als Feindseligkeit und Egoismus interpretiert wird.

Manche Führungskräfte wollen diesen Mangel ausgleichen, indem sie im Kontakt mit anderen betont freundlich, hilfsbereit und tolerant sind. Da es aber schier unmöglich ist, anderen etwas zu geben, was man für sich selbst nicht verfügbar hat, wirkt dieses Verhalten auf merkwürdige Weise unpersönlich. Diese pervertierte Form der Liebe kann bis zum Helfersyndrom reichen; als gewohnheitsmäßiger Retter opfert man sich für andere auf, während man sich selbst vernachlässigt.

Die Entwicklung des Machtpotentials der Liebe schützt vor Gefühlskälte, Kontaktschwierigkeiten und der daraus resultierenden Feindseligkeit, Härte und Verbitterung.

Merksatz für eine gestörte Liebe:

"Ich,-der-die-das-muss ...!"

Theoretisches Konzept

Die bewusste Entfaltung der Säule der Liebe ist die Grundvoraussetzung für den wohlwollenden und vertrauensvollen Kontakt zum Mitarbeiter. Das beinhaltet auch, sich selbst anzunehmen und zu lieben. Denn wenn Sie sich selbst nicht leiden mögen und nicht akzeptieren wer und was Sie sind, wie sollte Ihnen das dann bei Ihren Mitarbeitern gelingen?

Oft werde ich gefragt, was denn nun Liebe am Arbeitsplatz zu suchen habe – die Leute bekämen schließlich ihr Geld und wüssten, was sie zu tun hätten. Und so manches Unternehmen möchte diese Säule gleich ganz auslassen oder doch wenigstens umbenennen in Fürsorge oder Wohlwollen, das wäre dann nicht so intim und missverständlich.

Was bitte ist missverständlich an dem Wort Liebe? Sind Sie in der Lage ohne Liebe zu leben? Menschen reisen um die Welt, um ihre Liebe zu finden, sie ziehen an andere Orte, um mit ihrer Liebe zusammen sein zu können, lernen neue Sprachen, integrieren sich in fremde Kulturen – und alles nur für die Liebe. Machen Sie das auch für Ihren Beruf? Wohl nur, wenn Sie ihn lieben, oder?

Viele möchten die Liebe trennen – im Privaten wollen und brauchen sie Liebe. Doch im Berufsleben nicht? Oh, doch! Sie sind zwar nicht privat an Ihrem Arbeitsplatz, aber Sie sind persönlich vor Ort. Und Sie als Person brauchen und wollen Liebe. Das muss und soll nicht die intime Liebe zu Ihrem Partner sein, doch ein gerüttelt Maß liebevollen Kontaktes ist wichtig.

Alle Skeptiker seien erinnert, dass wir in der heutigen Zeit fast nur noch am Faktor Mensch optimieren können – alle anderen Faktoren sind größtenteils vollkommen ausgereizt. Und was den Menschen bewegt ist Emotion. Wir können es uns also gar nicht leisten, auf unser emotionales Kapital zu verzichten und es brach liegen zu lassen.

Sie kennen die Liebe und wissen, was Liebe ist. Doch wenn Sie eine Definition geben sollen, dann folgt wahrscheinlich ein lang gezogenes: „Ähm!" Gefühle sind komplex und schwer in einem Satz zu beschreiben. Zudem hat die Liebe verschiedene Intensitätsgrade und Gewichtungen: Ihre Liebe zu Ihrem Partner ist anders als die zu Ihren Eltern, die ist wieder anders als die zu Ihren Kindern, und die ist wieder anders als die zu Ihren Mitarbeitern. Lassen Sie uns also vorab Liebe definieren. Liebe ist nicht nur ein Gefühl, sondern die größte Heilkraft auf Erden. Die kleine Schwester der Liebe ist die Sympathie. Beide unterscheiden sich in nur wenigen Aspekten.

Liebe zeichnet sich durch drei Aspekte aus:

1. **Fürsorge**
   die Sorge um Gluck und Wohlergehen des anderen,

2. **Bindung**
   das Bedürfnis, dem andere nahe und von ihm umsorgt zu sein und

3. **Intimität**
   die Offenheit, sich frei zu fühlen, über alles sprechen zu können.

DIE STÄRKSTE HEILKRAFT AUF ERDEN IST DIE LIEBE!

Besitz geizig
Ehre hochmütig
Glaube fanatisch
Pflicht verdrießlich
Klugheit gerissen
Wahrheit kritisch
Ordnung *ohne Liebe macht* kleinlich
Macht gewalttätig
Gerechtigkeit hart
Verantwortung rücksichtslos
Freundlichkeit heuchlerisch
Sachkenntnis rechthaberisch
Erziehung widerspruchsvoll

Ein Leben ohne Liebe macht krank.

Sympathie dagegen ist durch zwei Eigenschaften gekennzeichnet:

···❯ Wertschätzung und

···❯ die Annahme, dass der Beziehungspartner ähnlich ist.

Viele Führungskräfte fühlen sich nun bestätigt und pochen darauf, dass ja nun Wertschätzung am Arbeitsplatz genügen müsse und Intimität keinesfalls an den Arbeitsplatz gehöre. Es tut mir Leid, meine Damen und Herren, doch eine Ihrer Führungspflichten heißt Fürsorgepflicht und nicht nur Wertschätzungspflicht – Ihre Aufgabe ist es zu lieben, wie es Eltern tun. Sie haben eine Verantwortung für das Wohlergehen und das Wachstum Ihrer Mitarbeiter.

 Die Eltern-Liebe ist es, nicht die romantische Liebe in einer Partnerschaft, die im Machtpotential der Liebe aktiv ist. Diese Qualität kennen wir schon aus dem Konzept der Ich-Zustände. Es braucht Ihr positiv fürsorgliches **Eltern-Ich +fEL**. Das fürsorgliche Eltern-Ich zeigt

Eigenschaften und Verhaltensweisen, wie sie exemplarisch eine fürsorgliche Mutter ihrem Kind gegenüber entfaltet: Fürsorge, Schutz, Unterstützung, Hilfe, Lob, Ermutigung, Besänftigung. Diese wertvollen Eigenschaften sind für Ihre Mitarbeiter in vielen Situationen unverzichtbar und werden sehr geschätzt. Sie sorgen dann mit Ihrem positiv fürsorglichen Eltern-Ich aus einer **+/+** Einstellung echten Respekts für Ihre Mitarbeiter.

Die Gretchenfrage an alle Führungskräfte lautet also:
Do you come from a caring position?
Entspringt Ihr Handeln einer fürsorglichen Haltung?

Schrecken Sie nun nicht zurück und fragen Sie sich nicht bang, wie anstrengend das nun wieder werden wird, alle Ihre 120 Mitarbeiter zu lieben. Es geht nicht darum 120 liebevolle Beziehungen einzeln aufzubauen, sondern eine einzige zu festigen und stabil zu etablieren – die liebevolle Beziehung zu sich selbst. Dann öffnet sich Ihr Herz, so dass alle 120 Mitarbeiter problemlos Platz darin finden! Die von Ihnen empfundene Anstrengung ist in erster Linie ein Indikator dafür, wie sehr Sie versuchen, eine Liebe zu jemand anderem aufzubauen, die Sie für sich selbst noch nicht stabil entwickelt haben. Je anstrengender Sie dies empfinden, desto mehr gilt es für Sie, an Ihrer Liebesfähigkeit zu arbeiten. Sobald Sie wahrhaft mit sich selbst im Reinen sind, fällt es Ihnen nicht mehr schwer, auch Ihrem garstigsten Zeitgenossen etwas Positives abzugewinnen und ihn wohlwollend zu betrachten, was auch schon in der Standfestigkeit als **+/+** Position vorgestellt wurde. Sie werden feststellen, dass Ihre Liebesfähigkeit und synonym auch Ihre Führungsfähigkeit steigen werden, vergleichbar den Sprossen der Liebe.

Zuerst liebt man nur weil man geliebt wird. Als Reaktion.

Dann liebt man spontan. Möchte aber wiedergeliebt werden. In dem Sinne, dass „ich dich eigentlich nur dann wirklich liebe, wenn du mich auch liebst." Ich gebe nur, wenn du mir auch gibst. Das ist ein Geben und Nehmen.

Später liebt man auch, wenn man nicht geliebt wird. Doch liegt einem daran, dass die Liebe angenommen wird. „Also, du musst mich nicht lieben, aber bitte merke, dass ich dich liebe und registriere es als meine Liebe."

Und schließlich liebt man rein und einfach, ohne ein anderes Bedürfnis und ohne eine andere Freude als nur zu lieben.

Übertragen auf Ihre Führung bedeutet das:

Zuerst führen Sie nur gut, wenn Sie auch gut geführt werden.

Dann führen Sie wohlwollend. Ihnen liegt aber daran, dass Ihre Mitarbeiter entsprechend dankbar darauf reagieren.

Später führen Sie gern, auch wenn die Mitarbeiter Sie dafür nicht wertschätzen. Sie möchten aber, dass sie Ihre Führung annehmen. Sie brauchen es also noch für sich, dass Sie etwas beim Mitarbeiter bewirken und Ihre Führung erfolgreich ist. Nach dem Motto: „Das habe ich gemacht!"

Und schließlich auf der höchsten – rein entwickelten – Stufe führen Sie ohne ein weiteres Bedürfnis als nur zu führen. Und ohne eine andere Freude als einfach jemanden zu führen, im Guten. Ihre Führung ist frei von allen weiteren Wünschen.

SPROSSEN DER LIEBE

ZUERST LIEBT MAN NUR,
WENN MAN GELIEBT WIRD.

DANN LIEBT MAN SPONTAN,
WILL JEDOCH WIEDER GELIEBT WERDEN.

SPÄTER LIEBT MAN
AUCH WENN MAN NICHT GELIEBT WIRD;
DOCH LIEGT EINEM DARAN,
DASS DIE LIEBE ANGENOMMEN WIRD.

UND SCHLIESSLICH LIEBT MAN
REIN UND EINFACH,
OHNE EIN ANDERES BEDÜRFNIS
UND OHNE EINE ANDERE FREUDE
ALS NUR ZU LIEBEN.

Liebe ist der MOtivaTOR der Veränderung!

Lust und Bereitschaft, sich für jemanden oder für etwas einzusetzen, entspringen der Liebe. Die dafür nötige Energie sprudelt aus der Säule der Leidenschaft und die Standfestigkeit sorgt für den Halt, um weder sich noch das Ziel aus den Augen zu verlieren.

Ihr Motivator setzt sich aus drei Bauteilen zusammen, die Sie in den ersten drei Säulen gefestigt haben. Diese drei Bereiche der Liebe sind: Individualität, Loyalität und Wahrheitsliebe.

1. Fest verankerte Individualität

Mit Blick auf die **+/+** Position lernen Sie sich so zu lieben, wie Sie tatsächlich sind.

Das bedeutet, sich ungeschminkt mit all seinen Ecken, Kanten, Vorzügen und Fehlern in Ordnung zu finden. Es geht darum, sich zu akzeptieren und anzunehmen und zwar so mangelhaft oder mit Fehlerchen behaftet, wie man eben ist.

Die Tatsache, dass viele Menschen sich nur liebenswert finden, wenn sie einem gewissen Schönheits- oder Leistungsideal entsprechen zeigt, wie wenig dieser Bereich der Liebe stabil entwickelt ist.

2. Standfeste Loyalität

Im zweiten Bereich der Liebe wenden Sie sich Ihren Mitarbeitern und Ihrem Unternehmen zu. Dies ist die Liebe zum Gegenüber. Es geht darum, sich emotional und sachlich loyal zu verhalten.

Ebenso beinhaltet dieser Bereich der Liebe, dass Sie ein klares Bewusstsein dafür entwickeln, welche Rolle Sie im Leben Ihrer Mitarbeiter spielen. Hier grüßt die Säule der Selbst-Kontrolle mit dem Blick für die Verantwortung, die Sie dem Mitarbeiter und dem Unternehmen gegenüber haben.

3. Bewusste Wahrheitstreue

Dieser Bereich der Liebe verdeutlicht, wie wichtig die Wahrheit ist. Die Liebe zu sich selbst und zu anderen kann ohne Aufrichtigkeit nicht gedeihen.

Aus diesem Grund haben Narzissten so große Probleme mit der Selbstliebe. Sie betreiben eher eine Selbstbeweihräucherung und spüren natürlich, dass sie sich Größenphantasien hingeben. Eben weil sie sich etwas vormachen, können sie sich nicht wahrhaftig lieben, denn sie betrügen sich selbst. Erst wenn sie bereit sind, sich als normal und mit Ecken und Kanten anzunehmen, können sie sich wirklich lieben.

GELIEBT WERDEN ODER RESPEKTIERT WERDEN?

Es wurde schon deutlich, dass es Ihre Aufgabe ist, Ihre Mitarbeiter zu lieben. Wäre es dann nicht auch schön, wenn Ihre Mitarbeiter Sie lieben würden?

Nun kommen wir zu einem Problem. Viele weibliche Führungskräfte wünschen sich genau das – geliebt zu werden. Doch wenn Sie dadurch Ihre Feedbackfreude (genauer: Kritikbereitschaft) verlieren, weil Sie dann nicht mehr Ihren Mitarbeitern auf die Füße treten wollen, werden Sie sich genau in diesem Punkt selbst entmachten. Ihre Konfliktfähigkeit reduziert sich dann um exakt diese Konfrontationshemmung. Dies ist eine Folge der **-/+** Position, aus der der Wunsch entspringt, von seinen Mitarbeitern geliebt werden zu wollen. Hier ist die Verlockung des Sei-gefällig-Antreibers groß, den Mitarbeitern alles recht bzw. angenehm machen zu wollen. Im Gegensatz dazu steht die notwendige Kritik, die nicht angenehm ist. Diese **-/+** Kombination kann keine kraftvolle Führung ergeben, denn wenn Sie möchten, dass Ihre Mitarbeiter Sie lieben, dann brauchen Sie Ihre Mitarbeiter. Und eine abhängige Führungskraft ist keine mächtige Führungskraft, sondern eine ohnmächtige – so schließt sich der Kreis und Sie bestätigen sich die **-/+** Position.

Männliche Führungskräfte haben tendenziell die Neigung, respektiert werden zu wollen, was sie keineswegs in ihrer Konfliktbereitschaft hemmt. Dann sind sie kraftvoller im Kontakt mit ihren Mitarbeitern.

Dieser gewünschte Respekt bedeutet keinesfalls, davor zurückzuschrecken Feedback zu äußern und klar zu konfrontieren. Selbst wenn Mitarbeiter manchmal persönlich werden, zieht es diesen Führungskräften nicht den Boden unter den Füßen weg. Denn ihre Einstellung lautet: „Selbst wenn man mich persönlich nicht mag, so schätzt man doch meine Leistung als Führungskraft." Diese Führungskräfte sind also Tun-orientiert, was sie kraftvoll sein lässt. Sein-orientierte Führungskräfte dagegen können sich selbst im Wege stehen, wenn Sie die gute Beziehung grundsätzlich vor die Leistung stellen.

Als Faustregel gilt:
Sie haben die Pflicht Ihre Mitarbeiter zu lieben – Ihre Mitarbeiter sollen Sie lediglich respektieren, was einer Wertschätzung gleich kommt!

Wie halten Sie das nun im Arbeitsalltag auseinander?
Liebe ist ja schön und gut, aber wie setzen Sie sie ein?

Betrachten wir uns die alltägliche Kommunikation im Unternehmen. Sie kennen das, es ist dicke Luft und ein Kollege behauptet, dass man jetzt mal ein paar Sachfragen zu klären hätte. Das ist wohl die größte Illusion überhaupt – seit wann entstehen Probleme auf der Sachebene?

In der Kommunikation interagieren wir auf verschiedenen Ebenen miteinander.
Die oberste Ebene ist die **Sachebene**. Dies ist die Oberfläche der Kommunikation – man sieht und hört, um was es geht. Hier geht es um das gesprochene Wort. Wir kommunizieren mit fachlicher Kompetenz, um Inhalte an den Mann oder an die Frau zu bringen.

Doch das gesprochene Wort ist nicht alles, Probleme entstehen dadurch, wie diese Worte gesprochen werden. Die Art und Weise der Kommunikation zeigt, wie beide Kommunikationspartner miteinander in Kontakt sind. Hier, auf der **Beziehungsebene** spüren wir, ob es ein Ungleichgewicht zwischen den Worten und der darunter liegenden Einstellung gibt. Hier ist Ihre soziale Kompetenz gefragt, Ihre gute Kinderstube, mit der Sie Ihren Respekt ausdrücken, aktiv zuhören, Bitte und Danke sagen. Leider ist es in manchen Branchen noch immer nicht gängig, sich „Guten Tag" zu wünschen, wenn man sich begegnet. Auf dieser Ebene zeigen sich Missstände in der Beziehung und wir spüren die Ohne-Macht-Wippe in Aktion.

Kommunikationsebenen

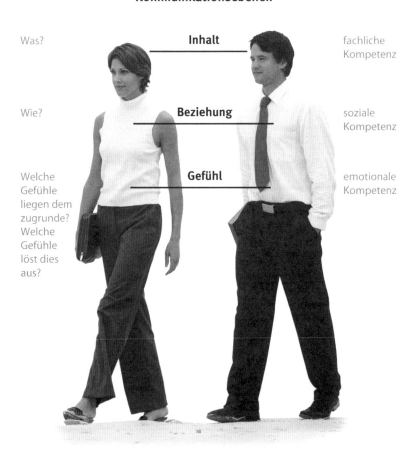

Was?	**Inhalt**	fachliche Kompetenz
Wie?	**Beziehung**	soziale Kompetenz
Welche Gefühle liegen dem zugrunde? Welche Gefühle löst dies aus?	**Gefühl**	emotionale Kompetenz

Unter der Beziehungsebene befindet sich noch eine weitere – die **Gefühlsebene**. Hier reagieren Sie mit Ihren Gefühlen auf Ihren Gesprächspartner. Unabhängig von Ihrer sozialen Kompetenz auf der Beziehungsebene geht es nun darum, emotional kompetent mit Ihren Gefühlen umzugehen, während Sie mit Ihrem Gesprächspartner in Kontakt sind. Ihre Gefühle beeinflussen die Beziehung maßgeblich: Der Mitarbeiter hat Angst vor Ihnen – glauben Sie tatsächlich, dass er in seinem angepassten Kind-Ich logisch und analytisch das Problem behandelt, wie Sie es sich wünschen? Sie sind wütend auf den Kollegen und glauben Sie tatsächlich, dass das Brodeln in Ihrem Magen keinen Einfluss auf Ihre Kommunikation hat? Jetzt mal ehrlich: Wie gut hören Sie jemandem zu, den Sie blöd finden? Je weniger emotionale Kompetenz man hat, je weniger man seine Gefühle im Griff hat (Selbst-Kontrolle), desto weniger Inhalt lässt sich auf der Sachebene vermitteln. Wie bei einem Haus trägt das untere Stockwerk das darüber liegende. Wenn wir also Probleme in der Kommunikation haben, dann sind es selten die Argumente, die wir besser ausfeilen müssen. Meist haben wir im Prozess etwas zu klären, was unsere Beziehung oder unsere Gefühle zueinander betrifft.

Leider behaupten noch immer viele Manager, dass Gefühle am Arbeitsplatz nichts zu suchen haben. – Lüge!!! – Natürlich wollen auch diese Manager Gefühle am Arbeitsplatz, aber bitte nur die bequemen: Neugierde, Verantwortungsgefühl, Engagement …

Gefühle sind auch am Arbeitsplatz sehr wichtig und sehr begehrt, denn sie sind Informations- und Energielieferanten. Gefühle liefern uns über unser körperliches Erleben und Spüren (Leidenschaft) Informationen über die Situation. Und mit Hilfe dieser Information erfährt unser Verstand, was passiert. Personen, die sich ihrer Gefühle nicht bewusst sind, sind quasi behindert – ihnen fehlt ein wichtiger Sinneskanal. Woher wissen Sie in einer Sitzung, wann es gefährlich wird und Sie ganz genau aufpassen müssen? Woher wissen Sie, ob Sie jemand über den Tisch zieht? Das sind Dinge, die nicht Ihr Verstand weiß, sondern Ihr Herz. Sie spüren es in der Bauchgegend, Ihnen stellen sich die Nackenhaare auf, wenn es brenzlig wird, Ihr Magen schlägt Salto und Ihnen bricht der Schweiß aus. Das alles sagt Ihnen nicht Ihr Verstand – der fängt erst an zu arbeiten, wenn Sie emotional reagieren. Die Aufgabe Ihres Verstandes ist es herauszufinden: „Wo liegt der Hase im Pfeffer?", um dann zu analysieren, wie Sie die Situation wieder in den Griff bekommen. Das bedeutet, Gefühl und Verstand arbeiten im Optimalfall Hand in Hand. Wenn Sie also produktiv mit Ihren Gefühlen umgehen wollen, dann müssen Sie klar denken. Und genau das macht emotionale Kompetenz aus.

EMOTIONALE KOMPETENZ

Beginnen wir damit, was emotionale Kompetenz nicht ist – leider ist dies häufiger zu beobachten. Wenn es sich im Arbeitsalltag lediglich um emotionale Inkompetenz handeln würde, wäre es wohl nicht so schlecht um die Liebe bestellt. Doch wir beobachten nicht selten emotionale Inkontinenz: unwillkürliches Wasserlassen wo man geht und steht. Je nachdem, wann es einen gerade drückt, wird dem nächsten verbal ans Bein gepinkelt und der nicht stubenreine Manager zieht erleichtert seiner Wege.

Sie kennen das, Sie gehen über den Büroflur und denken an nichts Böses. Plötzlich schießt von rechts der Boss um die Ecke und macht Sie an, dass der Bericht „ja wohl saumäßig ist" und was Sie sich überhaupt dabei denken. Ehe Sie wissen, wie Ihnen geschieht, ist er schon weg und Sie stehen da wie ein begossener – oder besser angepillerter – Pudel. „Was war das?" fragen Sie sich. Das war emotionale Inkontinenz! Jemand hat sich und seine Gefühle nicht im Griff und kotzt sie gerade dem vor die Füße, der ihm als erster über den Weg läuft. Leicht fortgeschrittene Chefs nutzen nicht den erstbesten Mitarbeiter, dem sie begegnen, sondern haben sich spezielle ausgewählt (wie kleine emotionale Toilettenhäuschen über das Unternehmen verteilt). Das sind dann sprichwörtlich die, mit denen man es machen kann – die in der schwächsten Position sind oder die, die sich am wenigsten dagegen wehren.

Was aber macht einen stubenreinen Manager aus? Pardon, was ist emotionale Kompetenz? Emotionale Kompetenz bedeutet weder, den ganzen Tag lächelnd durch das Unternehmen zu tänzeln und alle aus lauter ‚Liebe' zu knuddeln. Noch bedeutet emotionale Kompetenz, sich wie Rumpelstielzchen auf den Boden zu schmeißen und zu zappeln und zu schreien, wenn der Kollege einem das Projekt vor der Nase weg schnappt.

Emotionale Kompetenz setzt sich aus drei Fähigkeiten zusammen:

Bewusstheit   Einfühlsamkeit   Interaktivität

Wer nicht weiß, wie es um die eigenen Gefühle steht, kann nicht ermessen, was diese Stimmungen im Kontakt mit Mitarbeitern und Kollegen bewirken und anrichten können. Somit gilt es als erstes ein **Bewusstsein** darüber zu entwickeln, was man fühlt. Sonst ist es schwer, auf Mitarbeiter zuzugehen und produktiv mit ihnen zu arbeiten. So mancher behauptet, dass seine Gefühle sein Handeln nicht beeinflussen würden. Nun, das ist wohl eine dieser Behauptungen, wie sie Menschen treffen, wenn sie sagen, ich träume nie. Natürlich träumen sie, doch sie erinnern sich am Morgen nicht mehr. Und ebenso natürlich fühlen sie, doch sie lassen wahrscheinlich nicht zu, dieses Fühlen wahrzunehmen. Je mehr also behauptet wird, Gefühle beeinflussten das Handeln nicht, desto weniger emotionale Bewusstheit scheint vorhanden.

Ist emotionale Bewusstheit vorhanden, ist der nächste logische Schritt, sich zu informieren, wie es dem anderen geht. Sie stellen Ihre emotionalen Antennen auf Empfang und fangen auf, was Ihr Gesprächspartner empfindet. Sich in die Situation, die Stimmung des Mitarbeiters einzufühlen, quasi hineinzuversetzen und nachzuspüren. Das ist **Empathie** oder auch Mitgefühl – mitzufühlen, was den anderen betrifft. Nun machen Sie sich Gedanken zu diesen Gefühlen: Meine Gefühle, seine Gefühle, unser beider Verhalten, was wird es bringen? Wie müssen wir miteinander umgehen? Das ist emotionale **Interaktivität.** Gefühle auf die Sachebene zu bringen, und nachzudenken und auch darüber zu sprechen.

Haben Sie alle drei Bereiche emotionaler Kompetenz entwickelt, werden Sie mit schlafwandlerischer Sicherheit durch alle Situationen gehen. Und selbst in emotional aufgeheizten Situationen den Mitarbeiter stärken, statt ihm mit dem eigenen Unvermögen zu schaden.

MITLEID ODER MITGEFÜHL?

Da wir ja schon bei den Gefühlen sind, wollen wir uns kurz das Leid anschauen – den Dämon der Liebe. Er tritt sowohl als Mitleid auf als auch als Selbstmitleid.

Im Volksmund heißt es ‚geteiltes Leid ist halbes Leid‘, doch manchmal hat man den Eindruck, dass geteiltes Leid doppeltes Leid bedeutet – was nun? Dreh- und Angelpunkt ist die professionelle Distanz!

Mangelt es an professioneller Distanz, verliert sich die Führungskraft im Problem des Mitarbeiters. Beide suhlen sich dann im Leid des Einen und machen alles nur noch schlimmer. Denn erst litt nur der Eine, dann aber sind es zwei, die leiden, ohne dass sich das Problem löst. Mitleid ist eine vertrackte Angelegenheit. Die Führungskraft erhöht sich in die **+/-** Position über den Mitarbeiter: „Der Arme!", statt mit ihm auf gleicher Ebene respektvoll an einer Lösung zu arbeiten. Sie fördern dann als Führungskraft aktiv das Konsum- und Opferverhalten Ihres Mitarbeiters, denn „je hilfloser man sich anstellt, desto weniger muss man tun!"

Wenn Sie dagegen über professionelle Distanz verfügen, sind Sie nahe am Mitarbeiter und dennoch nicht von seinem Leid beeinträchtigt. Das bedeutet, dass Sie nach wie vor handlungsfähig sind. So kann ein Mitarbeiter zu Ihnen kommen und sein Herz ausschütten, um sich zu erleichtern. Wenn Sie sich dann nicht seine Last auf Ihre Schultern laden, ist es geteiltes Leid. Sie hören die Information und geben Hilfe zur Selbsthilfe. Ihr Mitarbeiter konnte sich kurzfristig entlasten und mit Ihrer Hilfe wieder einen klaren Kopf bekommen, vielleicht sogar eine Lösung finden. Auch wenn Sie nicht praktisch helfen können, ist es eine enorme Entlastung für den Mitarbeiter, wenn Sie einfach nur wohlwollend zuhören.

Der Gewinn des Mitfühlens für die Führungskraft ist, dass Ihre Empathie hilft, Verständnis zu entwickeln. Dieses Verständnis erleichtert Ihnen, wohlwollend mit diesem Mitarbeiter umzugehen, selbst wenn Sie sein Verhalten nicht billigen; denn Verständnis bedeutet nicht automatisch Akzeptanz.

Der Gewinn des Mitfühlens für den Mitarbeiter ist, dass seine Führungskraft sich ihm zuwendet, ihm Aufmerksamkeit schenkt und ihn und seine Probleme ernst nimmt. Dies schafft eine gesunde Vertrauensbasis (Standfestigkeit).

Dieses Sich-dem-Mitarbeiter-Zuwenden ist wesentlich für Ihre Führungstätigkeit. So wie es nicht möglich ist, nicht zu kommunizieren, so ist es auch nicht möglich, sich nicht zuzuwenden. Doch? Indem Sie sich abwenden? Nun, auch das gehört in den Bereich der Zuwendung, der Grundeinheit jeder Interaktion. Zuwendung ist das wichtigste Element zwischen Menschen. Unser Seelenfrieden und unser Selbstwertgefühl hängen davon ab, wie wir Zuwendung bekommen und welcher Art diese Zuwendung ist. Und damit kommen wir zum Schlüsselkriterium der Liebe: Zuwendung.

WAS IST ZUWENDUNG?

Für das deutsche ‚Zuwendung' heißt es im Englischen ‚stroke'. Stroke meint das liebevolle Streicheln wie auch das boshafte Schlagen. Auch mit dem Begriff Zuwendung meinen wir alle Formen der Zu- und Abwendung im Miteinander. Zuwendung kann verbaler als auch nonverbaler Natur sein. Sie wissen ja, ein Blick oder eine hochgezogene Augenbraue sagen mehr als tausend Worte.

Zuwendung ist ein Grundbedürfnis und lebensnotwendig. Für unseren Körper stellen die so genannten Lebensmittel als Mittel zum Leben unsere Nahrung dar. Für unseren Geist ist Wissen das Nahrungsmittel, und das Nahrungsmittel der Psyche ist Zuwendung. Wenn Sie also giftige Zuwendung bekommen und sprichwörtlich schlucken, dann kann es Ihnen im Verdauungsprozess furchtbar schlecht ergehen. Doch gar keine Zuwendung ist und bleibt tödlich. Damit dies nicht geschieht, tut man viel, um Zuwendung zu erhalten: große Leistungen erbringen oder aber so lange nerven, bis man einen auf den Deckel bekommt, frei nach dem Motto: „Lieber Hiebe als gar keine Liebe!"

Ihre Mitarbeiter arbeiten nicht vorrangig für Geld, sondern für Anerkennung. Sie wollen Bedeutung haben und jemand sein in der Firma, nicht nur eine Nummer. Sie wollen Anerkennung für gute Leistungen und sie wollen sich an Erfolgen freuen. Aus behavioristischer Sicht ist das Bedürfnis nach Zuwendung das einzige Handlungsmotiv des Menschen und auch in der Transaktionsanalyse wird dem Hunger nach Zuwendung ein sehr hoher Stellenwert beigemessen. Leider entspricht die Zuwendungskultur in Deutschland eher einer öden Wüste, als einem fruchtbaren Land. Und so bleibt das Bedürfnis nach Zuwendung unerfüllt und erfährt eine Verschiebung auf andere Bereiche. Es entstehen unersättliche Forderungen nach mehr Lohn, Urlaub, größeren Dienstfahrzeugen ... nach dem Motto: „Das steht mir aber zu!" Dem liegt das Bedürfnis nach Zuwendung zugrunde. Die Mitarbeiter bekommen nicht genug Anerkennung. Mehr Geld soll diesen Mangel ausgleichen. Auch Manipulationen und Machtspiele sind eine Folge mangelnder Anerkennung. Unternehmen zahlen also einen hohen Preis für ihren Geiz an Zuwendung.

Andere Führungskräfte arbeiten dagegen ganz gezielt mit negativer Zuwendung, um mehr aus ihren Mitarbeitern rauszuholen: „Gib dem Esel die Peitsche, dann läuft er schneller." Das gutmütige Arbeitstier ist von dieser +/- Haltung meist zu sehr eingeschüchtert, um nach seinem Übeltäter auszuschlagen. Später ist es dann zu geschunden, als dass es noch auf die Idee käme, zu fliehen.

Ist Ihnen bewusst, was derart negative und abwertende Zuwendung für das Kind-Ich Ihrer Mitarbeiter bedeutet? Sobald Sie jemanden anbrüllen oder abwerten, beschämen oder bloßstellen, fühlt sich das Kind-Ich angegriffen, verletzt, abgewertet und überrollt. Diese negative Zuwendung prallt direkt auf die Seele des Mitarbeiters und schwächt ihn. Sie kennen doch das Grundgesetz? Artikel 1! Die Würde des Menschen ist unantastbar! Negative Zuwendung, die die Essenz eines Menschen trifft, ist definitiv eine kriminelle Handlung. Leider wird sie im Arbeitsalltag nicht geahndet.

Und wie sieht es mit der Zuwendungskultur in Ihrem Hause aus? Wie kriminell ist Ihre Firma?

VERSCHIEDENE ZUWENDUNGSARTEN

Wir können unterscheiden zwischen angenehmer **+** und unangenehmer **-** **Zuwendung**.

Innerhalb beider Zuwendungsvarianten sollte noch differenziert werden zwischen Zuwendung, die jemand für seine Leistung und sein Verhalten, also sein So-Sein erhält. Dies ist bedingte Zuwendung. Und der Zuwendung, die jemand aus reiner Sympathie für sich als Person, also sein Da-Sein erhält. Dies ist bedingungslose Zuwendung.

Bedingungslos positive Zuwendung

Bedingungslos positive Zuwendung gilt der Existenz eines Mitarbeiters, ohne jede Gegenleistung. Sie ist gleich bedeutend mit einer generellen Daseinserlaubnis nach dem Motto: „Schön, dass Sie bei uns sind!" Eine solche bedingungslos positive Zuwendung fördert die Grundeinstellung „Ich bin OK, du bist OK" der Standfestigkeit. Sie wird durch viele Arten von Körperkontakt vermittelt, aber auch für den Berufsalltag tauglich durch Anlächeln oder allein durch den wohlwollenden Klang der Stimme. Im Führungsalltag können Sie diese Zuwendung auch durch symbolische Gesten und/oder verbal geben. „Ich freue mich, Sie zu sehen!" oder „Schön, dass Sie da sind!"

Bedingt positive Zuwendung

Bedingt positive Zuwendung gilt nicht dem Da-Sein des Mitarbeiters, sondern seinem So-Sein und damit seiner sozialen Anpassung an die Leistungsanforderungen und die Unternehmenskultur. Sie ist eine abgestufte Form positiver Zuwendung, die mit einer Bedingung verknüpft ist. Die bedingungslos positive Zuwendung „Schön, dass Sie bei uns sind!" klingt bedingt ganz anders: „Gut, dass Sie bei uns so gute Arbeit leisten."

Das Spektrum dieser Zuwendungsart ist außerordentlich groß. So kennen Sie kraftvolle und überzeugende Rückmeldungen: „Toll, wie Sie heute aussehen", „Hervorragend, wie Sie das gemacht haben". Und dann gibt es derart ausgedünnte Zuwendung, dass man schon mit der Lupe suchen muss, um das Positive zu finden: „War gar nicht sooo schlecht" oder „Ja, ist akzeptabel!"

Bedingte Zuwendung erhält ein Mitarbeiter dann, wenn er den Erwartungen, Vorstellungen und Anforderungen der Führungskraft und des Unternehmens entspricht. Diese Zuwendungsart bezieht sich auf bestimmte Eigenschaften, Fähigkeiten, Verhaltensweisen und Leistungen.

Bedingt negative Zuwendung

Zur Führung gehört auch bedingt negative Zuwendung. Sie gilt ebenfalls dem So-Sein und bezieht sich auf bestimmte Eigenschaften und Verhaltensweisen. Der Mitarbeiter erhält diese Form der Zuwendung, wenn er den Anweisungen der Führungskraft nicht entspricht und sich gegen die Normen und Leistungsansprüche des Unternehmens verhält. Das soll eine realistische Selbsteinschätzung fördern. Sie gibt dem Mitarbeiter eine kräftige Portion Beachtung, die sich aber wie ein mehr oder minder leichter Stromstoß anfühlt. „Nun, da sind Sie wieder, Sie haben uns Ihre Problemfälle aufgespart. Das machen Sie bitte nicht noch einmal!"

Auch kritische Hinweise, Ermahnungen und Strafen gehören zu dieser Art von Zuwendung, die als Korrektiv und um klare Grenzen zu setzen, in vielen Situationen unverzichtbar ist.

Diese bedingt negative Form der Zuwendung ist notwendig, sollte allerdings nur als Ergänzung ihren Einsatz finden – auf der Basis eines Führungsstils mit viel positiver Zuwendung.

Spezialfälle

Natürlich gibt es auch giftige negative Zuwendung, die unverhohlen feindselig ist und beleidigt: „Können Sie denn gar nichts richtig?" Diese Zuwendungsform ist demotivierend. Meist dient sie zur Abreaktion – die emotional inkontinente Führungskraft muss mal.

Subtiler sind Scherze oder Komplimente, die als Vergleiche daher kommen: „Müller sorgt hier für den guten Zusammenhalt und dafür ist dann Meier für die Hirnarbeit zuständig." Oder: „Schulze ist hier einfach der Cleverste!" Das hört sich zunächst gut für den Mitarbeiter an, doch bei genauerer Betrachtung erkennt man, dass eine ganze Gruppe von Mitarbeitern auf diese Weise herabgesetzt wird.

Bei Mischformen erfolgt auf einen angenehm positiven Einstieg die so genannte kalte Dusche. „Schön, dass Sie wieder da sind – Sie haben uns ja ganz schön hängen lassen!" Manchmal ist auch ein kaum spürbarer Haken oder ein unangenehmer Beigeschmack enthalten: „Eine hervorragende Arbeit – für Ihre Verhältnisse!"

Diese Formen von Zuwendung machen nur wirr und dienen niemandem. Sie boykottieren die Entwicklung von Vertrauen zwischen Mitarbeiter und Vorgesetztem. Dem positiven Aspekt kann man nicht trauen, denn er ist mit Abwertung und Kränkung verbunden. Dies fördert eine misstrauische Hab-Acht-Stellung, die ohnmächtige Grundeinstellung: „Du bist nicht OK".

Bedingungslos negative Zuwendung

Bedingungslos negative Zuwendung fördert eine fatalistische, destruktive Einstellung (die -/- Haltung). Leider ist diese Form sehr verbreitet. „Ach, das sind Sie ja wieder. Na, Sie haben hier keinem gefehlt – ist gar nicht aufgefallen, dass Sie weg waren." Oder besonders gemein: „Es war viel besser, als Sie weg waren."

Das sagt bei Ihnen niemand? Muss auch nicht sein, es reicht, wenn eine Clique jemanden ausschließt – das ist dasselbe!

Zu den Formen bedingungslos negativer Zuwendung gehören: ignorieren, Eigentum beschädigen, schlagen ... Auch Aussagen wie: „Sie sind doch ...", verbunden mit einer Beleidigung gehören in diese Kategorie. Es ist ein Unterschied ob Sie sagen „Sie sind eine Null!" (bedingungslos negativ) oder ob Sie sagen „Na, das war wohl nichts!" (bedingt negativ). Das „Sie sind ..." wirkt bedingungslos und vernichtend, das „Sie haben ..." ist auf die Handlung bezogen und lässt sich verändern, indem man sein Verhalten angleicht. Jede Kritik tut weh, aber sie darf niemanden grundsätzlich in Frage stellen. Der Fehler liegt in der Verallgemeinerung, in der Übertragung auf die Gesamtperson, was nur einen Teil ihrer Handlung ausmacht. Unverblümt ausgedrückt: Es mag sich ja jemand verhalten wie ein ‚A ...', doch deshalb ist er noch lange keines.

Bedingungslos negative Zuwendung sollte in der menschlichen Kommunikation nicht vorkommen und verträgt sich nicht ansatzweise mit Ihrer Fürsorgepflicht.

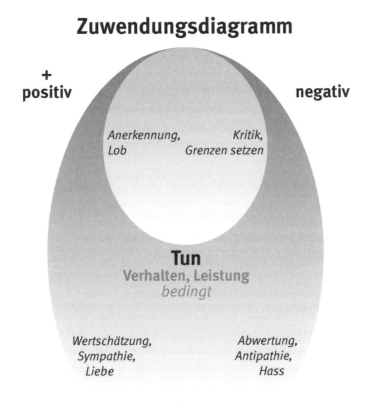

Zuwendungsdiagramm

+
positiv   **negativ**

Anerkennung,   *Kritik,*
Lob   *Grenzen setzen*

Tun
Verhalten, Leistung
bedingt

Wertschätzung,   *Abwertung,*
Sympathie,   *Antipathie,*
Liebe   *Hass*

Sein
die Person als solche
bedingungslos

WIE GEBEN SIE ZUWENDUNG?

Zuwendung ist der wichtigste und zugleich sensibelste Punkt der Gesprächs- und Mitarbeiterführung. Der Wunsch nach Beachtung und Zuwendung ist einerseits ein wichtiger Motor für das Verhalten im Miteinander. Andererseits bringen alle Mitarbeiter ihre Zuwendungsmuster mit in den Betrieb, die eng mit ihrem Bezugsrahmen verwoben sind. So gilt es also zu unterscheiden zwischen dem, was Sie als Führungskraft tun und dem, was bei dem Mitarbeiter ankommt.

Geben Sie positive Zuwendung für die Leistungen Ihrer Mitarbeiter und loben Sie? Oder geben Sie vorrangig negative Zuwendung und leben nach dem Motto: „Nicht gemeckert ist gelobt genug?" Drücken Sie auch Ihre Sympathie aus und wenden sich damit der Person als solcher zu? Oder lassen Sie jemanden gern spüren, wie wenig Sie von ihm halten? Belegen Sie Mitarbeiter mit negativer Zuwendung für ihr Da-Sein?

Sie haben als Führungskraft die Aufgabe, die positive Kraft der Zuwendung für die Entfaltung des Mitarbeiters zu nutzen, ohne Grenzen zu überschreiten. Unumgänglich ist dafür, dass Sie Ihr eigenes Zuwendungsprofil kennenlernen und das Ihrer Mitarbeiter beachten. Sind Sie der kernige Typ, der verbal eher einen liebevollen Knuff verteilt, als weich in Blümchensprache zu säuseln? Das kann von sensibleren Naturen falsch gedeutet werden. Oder sind Sie eher für eine weiche Art der Kritik, die nicht gleich so tief reinhauen soll? Dies werden einige Personen mit dickerem Fell womöglich gar nicht als Kritik realisieren.

Die Kunst der Führung liegt darin zu wissen: Mit wem mache ich was und vor allem warum mache ich das so?! Sie sind nun also bei der Kür angelangt; jetzt braucht es Fingerspitzengefühl.

Das bedeutet, dass Sie sich im ersten Schritt darüber klar werden: Bin ich eher der ruppige Typ oder mehr der weiche? Beide werden ihr Ziel erreichen, doch auf unterschiedliche Weise. Im zweiten Schritt gilt es in Erfahrung zu bringen, welcher Zuwendungstyp Ihr Mitarbeiter ist – dies gilt für jeden einzeln und nicht kollektiv als Standardprogramm für alle.

Beispiel: *Die Mitarbeiter kommen morgens ins Büro. Der Chef ist schon da und begrüßt: „Ach, die Frau Meier – was gibt uns die Ehre?" Frau Meier murmelt einen „Guten Tag!" und setzt sich entmutigt an ihren Schreibtisch. Ihr ist zum Heulen zumute und sie hat den Eindruck, dass ihr Chef sie fertig machen will. Nun kommt ihre Kollegin: „Ach, die Frau Müller – was gibt uns die Ehre?" Sie grinst und kontert: „Die Arbeitsbereitschaft!" Der Chef lacht. Beide haben sich (wenn auch kodiert) wohlwollend begrüßt.*

Frau Müller hat hier keinesfalls Verbalkarate aus irgendwelchen Schlagfertigkeitstrainings eingesetzt, sondern sich den flapsigen Spruch des Chefs übersetzt in: „Schön, dass Sie da sind!" – Sie hat mit ihrer lockeren Antwort die verbale Münze gewechselt: „Ich verstehe dich und nehme es nicht krumm, im Gegenteil, ich kann dir ebenso knuffig antworten."

Wenn wir also zwischen einer eher ruppigen und einer eher weichen Zuwendungsart unterscheiden, sind Sie sicherlich damit einverstanden, dass nicht in jeder Branche gleich mit Zuwendung umgegangen wird. So haben Psychologen eine deutlich sensiblere und weichere Art mit Zuwendung umzugehen, als beispielsweise Führungskräfte im Handwerk oder auf dem Bau. Auch von Person zu Person mag es große Unterschiede geben – der eine nimmt jemanden verbal eher in den Arm, der andere gibt verbal einen satten Knuff und beides ist liebevoll gemeint. So brauchen Sie für Ihre Mitarbeiter und Ihre Mitarbeiter für Sie manchmal eine Übersetzungshilfe.

Bisher ging es immer nur um die Zuwendung für Ihre Mitarbeiter. Wo Sie dabei bleiben? Wie Sie an Ihre Zuwendung kommen? – Tun Sie sich selbst gut!

Das liegt Ihnen nicht besonders? Da arbeiten Sie doch lieber hart, um sich Ihr Lob zu verdienen? Warum eigentlich? Gibt es nicht einfachere Wege, um an Zuwendung zu kommen? Warum rackert sich so mancher ab und ruiniert als Workaholic seine Gesundheit, um ein bisschen Anerkennung zu erhalten? Sind manche Manager unersättlich? Nein, keineswegs. Niemand ist unersättlich nach Zuwendung, doch fast alle Menschen haben nicht genug Zuwendung, um sich auf einem satten Polster ausruhen zu können. Wie kann das sein? Warum ist das so? Und wie kommt es, dass in unserer Kultur solch ein Mangel an Zuwendung herrscht?

Der Merksatz für eine blockierte Säule der Liebe lautet: Ich,-der-die-das-muss. Und bezieht sich darauf, dass einige Menschen glauben, Leistung bringen zu müssen, um anerkannt zu werden. Leistungen bis hin zum Workaholismus und gute Taten bis hin zum Helfersyndrom sollen dann die Liebe und Zuneigung der anderen erkaufen. Mit diesem Aber-Glauben ist man wirklich jemand, der das alles muss, um … um ein Stückchen vom Glück zu bekommen.

Solch ein Aberglaube stellt sich ein, wenn Menschen den Vorgaben der Zuwendungs-Ökonomie hörig sind.

ZUWENDUNGS-ÖKONOMIE

Die Zuwendungs-Ökonomie besteht aus Verhaltensregeln, die uns daran hindern, frei mit Zuwendung umzugehen. Hier sind wieder unsere Kopfbewohner im Spiel. Sie blockieren nicht nur unsere Leidenschaft, sondern unterdrücken mit ihren Vorgaben auch den freien Fluss von Zuwendung, der uns psychisch gesund hält.

Wer sich den Diktaten der Zuwendungs-Ökonomie vollkommen unterwirft, droht an seinem Mangel an Zuwendung psychisch krank zu werden. So sind viele Menschen bereit, auch negative Zuwendung zu akzeptieren, um sich vor dem emotionalen Aushungern zu schützen. Notfalls wird negative Zuwendung sogar aktiv provoziert, wenn nicht genug positive Zuwendung verfügbar ist.

Und auf der anderen Seite:

Wie kann jemand daran interessiert sein, gemein zu anderen zu sein, also bedingungslos negative Zuwendung zu geben? Warum gibt nicht jeder jedem, was er sich am meisten wünscht – positive Zuwendung?

Hier befinden wir uns im Bereich der Machtspiele. Wie bereits erwähnt ist die Nahrung für unsere Psyche die Zuwendung. Darum spricht man in der Psychologie auch vom Zuwendungshunger. Wenn man als Führungskraft seine Mitarbeiter nicht mit guter, gesunder Nahrung versorgt, dann kann man sie auch an schlechte Nahrung gewöhnen; an negative Zuwendung oder an Fast Food. Solch mangelernährte Mitarbeiter kann man für ein bisschen hingeworfenes ‚Brot' fast alles tun machen. Sie sind zu vielem bereit, um das Lebensnotwendige zu erhalten.

Je stärker Zuwendung also verknappt wird, desto mehr sind Mitarbeiter bereit dafür zu tun. Einige Vorgesetzte setzen dieses Prinzip bewusst ein, was ein Zeichen emotionaler Kaltblütigkeit und kognitiver Dämlichkeit ist. Haben die sich nicht mal gefragt, warum jemand, der halb verhungert ist, kaum noch gehen kann? Weil er nicht gut genährt ist. Leider sind jene Führungskräfte nicht in der Lage dies auf die Psyche zu übertragen. Kommt ihnen nicht in den Sinn, dass jemand der psychisch hungert, zwar ein recht bequemer Ja-Sager ist, aber nicht mehr ansatzweise kreativ und innovativ arbeiten kann? Schon gar nicht auf lange Sicht?

Die Rechnung, „ich lasse die Leute emotional am langen Arm hungern und gebe nur ab und zu ein paar Brosamen", funktioniert auf Dauer nicht. Wer hungert ist schwach – zu schwach sich zu wehren, aber auch zu schwach, um gute Arbeit zu leisten.

Natürlich sind gesund entwickelte und gut genährte Mitarbeiter anstrengender – sie wissen, was sie wollen und werden sich nicht alles bieten lassen. Doch diese Mitarbeiter sind in der Lage das Unternehmen voran zu treiben, statt dass die Führungskraft sie ständig antreiben muss.

Regeln der Zuwendungs-Ökonomie

Wie halten wir Zuwendung möglichst knapp, auf dass wir alle möglichst gut manipulierbar sind?

Hier die gesundheitsschädlichen Regeln der Zuwendungs-Ökonomie und wie diese von Ihren Kopfbewohnern gerechtfertigt werden.

Und noch ein wichtiger Hinweis:
Nehmen Sie diese Regeln niemals ernst – im Gegenteil. An dieser Stelle rufe ich Sie zur Anarchie auf. Nieder mit diesen Regeln!

1. **Gib keine Zuwendung!**

... auch, wenn du gerne möchtest. Sei niemals nett zu Leuten, die du nicht ganz genau kennst und die dir nicht nahe stehen.

Warum auch, der Mitarbeiter ist ja nur ein Mitarbeiter und kein liebes Familienmitglied.

„Lass das mal besser mit dem Nett-Sein, bevor man dich für ein Weichei hält. Sonst giltst du noch als Schleimer und die anderen denken, du wolltest dich anbiedern."

2. **Bitte nicht um Zuwendung!**

... auch, wenn du welche möchtest. Setze dich nie der peinlichen Bittstellerposition aus, selbst wenn du dringend ein paar nette Worte brauchst.

„Als ob du das nötig hättest, dass dich jemand lobt."

„Frage um Gottes willen nicht nach Feedback – sonst denken die Kollegen noch, du bist darauf angewiesen."

3. **Nimm Zuwendung nicht an!**

... auch, wenn du welche haben möchtest. Sei nicht so unbescheiden, Zuwendung, die dir entgegen gebracht wird, mit Vergnügen entgegenzunehmen, sondern weise sie sofort in angemessener Weise zurück!

„Es kann jawohl nicht darum gehen, was du gerade brauchst, sondern welchen Eindruck du hinterlässt. Also, wenn dir jemand etwas Nettes sagt, dann gibst du das gleich wieder zurück. So weit kommt es noch, dass wir Almosen von Fremden annehmen."

„Wer weiß, welche Verpflichtung du damit eingehst. Das lass mal lieber."

4. **Lehne Zuwendung nicht ab!**

... auch, wenn du sie nicht willst. Sei nie so unhöflich, eine Zuwendung zurückzuweisen, wenn du sie gerade nicht brauchen kannst!

„Also, wer bist du denn, dir die Zuwendung, die du bekommst auch noch auszusuchen. Das überlasse mal schön denen, die das besser wissen, zum Beispiel deinem Chef."

„Jetzt mal nicht so einen Aufstand um das bisschen Tätscheln."

„Was regst du dich über das bisschen Gebrüll so auf? Du wirst es schon verdient haben."

5. **Tu dir selbst nichts Gutes!**

... gib dir selbst keine Zuwendung. Sei nie so eitel, dich selbst zu loben.

„Arrogante Ärsche gibt es schon genug. Das ist ja peinlich."

„Was heißt hier Wellness – erst die Arbeit, dann das Vergnügen."

„Das steht dir zu? Mach' mal die Augen zu, da siehst du, was dir zusteht."

Merken Sie es auch schon? Je mehr Sie sich auf diese verrückte Zuwendungs-Ökonomie ein-lassen, desto kleiner fühlen Sie sich. Hoffentlich gehören Sie auch zu denen, die über solchen Unfug herzhaft lachen können. Haben Sie aber den ein oder anderen Tiefschlag gespürt, dann empfehle ich Ihnen, für die jeweilige ‚Regel' einen Kopfbewohner-Steckbrief zu erstellen. Er-lauben Sie sich gesund und wohlwollend mit sich selbst und anderen umzugehen.

Mit den Vorgaben der Zuwendungs-Ökonomie durch unsere Kopfbewohner halten wir Zuwen-dung unnötig knapp. Das ist fatal, denn Zuwendung ist die Nahrung der Psyche. Je weniger positive Zuwendung Sie erhalten, desto weniger psychische Kraft (Leidenschaft) haben Sie zur Verfügung. Je weniger Kraft Sie haben, desto weniger ist es Ihnen möglich sich abzugrenzen (Standfestigkeit und Selbst-Kontrolle). Und da beißt sich die Katze in den Schwanz: Je weniger Sie sich abgrenzen können, desto mehr negative Zuwendung lassen Sie sich gefallen, die Sie dann noch weiter runterzieht (-/+ Position).

Bitte überprüfen Sie sich selbst. Wie schaffen Sie es Zuwendung knapp zu halten?

Okay, Sie bekommen als Führungskraft nicht besonders viel Zuwendung, doch welche Aktien haben Sie selbst in diesem Spiel?

⋯⋗ Machen Sie es wie Kater Carlo bei Micky Maus und zünden Sie sich mit einem Geldschein die Zigarre an? „Das Projekt ist ihnen unheimlich gut gelungen!", „Ach," ist Ihre Antwort, „war doch nichts!"

⋯⋗ Oder sind Sie mehr der Typ für die Weihnachtsaktion? Beide haben eine Zuwendung und dann geht alles gleichzeitig. Beide schenken gleichzeitig, beide packen gleichzeitig aus, beide sagen gleichzeitig „Danke" – unter dem Strich bleibt wenig.
Ihr Chef lobt Sie: „Die Besprechung haben Sie gut geleitet." Und kaum ist es ausgespro-chen, kontern Sie mit: „Danke – und Ihre Vorbereitung war brillant!" Sie sind dann mit Ihrer Zuwendung zu schnell wieder beim anderen, ohne die Ihnen zugedachte Zuwendung wirklich angenommen zu haben. Sie gönnen sich nur ein kleines Schlückchen des edlen Tropfens anstatt das Glas bis zur Neige zu genießen.

⋯⋗ Oder bekommen Sie Schuldgefühle, wenn Ihnen jemand ein Lob ausspricht und zahlen es mit doppelter Münze zurück? „Das war ja famos, wie Sie da reagiert haben!" „Ach, Chef, das habe ich ja bei Ihnen gelernt und überhaupt bewundere ich, wie Sie immer den Über-blick behalten!" Es ist, also würde Ihnen jemand 10 € schenken und Sie holen eilig Ihr Portemonnaie heraus und geben 20 € zurück.

Beim nächsten Mal sagen Sie einfach „Danke!" und freuen sich. Davon haben beide etwas, auch der, der gegeben hat!

Ich selbst habe große Freude daran zu sehen, wie bei meinem Gegenüber die Augen leuchten – dies ist mir positive Rückmeldung genug und macht auch mich emotional satt.

ERHÖHEN SIE IHRE LIEBESFÄHIGKEIT

Sie erweitern Ihre Liebesfähigkeit dadurch, dass Sie Zuwendung geben, Zuwendung einfordern, unliebsame Zuwendung zurückweisen, die Zuwendung annehmen, die Sie wollen und sich selbst Zuwendung geben. Anfangs gehört etwas Mut dazu, doch lassen Sie sich nicht abschrecken und beginnen Sie mit etwas einfachem: „Ich möchte Ihnen gern rückmelden, wie sehr ich Ihre Arbeit schätze." Das wäre doch ein guter Einstieg.

Aber? Sie fürchten, Sie werden sich lächerlich machen oder befremdlich wirken? „Guck, jetzt war er wieder auf einem Seminar, und wir sind die Versuchskarnickel. Mal sehen, wie lange das anhält."

Sie sind in Sorge, ob der Mitarbeiter überhaupt Zuwendung von Ihnen möchte? – Sie können sicher sein, dass er sich Ihre positive Aufmerksamkeit wünscht. Es kann sein, dass er anfangs nicht weiß, wie er Ihre Anerkennung einschätzen und damit umgehen soll. Doch ist das nicht mit allen neuen Dingen so? Lassen Sie sich nicht abschrecken.

Sie sorgen sich, dass es eher peinlich wirkt, wenn Sie Zuwendung geben? – Erinnern Sie, dass Scham der Dämon der Leidenschaft ist? Treten Sie beherzt Ihren Kopfbewohnern entgegen und erweitern Sie Ihre emotionale Kompetenz.

Sie fürchten, dass man Ihre Zuwendung als Anmache auslegt? – Sie lassen sich doch auch sonst nicht ein X für ein U vormachen.

Sie fürchten, dass Ihre Mitarbeiter den Eindruck gewinnen, Sie wollten sich einschmeicheln, wenn Sie Zuwendung geben? – Das wird sich darin zeigen, ob Sie auf Kumpel machen oder einfach nur Zuwendung geben – dies liegt bei Ihnen und zeigt sich mit der Zeit.

Sie fürchten, dass Ihre Zuwendung unbeholfen und linkisch wirkt, weil Sie wenig geübt sind? – Es ist noch kein Meister vom Himmel gefallen. Fangen Sie gleich morgen damit an und übermorgen sind Sie schon besser geworden. Sie lassen sich doch auch sonst nicht so leicht abschrecken.

Treten Sie beherzt Ihren Kopfbewohnern entgegen. Stecken Sie sie in einen Sack und machen Sie sich auf, Zuwendung zu geben.

Wichtig bei aller Zuwendung – seien Sie ehrlich und aufrichtig. Plastikfood ist Mist und Plastikzuwendung ist weniger wert als gar keine!

Ihnen fällt spontan nichts so recht ein, wie Sie Ihren Mitarbeitern Zuwendung geben können? – Zuwendung muss nicht immer direkt ausgesprochen sein, sondern kann auch durch entsprechende Handlungen vermittelt werden: aufmerksames Zuhören oder ein Strauß Blumen nach einer anstrengenden Woche.

Sie wissen manchmal nicht, was Sie bei Ihren Mitarbeitern loben können? – Wie wäre es denn mit seinen Leistungen oder seiner Intelligenz und dachten Sie auch schon an: Großzügigkeit, Kreativität, Freundlichkeit, Geschicklichkeit, Integrationsfähigkeit, Integrität, Führungseigenschaften, Talent, gesunden Menschenverstand, Aussehen, Kleidung, Arbeitsauffassung, Würde, künstlerische Begabung, Ausdauer, Ehrlichkeit, Eleganz, Taktgefühl, Menschlichkeit, Ethik, Arbeitsbereitschaft, Entwicklungspotential, Arbeitseinsatz, Teamfähigkeit, Problemlösungsfähigkeit, Vermittlungsgeschick, Überblick, Loyalität, …

Wenn Sie damit durch sind, mailen Sie mir – ich schicke Ihnen die nächsten 30 anerkennenswerten Eigenschaften Ihrer Mitarbeiter.

Zu guter letzt hier noch die Regeln für einen freien und offenen Austausch von Zuwendung – sprich für eine stabile Säule der Liebe.

1. Geben Sie Zuwendung, wenn Sie welche haben!
Sie haben keine? Denken Sie sich halt etwas aus, bis es Ihnen locker von der Hand geht.

2. Bitten Sie um Zuwendung!
Fordern Sie berechtigtes Lob ein, versichern Sie sich, wenn Sie Halt brauchen, fragen Sie, wenn Sie neugierig sind.

3. Nehmen Sie Zuwendung an!
Alles andere ist unsachgemäße Verschwendung und sollte unter Strafe gestellt werden.

4. Weisen Sie unerwünschte Zuwendung zurück!
Sie müssen nicht alles schlucken, was man Ihnen vorwirft.

5. Tun Sie sich selbst Gutes!
Denken Sie an sich selbst, auch und besonders zur Erhaltung Ihrer Lebensfreude und Ihrer Arbeitskraft.

ANLEITUNG zur LIEBLOSIGKEIT

···⟩ Warten Sie mit Ihrer Zuwendung, bis der andere den ersten Schritt macht.

···⟩ Fragen Sie nie nach Zuwendung, das tun nur Schwächlinge.

···⟩ Freuen Sie sich nicht so offensichtlich, wenn man Ihnen etwas Nettes sagt – das ist ja peinlich!

···⟩ Geben Sie bloß keine Zuwendung, man wird Sie für ein Weichei halten.

···⟩ Besonders, wenn Sie jemanden sympathisch oder attraktiv finden, lassen Sie ab und an ein paar Bosheiten fallen, damit das nur ja keiner merkt.

···⟩ Interpretieren Sie die Zuwendung einer Kollegin oder eines Kollegen sofort als sexuelles Angebot.

···⟩ Zuwendung von anderen bloß nicht annehmen – wer weiß, was Sie später dafür leisten müssen.

···⟩ Lernen Sie Liebesentzug strategisch einzusetzen.

···⟩ Wenn Sie jemanden doof finden, dann darf diese Person das auch gerne erfahren.

···⟩ Verschwenden Sie Ihre Zeit und Ihre Energie nicht auf Befindlichkeiten. Erst am Ende der Schlacht werden die Toten gezählt.

Fragen aus der PRAXIS

F: Was ist der Unterschied zwischen Liebe und Verliebtsein?

A: Das Verliebtsein mit Schmetterlingen im Bauch und dem Gefühl auf Wolken zu schweben hat eine besondere Funktion: Wir bekommen die Chance, zu erleben, wie weit Liebe gedeihen kann, wenn wir sie gut pflegen. Es ist die Motivationshilfe, um an einer Beziehung zu arbeiten. Wenn das Verliebtsein schnell nachlässt oder es in der Partnerschaft überhaupt nicht mehr erreicht wird, mag das ein Indiz dafür sein, dass grundsätzlich etwas schief gelaufen ist. Man hat dann nicht nur in der Beziehung etwas versäumt, sondern vor allem in der Arbeit an der Beziehung.

F: Woran merke ich denn selber, dass meine Zuwendung, die ich gebe, positiv oder negativ ist? Oftmals denke ich: Das war total gut gemeint, aber anscheinend kommt es beim anderen total negativ an.

A: Unterscheiden wir zwischen dem Inhalt, der gut gemeint ist und der Art und Weise, wie Sie diesen Inhalt rüberbringen. Die meisten Menschen reagieren vorrangig auf die Art und Weise, wie die Zuwendung gegeben wird und nicht auf den Inhalt. Drei Probleme können sich hier einschleichen:

1. Die gut gemeinte Zuwendung wird schräg rübergebracht. Es ist Ihnen peinlich, oder Sie fühlen sich noch nicht so sicher mit dem Zuwendung-Geben. Beim Mitarbeiter kommt an, dass etwas nicht stimmt – dies bezieht er meist auf sich persönlich und reagiert gekränkt. Doch oft genug ist es eher eine Unsicherheit als eine Manipulation, die schräg ankommt.
2. Die gut gemeinte Zuwendung ist nur das – gut gemeint, aber nicht echt. Man verkauft seinem Mitarbeiter Plastik. Nach dem Motto: „Ich bin jetzt zu allen nett, und dann arbeiten sie besser." Das ist ein Deal, keine Zuwendung. Eine solche Plastikzuwendung läd natürlich auch dazu ein, als Kränkung aufgenommen zu werden und provoziert verärgerte Reaktionen.
3. Und wir haben immer noch den Faktor Mensch: Wenn jemand partout nicht gewohnt ist, etwas Nettes zu hören, wird die Person immer argwöhnen, dass es böse gemeint ist. Leider gibt es Mitarbeiter, die aus jedem Netten auch noch etwas Negatives filtern können, weil es ihrem Bezugsrahmen entspricht.

Um diese Gefahrenfelder zu umschiffen, gilt es, Experte der Zuwendung zu werden, indem Sie üben, überprüfen und weiterüben. Mit Blick auf die Standfestigkeit lautet Ihre Frage also nicht, ob Ihre Zuwendung falsch ist, sondern was an Ihrer Zuwendung für genau diesen Mitarbeiter nicht passt.

F: Soll ich einer Mitarbeiterin als Führungskraft Zuwendung geben, wenn sie sie gar nicht möchte?

A: Ich glaube nicht, dass Menschen keine Zuwendung möchten. Ich glaube aber gerne, dass eine hübsche Frau es einfach leid ist, zu hören, dass sie hübsch ist. Ich denke, da wäre die richtige Zuwendung, dass sie gute Arbeit macht.

Es mag sein, dass der Inhalt der Zuwendung nicht willkommen ist. Die Zuwendung selbst ist etwas, wonach wir alle uns sehnen.

Es ist auch möglich, dass diese Mitarbeiterin die Erfahrung gemacht hat, dass Zuwendung gefährlich ist. Also, entweder will man dann etwas von ihr – so im Sinne: „Ich habe dir was Nettes gesagt, jetzt musst du für mich arbeiten." Oder sie hat die Erfahrung gemacht, dass ein Großteil der Zuwendungen, die sie bekommt, kränkt oder verletzt. Und dann versucht sie sich zu schützen.

Achten Sie als Führungskraft grundsätzlich darauf, dass Ihre Zuwendung sauber ist – gesäubert von kränkenden Anteilen und auch von sexuellen Anteilen.

F: Wie erhöhe ich die liebevolle Atmosphäre in meinem Team?

A: Stellen Sie sich vor, Sie sind Existenzgründer. Ihr Produkt ist Liebe bzw. eine wohlwollende Atmosphäre in Ihrem Team. Wie lautet Ihr Gründungskonzept – wie wollen Sie es anstellen? Haben Sie schon eine Marktrecherche gemacht, sich also Ihre Abteilung genau angeschaut? Ist Ihnen klar, wo Ihr Produkt Liebe Absatz finden kann? Oder ist der Markt schon übersättigt? Welche Ressourcen sind vorhanden? Gibt es Nischen?

Jeder Gründer weiß, dass die ersten Jahre die Jahre der Investition sind, das bedeutet, dass sich Ihr wohlwollender Einsatz erst nach Jahren amortisiert. Sie werden im Zuge Ihrer Investition also erst einmal viel Liebe in das Team hereingeben und können noch nicht erwarten, dass etwas zurückkommt. Sie müssen prüfen welche Investitionen sinnvoll waren, und ob es vielleicht auch Todläufer gab. Dann stellt sich die Frage: Wie verändere ich meine Investition, damit sie nutzbringend ist? Wie anders muss ich auf das Team zugehen, dass es sich eine liebevolle Atmosphäre erarbeiten kann?

Und dann – nach Wochen, Monaten, Jahren, werden Sie den Gewinn davontragen können – die Zufriedenheit über ein Super-Team.

Übungen zur Reflexion

Berechnen Sie ihr Zuwendungsprofil:

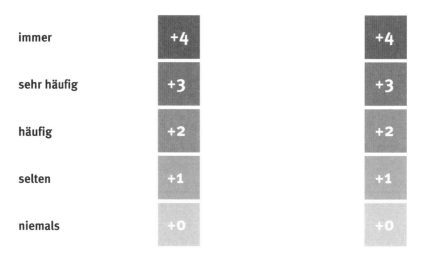

immer	+4		+4
sehr häufig	+3		+3
häufig	+2		+2
selten	+1		+1
niemals	+0		+0

Wie oft geben Sie positive Zuwendung?

Wie oft akzeptieren Sie positive Zuwendung?

geben   **annehmen**

Wie oft geben Sie negative Zuwendung?

Wie oft akzeptieren Sie negative Zuwendung?

niemals	-0		-0
selten	-1		-1
häufig	-2		-2
sehr häufig	-3		-3
immer	-4		-4

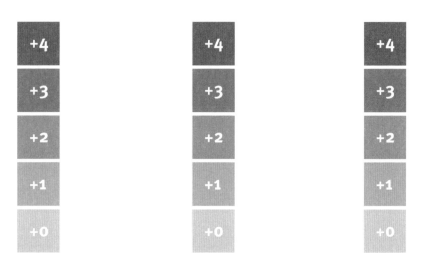

| bitten | sich weigern | Selbstversorgung |

Wie oft bitten Sie um positive Zuwendung?

Wie oft weigern Sie sich, *negative* Zuwendung zu geben?

Wie oft geben Sie sich selbst positive Zuwendung?

Wie oft bitten Sie direkt oder indirekt um negative Zwendung?

Wie oft weigern Sie sich, *positive* Zuwendung zu geben?

Wie oft geben Sie sich selbst negative Zuwendung?

CHECK UP

 Liebe schafft ein **positiv fürsorgliches Eltern-Ich +fEL**.
Das bedeutet, aus einer +/+ Einstellung echten Respekts für Ihre Mitarbeiter da zu sein.

- ⊙ Das Schlüsselkriterium der Liebe ist Zuwendung.

- ⊙ Das produktiv fürsorgliche Eltern-Ich ist unverzichtbar, wenn Sie Ihre Mitarbeiter im Rahmen Ihrer Fürsorgepflicht führen wollen – also immer.

- ⊙ Im Allgemeinen muss dieser produktive Ich-Zustand weiter ausgebaut werden.

- ⊙ Der Effekt Ihrer liebevollen Führung ist Menschlichkeit.

- ⊙ Sie geben Ihren Mitarbeitern Schutz, Unterstützung und Ermutigung.

IST DAS

ORGLICHE

ELTERN-ICH

- Auch in emotionsgeladenen Situationen stärken Sie Ihr Umfeld.

- Ihre Führung ist wohlwollend und von gesunden Beziehungen bestimmt.

- Ihre Art, mit Mitarbeitern umzugehen, ist von Toleranz und Offenheit geprägt – verbunden mit einer gesunden Abgrenzung.

- Sie sind reich an Zuwendung und Wohlwollen – das Leben macht Ihnen Spaß.

- Führungskräfte mit dem positiv fürsorglichen Eltern-Ich sind wahre Gewinner!

Ihre Mitarbeiter werden es Ihnen danken!

KOMMUNIKATION

5

SÄULE

Ihr Ausdruck!

- Finden Sie immer den richtigen Ton?

- Verstehen Sie Körpersprache?

- Haben Sie im Blick, was Ihre Mitarbeiter brauchen?

- Sind Sie ein rücksichtsloser Schwätzer?

- Bekommen Sie die Zähne nicht auseinander?

- Woher weiß Ihr Mitarbeiter, was Sie von ihm wollen?

AUSDRUCK!

KOMMUNIKATION ALS MACHTPOTENTIAL

Finden Sie immer den richtigen Ton?

Kommunikation verschafft Ihnen die Möglichkeit des Austausches. Sie vermögen es, die Wahrheit herauszuhören und zu sprechen. So verleiht Ihnen dieses Machtpotential Stimme im weitesten Sinne des Wortes. Auch innerhalb dieses Potentials herrschen zwei polare Kräfte:

 Verständnis und Taubheit

Zu kommunizieren bedeutet etwas bekannt zu machen. In der Kommunikation teilen wir uns mit. Das ist Geben und Nehmen auf geistiger Ebene.

Wer nicht kommuniziert verstummt: laut oder leise. Laut in Dominanz, Machtspielen und Manipulation. Leise in Schüchternheit, Hemmungen und Angst vor Konflikten. Es fehlt der Mut, zur eigenen Meinung zu stehen und das Wahren der Identität ist mitunter gefährdet.

Diese Säule der Macht ist eine zentrale Schnittstelle zur Außenwelt: Sie spiegelt Ihre Innenwelt wieder und sorgt damit auch für eine passende Umgebung (materiell und sozial). Jeder innere ‚Haltungsschaden' lässt sich an Ihrer Kommunikation erkennen. So steuert sie Ihren Selbstausdruck und strukturiert Körperhaltung, Sprache, Mimik und Gestik. Das Motto dieser Säule lautet: „Ich zeige, was in mir steckt!"

Die Erweiterung dieses Machtpotentials steigert die innere und äußere Wahrnehmung. Sie vermögen Ihre innere Welt unverfälscht nach außen zu tragen.

Ist Kommunikation als Machtpotential entwickelt, verfügen Sie über:

⋯⟩ ausgeprägte Kommunikationsfähigkeit und Sprachbewusstsein
⋯⟩ Sicherheit in Sprache und Ton
⋯⟩ Lern- und Konzentrationsfähigkeit
⋯⟩ rationales Denken und Unterscheidungskraft
⋯⟩ gut entwickelte Individualität und Unabhängigkeit
⋯⟩ vielseitige Interessen
⋯⟩ Inspiration

Eine gut entwickelte Säule der Kommunikation befähigt eine Führungskraft, sich auszudrücken und anderen mitzuteilen. Die Macht des Wortes wird genutzt, doch nicht ausgenutzt. Solche Führungskräfte haben ein untrügliches Gespür für Sprache und das gesprochene Wort. Sie erkennen, was zwischen den Zeilen steht und finden den roten Faden in einer teils unüberschaubare Masse an Information. Die persönliche Lern- und Konzentrationsfähigkeit ist groß und befriedigt den persönlichen Wissensdurst. Das beständige Streben nach der Wahrheit und die Kraft, der Wahrheit Ausdruck zu verleihen, sind Merkmale einer gereiften Persönlichkeit.

PROBLEME MIT DER KOMMUNIKATION

Der Dämon der Kommunikation ist die Lüge!

Ist die Säule der Kommunikation nur schwach entwickelt,
ergeben sich erhebliche Schwierigkeiten im Austausch
zwischen Führungskraft und Mitarbeiter.

Die Betroffenen berichten, dass es ihnen schwer falle,
die richtigen Worte zu finden, ihre Gefühle und Gedanken
in Sprache zu fassen und den richtigen Ton zu treffen.
Der Mangel an Ausdrucksmöglichkeiten kann in extremen
Fällen sogar als Sprachstörung (Stottern) zutage treten.

Weniger bewusst ist den betroffenen Führungskräften
die Angst vor ihrer eigenen Meinung. Sie scheuen sich,
anderen ihre Gedanken und Gefühle mitzuteilen. Aus die-
sen Kommunikationsschwierigkeiten erwachsen nicht selten weitere Hemmungen und
Schüchternheit. Manchmal kann sich derjenige dann auch nicht mehr an der Gesellschaft
anderer erfreuen.

Blockierungen innerhalb dieses Machtpotentials sabotieren auch die innere Kommunikation. Man kann sich nur schwer entscheiden, geschweige denn erkennen, was man wirklich
möchte. Der Kontakt zum Unterbewusstsein ist gestört und so fällt es besonders schwer, aus
den eigenen Fehlern zu lernen.

Ist das Machtpotential der Kommunikation fehlgeleitet, sind die daraus resultierenden Probleme gut hörbar: Es kommt nicht selten zu Heiserkeit, die Stimme stockt, wirkt hart oder neigt
dazu, sich schnell zu erschöpfen.

Die Mitarbeiter erleben diese Führungskraft als zwanghaften, rücksichtslosen Schwätzer,
der nicht zuhören kann und sich auch nicht um die Wirkung seiner Äußerungen auf andere
schert. Mit viel Bla-bla wird übertüncht, dass man doch eigentlich nichts zu sagen hat. Und
auch Aufhetzung und Tyrannei sind ein Ausdruck pervertierter Kommunikation.

Hier finden sich Demagogen, die die Welt nach ihren Vorstellungen umkrempeln wollen
und dafür viele gut ausgedachte Gründe bietet. Diskussion um des Diskutierens willen und
Streit um des Streitens willen machen keinen Sinn, denn man nutzt Kommunikation nicht,
um ein Ziel zu erreichen, bei dem beide Seiten weiter kommen. Hier geht es allein um die
Reibung: „Man muss einen Mitarbeiter so über den Tisch ziehen, dass er die Reibungswärme
als Nestwärme versteht!" Das zeigt den Geist dieser abwertenden +/- Einstellung. Sie beweist,
dass diese Führungskraft kaum in der Lage ist, in der Säule der Liebe intim zu sein. Über Streit
versucht sie, eine Ersatz-Nähe herzustellen.

Faustregel: Probleme fallen in der Kommunikation nicht an. Sie fallen in der Kommunikation auf!

Selten entstehen in dieser Säule psychische oder körperliche Symptome – vielmehr zeigen sich hier alle Haltungsschäden der vorangehenden Machtpotentiale. So kann diese Säule Ihr Diagnostikum sein: „Wo muss ich noch etwas nachholen?"

Merksatz für eine gestörte Kommunikation:
„Er findet nie den richtigen Ton!"

Theoretisches Konzept

Ob Sie wollen oder nicht, Sie kommunizieren immer auch Ihre innere Haltung. Sie zeigen, was in Ihnen steckt und Ihre Kommunikation spiegelt Ihre Innenwelt – ob es Ihnen gefällt oder nicht. Oder nehmen Sie Schauspielunterricht, um Ihr Umfeld zu täuschen?

Gehen Sie davon aus, dass Ihr Umfeld größtenteils auf Ihre Innenwelt, Ihre wahre Einstellung reagiert. Nur wenige Menschen sind mit ein paar gut gewählten Worten zu täuschen. Im Sinne einer sich selbst erfüllenden Prophezeiung ergibt sich um Sie herum geradezu magisch die passende Umgebung. Wer sich minderwertig fühlt, wird meist auch so behandelt. Wer anderen wenig zutraut, wird auch dies immer wieder bestätigt finden. Und der Kollege, der zu denselben Mitarbeitern eine andere Einstellung lebt, kommt zu deutlich anderen Ergebnissen. Wie man in den Wald hineinruft, so schallt es heraus. Sozial wie auch materiell erhalten Sie eine Rückkoppelung Ihrer Einstellungen. So können Sie von der Reaktion Ihres Umfeldes auf Ihre eigenen ‚Haltungsschäden' rückschließen. Sehen Sie es als Feedback!

Jetzt geht's los!

Bitte wenden Sie sich erst nach der Entwicklung der vier vorangehenden Säulen diesem Machtpotential zu. Dann erst werden Sie die folgenden Tools zum Umgang mit emotionalen Schieflagen produktiv nutzen können.

Der wesentliche Unterschied wird sein, dass Ihre Kommunikation mit entwickelter Standfestigkeit, Leidenschaft, Selbst-Kontrolle und Liebe auf einem höheren Niveau erwacht. Jetzt ist es auch notwendig, Ihre Machtpotentiale differenzierter als bisher in die Kommunikation zu integrieren. Es gilt nun zu **wissen, was Sie mit wem auf welche Weise tun und warum**. Besonders für Ihre Führungsarbeit ist dies unerlässlich.

Sie werden erfahren, dass Sie alles – wirklich alles – mitteilen können, ohne verletzen zu müssen. Dies ist lediglich eine Frage Ihres kommunikatorischen Geschickes – den dafür notwendigen Wortschatz und einen gewissen Stil in der Sprache vorausgesetzt. Das bedeutet keinesfalls auswendig zu lernen: „Was sage ich wann und wie lautet welches Argument in welcher Situation?" Sondern es bedeutet zu erkennen: „Wie zeigt sich welche Grundeinstellung und wie gehe ich darauf ein, damit wir miteinander vorankommen?" Dieses Erkennen bezieht sich auf die verbalen wie auch nonverbalen Kommunikationskanäle. Doch Vorsicht vor der Laienpsy-chologie. Schnell werden unzulässige Generalisierungen als Weisheiten verkauft: Jemand sitzt mit verschränkten Armen in einer Besprechung und der Stempel lautet ‚verschlossen und unzugänglich'. Bitte achten Sie auch darauf, ob es nicht vielleicht recht kalt ist im Raum, und haben Sie geschaut, ob derjenige eine Armlehne hat? Wie sind die Arme verschränkt? Hält sich derjenige aus einer **-/+** Position an sich selbst fest? Oder will derjenige aus einer **+/-** Haltung signalisieren: „Du kannst mir nichts!"

NONVERBALE KOMMUNIKATION

Sprache und Gesprächsverhalten spiegeln nur zu deutlich das Machtgefälle der Gesprächspartner wider. Ausschlaggebend ist nicht der verbale, sondern der nonverbale Teil der Kommunikation. Laut Forschung macht er 93% der Interaktion aus. Der Eindruck, den Sie auf Ihren Gesprächspartner machen, setzt sich aus drei Komponenten zusammen: äußere Erscheinung (Körpersprache und Kleidung) zu 58%, Stimme (Frequenz, Lautstärke, Stabilität) mit 35% und lediglich 7% bleiben für den Inhalt, sprich das, was Sie sagen. Wie Sie etwas sagen ist also wesentlich wichtiger als das, was Sie sagen!

Schon in jungen Jahren haben wir unser körpersprachliches Verhalten erlernt. Wir testeten sorgfältig aus, womit wir den größtmöglichen Effekt erzielen. Heute ist uns unsere Körpersprache weitgehend unbewusst. Sie scheint eher beiläufig zu sein und auch unser Gegenüber nimmt sie nicht bewusst wahr. Dadurch wird der Effekt jedoch nicht geringer, sondern größer, denn wir realisieren nicht, auf was wir reagieren.

DEVOTE KOMMUNIKATION

Die **-/+** Haltung der Unterordnung ist die Körpersprache der Statusniedrigen. Auch die Werbegestik der Frauen besteht zu 95% aus devoten Anbietposen. So werden sich Frauen in einer Führungsposition erhebliche Nachteile einhandeln, wenn sie nicht bereit sind, auf diese Signale der weiblichen Unterordnung im Berufsleben zu verzichten. Männer reagieren darauf sehr stark – bestätigt es sie doch in ihrer höheren Position. Dafür erhält frau zwar Akzeptanz als Frau, zahlt aber den hohen Preis, dass sie sich mit devotem Weibchenverhalten auf der fachlichen Ebene disqualifiziert. Im Gegensatz zu Männern müssen sich Frauen also im Berufsleben entscheiden: Wollen Sie Anerkennung für Weiblichkeit oder für Fachlichkeit? Viele Frauen versuchen dieses Dilemma zu lösen, indem Sie unweiblich werden. Doch das

Manns-weib ist nicht die Lösung. Sie dürfen und sollen Frau sein, doch Sie sollen führen, nicht flirten!

Auch bei vielen Männern ist diese Unterordnungsgestik zu beobachten. Kein Wunder, dass ihre Führung nicht kraftvoll wirkt und wenig ernst genommen wird. Fachlich brillant, argumentativ fit – allein die Körperhaltung macht es den Mitarbeitern schwer, wenn nicht sogar unmöglich, diese Führungskraft ernst zu nehmen.

Die Körperhaltung der Unterordnung zielt darauf ab, sich kleiner zu machen als man oder frau ist. Das erreicht man über eine schmale und geschlossene Körperhaltung, die oft auch angespannt ist. Die Arme eng am Körper und die Augen gesenkt, spricht derjenige leise. Alles zielt darauf ab, wenig Raum einzunehmen. Man kann seine Aussagen auch dadurch torpedieren, dass man nach einer fundierten Argumentation abschließend mit den Schultern zuckt oder ‚den Kopf einzieht‘. Und auch die Personen sind gemeint, die am Ende einer Aussage fragend mit der Stimme hoch gehen.

DOMINANTE KOMMUNIKATION

Im Gegenzug zielt die dominante **+/-** Körpersprache darauf ab sich räumlich in Szene zu setzen. Hier schliddert so mancher Mann unbewusst hinein, denn die männliche Werbegestik kommt einer optischen Verbreiterung gleich. Sie stellt die eigene Stärke und Kraft heraus,  was viele als Maskulinität missinterpretieren. Dominanz signalisiert: „Ich bin größer als du!" Und in unserem Unterbewusstsein ist nach wie vor noch abgespeichert, dass der, der dominant auftritt, Machtanspruch hat. Denn jemand, der Macht hat, muss sich nicht verstecken. Wer sich präsentiert hat keine Angst.

Neben den raumgreifenden Mechanismen der Dominanz ist zu beobachten, dass diese Personen wenig lächeln. Sie meinen es nicht nötig zu haben, verbindlich, freundlich und entgegenkommend zu sein. Diese Führungskräfte sind laut oder gefährlich leise.

Um es auf den Punkt zu bringen:

··⋛ Devote Kommunikation zielt darauf ab, Beziehungen herzustellen.
Sie wird eingesetzt, um Anerkennung beim dominanten Gesprächspartner zu erreichen.
Das „Ich brauche dich!" wirkt ohnmächtig und unterstreicht die empfundene Abhängigkeit vom guten Willen des Größeren.

⤳ Dominante Kommunikation zielt darauf ab, sich selbst darzustellen!

+/- Führungskräfte setzen dieses Verhalten ein, um sich selbst zu bestätigen. Es geht um Herausstellung der eigenen Stärke und Macht und signalisiert deutlich: „Ich brauche dich nicht!"

DEVOT ODER DOMINANT IM SPRACHVERHALTEN?

-/+ Führungskräfte nehmen sich weniger Zeit und Raum, wenn sie etwas sagen. So werden sie auch nicht selten unterbrochen, wenn sie sprechen (sogar von anderen devoten Kommunikationspartnern).

Während sich devote Kommunikationspartner in der Regel nicht mehr melden, wenn Ihre Argumente bereits gesagt wurden, wiederholen dominante Kommunikationspartner unbeschwert Voten, die schon ein- oder mehrmals angesprochen wurden, und geben damit sich und ihren Argumenten mehr Bedeutung. Frei nach dem Motto: „Die Mutter der Wissenschaft ist die Wiederholung und der Vater des Erfolges ebenso."

Dominante Führungskräfte schämen sich auch keineswegs, Ideen oder Vorschläge anderer aufzugreifen und in (wenn überhaupt) leicht abgewandelter Form als ihre eigenen zu verkaufen. Das ist geistiger Diebstahl.

Die **+/+** Führungskraft kontert hier souverän mit: „Danke, dass Sie an dieser Stelle meinen Vorschlag aufgreifen. Ich werde ihn hier noch einmal genauer darlegen." Oder „Ich freue mich, dass Ihnen mein Vorschlag gut gefällt und Sie ihn unterstützen."

Devote Führungskräfte schwächen Ihre Aussagen oft selbst ab. Zum Beispiel mit einleitenden Fragen: „Ist es nicht so, dass ...?" oder „Meinen Sie nicht auch, dass ...?" Und statt klare Aussagen zu machen, benutzen sie oft den überhöflichen Konjunktiv: „Ich würde sagen, dass ..." oder „Vielleicht könnte man das auch so sehen." – Das nimmt keine **+/-** Führungskraft ernst und auch eine **+/+** Führungskraft hat hier ihre Schwierigkeiten, dem Gesagten mehr Wert beizumessen als es der Sprecher tut.

In einer kraftvollen Kommunikation werden Aussagen nicht als Fragen getarnt, nur um niemandem auf den Schlips zu treten. Der dominante Sprecher dagegen würde es mal wieder übertreiben, in dem er behauptet: „Die Dinge sind so, und zwar so und nur so und nicht anders!!!" Dem steht die devote Variante entgegen, sogar noch das eigene Wissen abzuwerten. So kann eine Präsentation aus der **-/+** Haltung schon mal eingeleitet werden mit: „Das ist nur so eine Idee von mir ..." oder „Ich weiß nicht, ob Sie damit etwas anfangen können ..." Was die **-/+** Führungskraft damit sagt, ist: „Ich bin nicht so wichtig, hört ruhig weg."

Dominante Führungskräfte formulieren ihre Aussagen oft als generelle Tatsachen und Behauptungen. Sie tragen ihre persönliche Meinung oft großmäulig im allgemeingültigen Wir-Stil vor: „Wir sind uns doch alle darüber im Klaren, dass ..." oder „Jetzt sollten wir doch langsam zum Wesentlichen kommen und zwar ..."

Machtvolle Kommunikation
Die gesunde +/+ Einstellung im Miteinander

Die gesunde **+/+** Grundeinstellung im Miteinander beinhaltet ein ‚gerüttelt Maß‘ an raumgreifender Körperhaltung, ohne jedoch dem anderen dabei den Platz zu nehmen. Das Signal: „Ich bin hier!" gibt dem Mitarbeiter Sicherheit, denn sein Großer (Chef) muss keine Angst vor einem Angriff haben und gleichzeitig hat er es nicht nötig, die anderen (Kleineren) zu verdrängen. In dieser Körperhaltung nutzen Sie also den Raum, den Sie haben: verbal und nonverbal. So bleibt jedem genug Platz, sich auszubreiten. Wer es übertreibt, wird begrenzt, wer sich nicht traut, wird ermutigt, sich zu entfalten.

Wie mache ich das?

Kommunikation ist etwas Interaktives. Stellen Sie sich vor, Sie würden mit Ihrem Gesprächspartner gemeinsam musizieren. Es gibt keine Partitur, nur den Wunsch, gemeinsam etwas zu kreieren. So werden Sie miteinander intuitiv einen gemeinsamen Rhythmus finden und schon entstehen Melodien. Mal wird der eine das Thema anleiten, mal der andere das Tempo bestimmen.

Je mehr Gespür Sie einbringen, desto weniger werden sich Dissonanzen einspielen und kleine Patzer können zu neuen Melodien genutzt werden, um das gemeinsame Repertoire zu erweitern.

Wie beeinflussen Sie sich gegenseitig?

Was braucht es, um miteinander weiter zu kommen?

Wo will der Einzelne hin?

Welche Gemeinsamkeiten tragen das Gesamtstück?

Übertragen auf Ihren Führungsalltag bedeutet es, sich immer wieder zu vergegenwärtigen:

Welches Verhalten meinerseits wird bei meinem Gesprächspartner welche Grundposition ansprechen? Was reduziert den Widerstand beim Mitarbeiter?

In dieser Säule zeigt sich, ob Ihre Entwicklung der vorangegangenen Säulen Lip-Service war oder eine Entwicklung Ihrer Persönlichkeit. Sie kommunizieren nicht mehr nur noch bewusst mit Worten, sondern mit Ihrer gesamten Persönlichkeit. Es ist wesentlich, dass Sie dabei Ihren eigenen Stil entwickeln.

Erkennen Sie, was bereits tragfähig entwickelt ist? Wo kann es im Krisenfall kippeln? Was wird Sie mächtiger machen? Was schwächt Sie?

Auch hier ist die Voraussetzung für eine Weiterentwicklung schonungslose Ehrlichkeit sich selbst gegenüber. Daraus wird sich Ihr Vorteil ergeben. Und da sind wir schon beim **Schlüsselkriterium der Kommunikation: Wahrheit!**

Aufrichtigkeit bedeutet nicht, alle Menschen mit schonungsloser Offenheit zu belästigen oder Mitarbeiter mit intimen Details zu unterhalten. Sie sollen nicht allen um sich herum ohne Unterschied von dem berichten, was alles so in Ihnen vorgeht. Doch wenn Sie den Mund aufmachen, dann doch bitte nur, um die Wahrheit zu sprechen.

Das bedeutet auch, dass Sie die Dinge verbal auf den Tisch legen, die Ihrer Meinung nach schief laufen. Wesentlich dabei ist, dass Sie das auf eine Weise tun, die weder Ihnen noch anderen schadet. Ist dies nicht möglich, schweigen Sie!

Bemühen Sie sich unter allen Umständen um eine offene und ehrliche Kommunikation. Diese wird als freundschaftlich wahrgenommen, ohne dass Sie den Kumpel spielen. Es geht darum, eine Win-Win-Situation herzustellen und eine **+/+** Grundeinstellung zu kommunizieren. Das bedeutet nicht, dass Sie von **+/+** reden oder sich selbst womöglich einreden, dass Sie toll in der gesunden Position agieren, während Sie den Mitarbeiter über den Tisch ziehen. Das bedeutet, dass Sie die **+/+** Haltung leben, besser noch beleben, indem Sie berücksichtigen, dass Ihre Mitarbeiter zuallererst Menschen sind.

Ihre Mitarbeiter sind zuallererst Menschen!

Es sei Ihnen angeraten Menschen und Probleme getrennt voneinander zu behandeln! Wenn Sie es versäumen, die menschliche Seite zu berücksichtigen um schnell zum inhaltlichen Ziel zu kommen, wird das verhängnisvoll sein. Doch wenn die Beziehung stimmt, werden Sie zu schnellen und tragfähigen Ergebnissen kommen.

Als Faustregel gebe ich Ihnen mit: **Kontakt vor Kontrakt!**

Was auch immer Sie im Miteinander unternehmen, fragen Sie sich: „Achte ich genügend auf die menschlichen Bedürfnisse?" Auf diese Weise trennen Sie die persönliche Beziehung von der Sachfrage. Dies ist vorausdenkende Kommunikation, die die Beziehungsebene stärkt. Das so genannte ‚Problem Mensch' wird behandelt, bevor es zu einem Problem geworden ist! So ist es immer sinnvoll, sich empathisch in die Situation des Mitarbeiters einzufinden, um gezielt interagieren zu können und nicht mit der Streubüchse mal dies und mal jenes zu treffen.

Gefühl und Beziehung – gefühlte Beziehung

Das, was Menschen bewegt ist Emotion. Besonders bei konfliktträchtigen Gesprächen sind Gefühle immer der wesentliche Aspekt, der das inhaltliche Ergebnis bestimmt. Emotionen sind es, die Gespräche in eine Sackgasse führen, zum Abbruch treiben oder zu einer Win-Win-Situation werden lassen.

Bevor Sie sich aber in Ihren Mitarbeiter einfühlen, prüfen Sie sich selbst und erkennen Sie Ihre eigenen Emotionen: Welche Gefühle leiten mich? Was ist deren Ursache? Sehr hilfreich kann eine kleine Tabelle sein, in der Sie Ihre Gefühle und die des Gesprächspartners notieren. Unterscheiden Sie hier zwischen dem Ist-Zustand, was wir beide momentan tatsächlich fühlen und dem Soll-Zustand, das, was wir fühlen wollen.

	Gesprächspartner A	Gesprächspartner B
Ist-Zustand		
Soll-Zustand		

Im Gespräch selbst bringen Sie die Gefühlsebene auf die Sachebene: Sie machen Ihre Gefühle zum Gesprächsgegenstand. Auf diese Weise wird Ihre Verhandlung spannenderweise sachlich, weil die zugrunde liegenden Emotionen Berücksichtigung finden. Wenn Sie Ihre Gefühle und die des Mitarbeiters zum Diskussionsgegenstand machen, unterstreicht das die Wertschätzung, die Sie für die Person als solche haben.

Ein Zeichen von Sympathie, ein Ausdruck des Bedauerns, Händeschütteln – das alles ist unbezahlbar, wenn man eine emotional gespannte Situation verbessern will, und kostet nicht viel. Eine Entschuldigung ist für Sie mitunter die billigste und dennoch rentabelste Investition.

Haben sich Ihre Mitarbeiter erst einmal ihre unausgesprochenen Probleme (Gefühle) von der Seele geredet, werden sie sich viel lieber und geradezu befreit dem Problem selbst zuwenden (Umstrukturierungen, Zielvereinbarungen, Konfrontation unangemessenen Verhaltens).

Das kann auch bedeuten, dass Sie erst einmal gestatten müssen, Dampf abzulassen. Während dieser Phase haben Sie Sendepause. Hierzu eine wunderbare Regel des Human Relations Committee:

Nur jeweils eine Person darf zu einer bestimmten Zeit ärgerlich sein.

Diese Regel erleichtert das emotionale Dampfablassen: „In Ordnung. Jetzt dürfen Sie." Man verpflichtet sich, seine Emotionen zu kontrollieren – das ist Deeskalation.

Missachtet jemand diese Vorschrift, zeigt er, dass er die Selbst-Kontrolle verloren hat – und damit auch etwas von seinem Ansehen.

Jede Kommunikation wird durch Bedürfnisse bestimmt!

Doch selten kommen die zugrunde liegenden Bedürfnisse auf den Tisch. Normalerweise läuft es so ab: „Wir brauchen mehr Personal, sonst schaffen wir das nicht!" Hier positioniert sich der Mitarbeiter mit einer eigenen Lösungsidee. Er benennt dabei nicht sein Bedürfnis, sondern eine Idee, wie das eigentliche Problem (Überforderung, Angst einen Termin nicht halten zu können ...) aus der Welt zu schaffen sei. Gut daran ist, dass sich Ihr Mitarbeiter überhaupt Gedanken macht. Schlecht wäre es, wenn Sie an diesem Punkt Ihr Denken einstellen und zu diskutieren beginnen, warum dieser Lösungsvorschlag nun funktioniert oder eben nicht. Hier arbeiten Sie sich zielstrebig in die frustrierende Sackgasse des Entweder-Oder. Das ist nicht sinnvoll.

Gehen Sie ganz weg von den Lösungsvorschlägen und konzentrieren Sie sich auf die Bedürfnisse der am Geschehen beteiligten. Ihre Aufgabe liegt darin die unterschiedlichen Bedürfnisse unter einen Hut zu bekommen und nicht die verschiedenen Lösungsideen.

Der Unterschied zwischen Lösungsvorschlag (Position) und Bedürfnis ist hier entscheidend. Bei Lösungsvorschlägen, die Positionen gleichkommen, gibt es nur Entweder-Oder, wer hier an der Oberfläche stecken bleibt macht es sich selbst schwer. Denn die Lösungsidee ist nicht das eigentliche Problem. Das Problem, mit dem Sie es zu tun haben ist, dass verschiedene Bedürfnisse miteinander in Konflikt stehen. Dies sind die stillen Beweggründe hinter dem Durcheinander von Lösungsideen.

Konzentrieren Sie sich auf die Bedürfnisse des Mitarbeiters. Denn wenn Sie tragfähige Absprachen erreichen wollen, müssen Sie Ihre Bedürfnisse mit denen des Mitarbeiters in Einklang bringen.

an der Oberfläche	**Position**	Ergebnis der Entscheidung
	BEWUSSTE ENTSCHEIDUNG	
im Hintergrund	**Bedürfnis**	Grund für die Entscheidung

Bedürfnisse erkennen

Manche Mitarbeiter tun sich sogar schwer, ihre Position auszusprechen. Wie sollen Sie dann auch noch auf die dahinter liegenden Bedürfnisse kommen? Nun, das ist ja gerade das Spannende. Bedürfnisse sind meist unausgesprochen, wenn nicht sogar ungreifbar und vielleicht auch in sich widersprüchlich.

Der einfachste Weg ist es, Ihre Empathie anzuklicken und sich an die Stelle des Mitarbeiters zu versetzen. Sehen Sie sich alle Aktionen des Mitarbeiters wertfrei an und fragen Sie sich: „Warum macht er das?" Und wenn er Ihnen sogar eine Position liefert, dann fragen Sie sich weiter: „Warum möchte er das?" Sie können ihn auch ganz direkt fragen: „Warum diese oder jene Idee?" Hier fragen Sie nicht nach einer Rechtfertigung seiner Position, sondern nach den Bedürfnissen, Hoffnungen und Ängsten oder Wünschen, die ihn dazu leiten.

Suchen Sie niemals nach allzu großer Präzision. Sie werden es nur selten mit jemandem zu tun haben, der seine Entscheidung nach schriftlich fixierten Pros und Contras trifft. Und zur zusätzlichen Verwirrung seien Sie sich bewusst:

BEIDE SEITEN HABEN MEHRERE INTERESSEN

Alle Ihre Mitarbeiter haben nicht nur ein Interesse, sondern mehrere. Gehen Sie im Durchschnitt von zehn verschiedenen Interessen aus, bei denen mindestens drei die treibenden Interessen sind. Bei mehreren Mitarbeitern bedeutet das automatisch, dass sich die Interessen multiplizieren (um die Zahl der beteiligten Personen).

Bedenken Sie auch die Interessen der so genannten Hintermänner. Niemand ist allein auf dieser Welt. Wem gegenüber müssen sich also Ihre Mitarbeiter rechtfertigen? Der Ehefrau, dem Chef, dem Betriebsrat, den Kollegen, den Kunden, der MAV, den Angestellten?

Wenn Ihnen nun im Stillen der Schweiß ausbricht allein bei der gigantischen Zahl der möglichen Bedürfnisse, rufe ich Ihnen zu: „Keine Panik!" Entspannen Sie sich wieder.

Wir werden uns jetzt auf die drei grundsätzlich wichtigsten Mitarbeiterbedürfnisse, seine drei Arten von Hunger, konzentrieren – das räumt.

DREI ARTEN VON HUNGER

Unser Körper braucht Nahrung, ohne die er zugrunde gehen würde. Reicht die Nahrung nicht aus, so sprechen wir von Hunger. Wir werden erst wieder zufrieden sein und Ruhe geben, wenn dieser Hunger gestillt ist. Auch die Seele Ihrer Mitarbeiter verspürt Hunger, wenn nicht ausreichend auf deren seelische Grundbedürfnisse geachtet wird. Die Folgen seelischen Hungers sind psychische Mangelerscheinungen – der Mitarbeiter gerät aus dem Ruder. Es wird nicht mehr das Erwachsenen-Ich vorherrschen, sondern es regiert das Kind-Ich mit seinen unbeantworteten Bedürfnissen: quängelnd, jammernd und in sich gekehrt oder explodierend.

Drei seelische Primärbedürfnisse bewegen Ihre Mitarbeiter: das Grundbedürfnis nach sinnlicher Anregung, das nach Zuwendung und Anerkennung und das Grundbedürfnis nach Struktur.

STIMULIERUNGSHUNGER

Verwehren wir unserem Nervensystem seine Nahrung – Sinneseindrücke – so wird es zusammenbrechen. Unter Stimulierungshunger versteht sich das Bedürfnis nach sensorischer Anregung von Augen, Ohren und Tastsinn, bei Feinschmeckern auch von Nase und Zunge.

Wer von jedem sinnlichen Reiz abgeschirmt wird, zeigt schon nach 48 Stunden krankhafte seelische Zustände wie Halluzinationen. So ist die zermürbende Wirkung von Isolationshaft vor allem auf einen Mangel an sinnlicher Anregung zurückzuführen. Natürlich sind Führungskräfte nicht isoliert, doch so manch einer holt sich neben all den beruflichen Eindrücken gern einen zusätzlichen ‚Kick' an wilden Sinnesanregungen wie Rafting, Bungeejumping … Das ist Sinneskitzel pur.

Wie steht es mit der sinnlichen Anregung in Ihrem Unternehmen? Sitzen alle in grau-beigen Büros in Einzelhaft oder gibt es schon mal etwas Farbiges für Auge und Ohr? Passiert eigentlich etwas bei Ihnen oder langweilt man als Mitarbeiter so vor sich hin? Geben Sie Acht, dass Ihre Mitarbeiter nicht der Hafer (der Langeweile) sticht und sie sich Allerlei ausdenken, um nicht ganz abzustumpfen. Schon auf der Bounty hat man die Erfahrung gemacht, dass ein gelangweilter Matrose ein meuternder Matrose ist.

Der Stimulushunger teilt recht früh im Leben einen weiteren existenziellen Hunger ab. In den ersten Lebensmonaten ist der Stimulushunger rein körperlicher Ausprägung (gehalten und berührt werden). Mit zunehmender ‚Intellektualität' (dem Entstehen der Kognition) dehnt er sich auf weitere nicht körperliche Stimuli aus. Das Streicheln mit Worten (Zuwendung) kann dann teilweise an die Stelle des körperlichen Streichelns treten. An dieser Stelle koppelt sich der bisher integrierte Zuwendungshunger ab.

ZUWENDUNGSHUNGER

Dies ist der Hunger nach menschlicher Wärme: nonverbal durch tatsächliches Streicheln und verbal durch Lob und Anerkennung. So überträgt sich das Bedürfnis nach Körperkontakt auf den seelischen Bereich der Säule der Liebe. Wir alle spüren den Hunger nach menschlichem Kontakt, zumindest wollen Augen und Ohren angesprochen werden – was leider oft genug nur der Fernseher tut.

Beim Mitarbeiter geht es hier um das Bedürfnis, zur Kenntnis genommen zu werden, gesehen zu werden und nicht einfach nur eine Nummer im Unternehmen zu sein, sondern eine Rolle zu spielen. Wird das Bedürfnis nach Wertschätzung nicht beantwortet, so wird es dominant. Der Mitarbeiter fokussiert sich auf alles, was ihm in irgendeiner Weise Zuwendung verschafft – positiv, wie negativ. Das wird fatal, wenn derjenige über eine starke Zuwendungs-Ökonomie selbst daran arbeitet, nicht genug zu bekommen, sich also seinen Mangel selbst aufrechterhält.

Ist das Bedürfnis nach Zuwendung nicht erfüllt, entstehen Verzerrungen wie unersättliche Forderungen, unangemessenes Konsumverhalten, Manipulationen und Machtspiele. Firmen mit einer kargen Zuwendungskultur zahlen einen hohen Preis dafür, mit Wertschätzung zu geizen.

STRUKTURHUNGER

Der Strukturhunger lässt uns Ordnung, Struktur und Regelmäßigkeit schaffen, denn ein Mangel an Struktur wird als existenzielle Bedrohung erlebt. Gemeint ist das gezielte Gestalten von Zeit und die Positionierung innerhalb eines Teams oder einer Organisation. Der Strukturhunger entspricht dem Bedürfnis, sich und der Umwelt einen bekannten Rahmen zu geben, was wir innerpsychisch mit unserem individuellen Bezugsrahmen tun.

Struktur gibt äußere Sicherheit! Man weiß, was man zu erwarten hat und wo man steht. So möchten meine Seminarteilnehmer auch wissen, wie der Ablauf der Trainings ist, wann wir pausieren und wann wir arbeiten. Sie können sich dann innerlich darauf einstellen.

Gruppen ohne Führung funktionieren daher nicht. Selbst kompetenteste Mitarbeiter werden sich zumindest um eine informelle Führung im führungslosen Team bemühen. Und viele Mitarbeiter stünden nur unruhig und hilflos herum, wenn niemand ideell oder konkret da wäre, der ihnen sagte, was sie zu tun haben. Man kann sogar von einem Bedürfnis nach Anleitung sprechen, das dem Wunsch nach Orientierung und Regeln entspricht. Wenn Sie also nicht Ihrer Führungsrolle nachkommen, sieht sich das Team gezwungen Ersatz zu schaffen und einen heimlichen oder emotionalen Boss zu etablieren, der die Richtung vorgibt.

Für das Gesamtunternehmen wird dieser Hunger gefährlich, wenn Umstrukturierungen zu schnell erfolgen und die Mitarbeiter sich nicht adäquat oder gar nicht neu positionieren können. Sie reagieren dann von irritiert bis widerständig: sie werden bei Veränderungen nicht mitziehen, verbreiten Gerüchte ... Manche Mitarbeiter gehen einfach nur in Deckung, auf dass der Schierlingskelch an ihnen vorüberziehe.

Führung, die darauf beruht, Störungen zu setzen kommt eher einer Zersetzungs- denn einer Entwicklungspolitik gleich.

Der Stimulushunger kann mit dem Strukturhunger in Konflikt kommen, wenn die neue Information eine Erweiterung des Bezugsrahmens verlangt. So liegt der Gedanke nahe, dass je nach persönlicher Flexibilität der eine Hunger den anderen dominieren wird:

Aus der gesunden und flexiblen **+/+** Position heraus wird der Stimulushunger den Strukturhunger dominieren. Diese Mitarbeiter spüren in sich selbst genug Sicherheit, im Sinne von Selbstsicherheit und lassen sich gern auf Neues ein. Dies wird die weitaus kleinere Gruppe Ihrer Mitarbeiter sein.

In den eher unflexiblen negativen Positionen (**+/-**, **-/+** und **-/-**) wird der Strukturhunger dominieren. Ihr Bezugsrahmen schafft künstlich die Sicherheit, die ihnen innerlich als Vertrauen in sich und in die eigenen Fähigkeiten fehlt. So werden diese Mitarbeiter die geforderte Erweiterung ihres Bezugsrahmens als Gefährdung ansehen. Es ist zu erwarten, dass sie mit massivem ‚Discounting' Stimuli verzerren oder ausblenden.

In der Führungsposition machen Sie täglich den Spagat zwischen Mitarbeiter-Bedürfnissen und Unternehmens-Erfordernissen. Die Bedürfnisse Ihrer Mitarbeiter sind automatisch Anforderungen an Sie. So sind Sie zwar nicht automatisch dafür zuständig, dass jemand ausreichend stimuliert, anerkannt und strukturiert wird, doch Sie werden mit den Folgen eines Mangels zu kämpfen haben. Wollen Sie es leicht haben mit Ihren Mitarbeitern, tun Sie gut daran, deren Bedürfnisse zu beantworten. Dies schafft Vorteile für beide Seiten.

Vorteile für beide Seiten

Es ist immer klug, die verschiedenen Bedürfnislagen aller Mitarbeiter so zu behandeln als wären es Ihre eigenen. Wenn Sie Ihre Interessen wahrnehmen wollen, fangen Sie am besten damit an, die Interessen der Mitarbeiter zu beantworten. In nahezu jedem Fall wird Ihre eigene Befriedigung davon abhängen, wie zufrieden die Mitarbeiter mit dem Ergebnis sind. Somit sind die Interessen Ihrer Mitarbeiter immer Teil Ihrer Gesamtaufgabe.

Gehen Sie sogar noch weiter, helfen Sie in persönlichen Dingen: Hören Sie respektvoll zu, zeigen Sie Höflichkeit, drücken Sie Wertschätzung für aufgewandte Zeit und Mühe aus, unterstreichen Sie Ihre Anteilnahme an den Grundbedürfnissen des Mitarbeiters etc.

Zeigen Sie, dass Sie es auf das Problem oder die Aufgabe abgesehen haben, nicht auf den Menschen. Ihr Kommunikationsmotto lautet also: „Sanft zu den Menschen, hart in der Sache." Auf diese Weise kommunizieren Sie emotional kompetent.

Emotional kompetente Kommunikation

Die Säule der Kommunikation ist das Verbindungsglied zwischen Intellekt und Gefühl. Wann immer es um Bedürfnisse und Gefühle geht, haben Sie vor allem eins zu tun: denken Sie! – ??? Wie jetzt, erst in Liebe und Leidenschaft den Gefühlen freien Lauf lassen und nun sollen Sie auf einmal denken? Ja! Denken und Fühlen können Sie nämlich gleichzeitig. Probieren Sie es aus. Es funktioniert! Wenn Sie denken während Sie fühlen, können Sie neben der emotionalen Information auch all Ihre weiteren Fähigkeiten nutzen, beispielsweise Ihre Kommunikations- und Verhandlungskompetenzen. Das wird sich enorm positiv auf die Gefühlslage aller am Gespräch Beteiligten auswirken.

Es geht darum, Gefühle und Bedürfnisse sachlich zu kommunizieren. Sie machen damit die Beziehungsebene zum Inhalt der Sachebene. Nun befürchten Sie vielleicht, gerade damit erst ‚schlafende Hunde' zu wecken? Keineswegs! Karten, die Sie auf den Tisch legen, können andere nicht mehr gegen Sie ausspielen.

Sie kennen das: Man weiß gar nicht, was passiert ist, doch die Raumtemperatur ist spontan um 20 Grad gefallen. Was nun? Sprechen Sie es an!

Im Alltag erleben die meisten Mitarbeiter und auch Führungskräfte das Gegenteil von emotionaler Kompetenz. Natürlich ist es nicht immer leicht, die Stimmung der einzelnen Mitarbeiter zu erfassen. Und so mancher Führungskraft fällt es ausgesprochen schwer, solche Situationen konstruktiv zu verbalisieren. Da gibt es die, die einfach stumm werden, weil sie keine Worte finden. Und auch die, die mit nervtötend theatralischem Lip-Service leidvoll alles auf sich laden: „Mea maxima culpa!" Beides hilft niemandem. Es macht emotional nicht satt. Nach wie vor bleibt ein Bedürfnis unerfüllt, ein Hunger nach Klärung zurück. Jetzt hilft nur eins: Sprechen Sie es an!

Doch die Befürchtung, noch mehr Probleme auszulösen, lässt so manche Führungskraft zurückschrecken. So redet man um Unangenehmes lange herum und platzt beim nächsten Stress unkontrolliert damit heraus.

Wann immer es um Feedback geht – in den meisten Führungskräften regiert die Angst vor dem konkreten Detail. Dummerweise stellt zurückgehaltenes Feedback eine weitaus belastendere Verzerrung der Kommunikation dar. Denn wo Sie kein Feedback geben, wird sich der Mitarbeiter eines nehmen. In alles, was Sie tun und lassen, wird man ein Feedback hineininterpretieren: „Was haben Sie eigentlich gegen mich?"

Der Mitarbeiter mit seinem Bedürfnis nach Struktur (Wo stehe ich in Ihren Augen, wie sehen Sie mich?) sucht permanent Feedback. Vermeiden Sie solche unfreiwilligen und stummen Spekulationen, indem Sie den Mund aufmachen und sagen was Sie drückt.

SCHRITTE EMOTIONAL KOMPETENTER KOMMUNIKATION

Und wie sag' ich's meinem Kinde? Wie sag' ich's meinem Mitarbeiter?

Sie können alles – aber auch wirklich alles – sagen, ohne zu verletzen. Wichtig ist, dass Sie dabei ein paar wesentliche Spielregeln einhalten. Diese Spielregeln zeigen Ihnen, wie Sie über Ihre Gefühle und die Ihrer Mitarbeiter sprechen können, ohne jemandem zu nahe zu treten, ohne sich verletzbar zu machen oder Ihre persönlichen Schwachstellen aufzuzeigen.

Auf dem Spielfeld der emotional kompetenten Kommunikation macht die Führungskraft den Anfang. Sie starten. Wenn Ihr erster Zug gelingt und Sie in der Vergangenheit fair gespielt haben, dann wird Ihr Mitarbeiter mitziehen. Wenn nicht, bleibt er zurück und Sie müssen ein paar Extrarunden drehen. Ja, das haben Sie richtig gelesen, nicht der, der zurückbleibt bekommt die Strafpunkte, sondern immer die Führungskraft. Schon vergessen? Ihre Aufgabe ist es zu führen. Kommt der Mitarbeiter nicht mit, haben Sie etwas verkehrt gemacht und beginnen von vorn. Es ist dann nicht einfach nur Ihr Mitarbeiter bockig. Meist ist das überhöhte Tempo der Führung die Ursache oder ein Mangel an Schutz. Mitarbeiterführung bedeutet, immer einen kleinen Schritt vorne weg zu sein und vorzumachen, wie es geht. Ihre Handlungsschritte sind demnach Einladungen an den Mitarbeiter, es Ihnen gleich zu tun, kein Zwang nach dem Motto: „So, jetzt sind Sie dran!" Wenn Ihr Mitarbeiter erst einmal stehen bleibt und nicht so rechtes Zutrauen hat, dann ist das auch in Ordnung. Ein Tipp: Machen Sie alle Schritte einmal vor. Zeigen Sie, was Ihr Mitarbeiter zu erwarten hätte, wenn er sich beteiligen würde. Beim nächsten Mal ist er vielleicht schon dabei. Das ist dann Ihr Führungserfolg!

Das Spielfeld der emotional kompetenten Kommunikation beinhaltet lediglich sechs Schritte und ist in drei Phasen unterteilt. Diese Phasen zeigen Ihnen auf, in welcher Säule der Macht Sie sich bewegen.

Die Herzen öffnen – die Macht der Standfestigkeit und der Liebe
Diese Phase ist die Basis, das Fundament jeder Kommunikation.
1. Gesprächsbereitschaft zeigen
2. Wertschätzung ausdrücken

Die Gefühlslandschaften erkunden – die Macht der Selbst-Kontrolle und des Wissens
Hier wir mitgeteilt, was im Argen liegt.
3. Feedback geben
4. Intuition aussprechen

Verantwortung übernehmen – die Macht der Ethik und der Leidenschaft
Hier geht es darum, für seine Fehler gerade zu stehen.
5. eigene Anteile benennen (und sich evtl. entschuldigen)
6. Bereitschaft zur Veränderung signalisieren

1. GESPRÄCHSBEREITSCHAFT ZEIGEN

Wann immer Sie heikle Dinge ansprechen wollen ist es sinnvoll, nicht mit der Tür ins Haus zu fallen, sondern erst einmal höflich anzuklopfen. Dies tun Sie, indem Sie Ihre Gesprächsbereitschaft zeigen und den Mitarbeiter ebenfalls nach der seinen fragen.

Dies meint nicht, zu fragen ob es eventuell vielleicht möglich wäre, sich mal irgendwann zu besprechen. Bitte keine devote **-/+** Haltung. Es geht darum, höflich zu signalisieren, dass Sie etwas Wichtiges besprechen wollen und zu klären, wann es Ihrem Gesprächspartner recht wäre. Damit dies kein Jahrhundertprojekt wird, sagen Sie doch gleich dazu, wann die Deadline ist: „Ich möchte Sie gern auf den gestrigen Tag ansprechen – wann ist es Ihnen heute recht?"

Dieses Gesprächsintro ist Ihre Grundlage, quasi das Fundament, auf dem die gesamte folgende Kommunikation stehen oder fallen wird. Wischiwaschi wird nur schiefe Pisa-Gespräche erzeugen, Betonansichten scheinen stabil, doch es ist kein Wachstum möglich, nur noch Gehorsam (Sie wollen dann aus Ihrer **+/-** Haltung einen **-/+**-Ja-Sager, der von selbst darauf kommt, dass er nun „Ja" sagen soll).

Konstruktive **+/+** Kommunikation geht so: „Wollen Sie meine Meinung zur gestrigen Konferenz hören?" oder „Wie wäre es jetzt mit einem Feedback zu dem Gespräch vorhin? Wollen wir jetzt darüber sprechen oder wann ist es Ihnen recht?" oder „Ich möchte gern einen persönlichen Punkt ansprechen." Oder „Mir ist in der letzten Zeit etwas aufgefallen. Wann können wir das in dieser Woche besprechen?" Diese Fragen müssen echte Fragen sein. Sonst können Sie sich die Fragerei sparen und gleich sagen, dass es hier und jetzt etwas zu klären gibt. Denn rhetorische Fragen schwächen Sie und Ihren Mitarbeiter.

Besteht Zeitdruck, sagen Sie das unmissverständlich: „Ich muss dringend etwas mit Ihnen klären, ich hoffe, dass wir das im Moment hier und jetzt gut hinbekommen." Wenn Sie den Eindruck haben, dass Ihr emotionaler Druck so groß ist, dass Sie das Thema unbedingt jetzt klären müssen, prüfen Sie sich mehrfach, ob Sie dazu jetzt auch emotional in der Lage sind. In einem emotionsgeladenen Gespräch nicht ausreichend Selbst-Kontrolle zur Verfügung zu haben führt unweigerlich zur Eskalation und keineswegs zur Klärung. Vertagen Sie es – sich selbst und Ihrem Mitarbeiter zuliebe.

2. WERTSCHÄTZUNG GEBEN

Nun sind Sie beide zusammengekommen, um etwas Wichtiges zu besprechen. Zeigen Sie Ihrem Mitarbeiter Ihre Wertschätzung – für seine Leistungen oder für seine Bereitschaft, dies nun mit Ihnen zu klären.

Viele Trainingsteilnehmer kritisieren an dieser Stelle, dass Sie die Methode, erst ein Zückerchen zu reichen, um dann mit der Keule zu kommen, schon kennen und völlig daneben finden. Ganz meine Meinung! Hier wollen wir kein Verbalkarate betreiben, nach dem Motto: „Wie ziehe ich meinen Mitarbeiter erfolgreich über den Tisch?" Wir wollen hier einen respektvollen Umgang etablieren und das setzt voraus, dass ich mich selbst auch erinnere, dass ich diesen Mitarbeiter schätze. Und es ist nur konsequent, diese Wertschätzung dann auch mitzuteilen. Ob es sich um eine machiavellistische Methode handelt, die unethisch manipuliert (Erst etwas Nettes sagen, bevor der Haken kommt.), erkennen Sie schnell an der Wortwahl. Die Tücke liegt bekanntlich im Detail und das entscheidende Detail ist hier das Wort ABER. „Sie sind ein kompetenter Mitarbeiter, aber der Bericht ist nicht korrekt!" Das kleine Wort „aber" alleine torpediert die voranstehende Wertschätzung. Das hätten wir uns schenken können. Womöglich noch verbunden mit der Wahnsinnsanweisung: „Machen Sie das mal anders!" Was ist jetzt anders? Wann ist anders genug? Wie viel anders braucht es, damit der Boss zufrieden ist? Das ist keine Anweisung. Das ist Wischiwaschi.

Zurück zur Wertschätzung: Wenn Sie nicht ‚aber' meinen, sagen Sie es bitte auch nicht. Ein ‚aber' macht immer das, was ihm vorangestellt ist, kleiner. Wollen Sie das? Viele erwidern dann: „Das meine ich ja nicht so!" Warum sagen Sie es dann? Ersetzen Sie das abwertende ‚aber' durch ein gleichberechtigtes ‚und'. Sie werden sofort merken, dass es sich gleich viel besser anfühlt. Ein einziges Wort verändert alles! „Sie sind ein kompetenter Mitarbeiter und Ihr Bericht ist nicht korrekt! Gehen Sie ihn bitte noch einmal durch!" Selbst wenn Ihr Mitarbeiter innerlich denkt: „Mist, ist nicht durchgekommen". Nimmt er wahr, dass Sie ihn schätzen. Er hört, dass Sie den Bericht nicht akzeptieren und dass Sie ihm dennoch zutrauen, ihn korrekt abzuliefern. Dies ist fairer, respektvoller Umgang mit dem Mitarbeiter.

3. FEEDBACK GEBEN

Feedback heißt zu Deutsch „Rückfütterung". Hier füttern Sie den Mitarbeiter mit Ihrer Einschätzung seiner Kompetenz, um seinen Strukturhunger zu versorgen. Feedback muss also sein – für das Unternehmen und für den Mitarbeiter. Dem Unternehmen sichert es die konstruktive Auseinandersetzung mit Leistungsanforderungen. Dem Mitarbeiter schafft es die gewünschte Selbstpositionierung (Wo stehe ich? Wie sieht mich meine Führung?).

Je höher die Frequenz dieser Feedbackgespräche, desto besser. Es wird nichts aufgestaut, und so gestalten sich die Feedbackgespräche deutlich niedrigschwelliger. Auch wenn es manchmal schmerzt, auf Fehler hingewiesen zu werden, wird der kritische Teil nicht mehr als verletzend erlebt. Der Mitarbeiter geht ins Feedback und nicht nach Canossa. Nur so werden Feedbackgespräche das sein, was sie sein sollen: konstruktive Zielvereinbarungsgespräche.

Der einfachste Parameter für ein Feedbackgespräch ist, dass Sie Ursache und Wirkung benennen! Der Mitarbeiter tut oder unterlässt etwas, und das hat bei Ihnen einen Effekt. Das ist eine reine Information.

Ihr Mitarbeiter kommt in Ihr Büro. Er möchte seinen Urlaub einreichen. Doch statt Ihnen den Antrag zu überreichen, wird Ihnen das Blatt auf den Schreibtisch geworfen. Eher mopsig meint der Mitarbeiter: „Der Urlaub steht mir zu! Letztes Jahr habe ich schon nicht allen Urlaub nehmen können, weil hier so viel los war." Sie reagieren wohl mit Enttäuschung, Frust oder Wut. Sie sind es doch nicht, der ihm den Urlaub nicht gönnt. Und nun hängt es von Ihnen ab, ob die Situation emotional eskaliert oder Sie alle wieder auf den Teppich holen.

Sie antworten: „Ich gönne Ihnen gern Ihren Urlaub. Die Art, wie Sie mir den Urlaubsantrag präsentieren, lädt mich nicht dazu ein, wohlwollend draufzuschauen. Ich möchte Ihnen den Urlaub gern genehmigen. Helfen Sie mir doch, indem Sie es mir freundlich sagen."

Je nachdem, wie viel Gefühlsinformationen das Unternehmen verträgt, der Mitarbeiter verkraftet, Ihre Position zulässt – können Sie mehr oder weniger von Ihren Gefühlen sprechen. Ihr kommunikatorisches Geschick entscheidet darüber, ob das Gespräch schief geht oder sich wieder begradigt.

Fettnäpfchen: Aus der **+/-** Haltung wird nicht darüber gesprochen, welche Ursache welche Wirkung hat, sondern es werden Wertungen, Anklagen und Vorwürfe eingebracht. Diese laden den Mitarbeiter zu Schuldgefühlen und Widerstandsreaktionen ein. Schwupps, haben Sie zwei Probleme! Das ursprünglich angesprochene Problem, das sich nun ungut mit dem zweiten Problem (Ihren Vorwürfen) emotional anheizt.

FEEDBACK VOM MITARBEITER
AKZEPTIEREN

Wenn es gut läuft macht nun der Mitarbeiter seinen nächsten Schritt in der Kommunikation. Nun erhalten Sie Feedback – und wie! „Ja, ja, ist schon gut. Ich seh' ja ein, dass wir in der letzten Zeit mehr ran mussten. Aber jetzt bin ich schon den vierten Samstag in Folge hier und ständig muss man länger bleiben. Das finde ich total ätzend, ich habe überhaupt keinen Bock mehr, hier zu arbeiten!"

Solche Rückmeldungen sind fraglos unangenehm. So manche Führungskraft setzt ihre Energie nun dafür ein, den Mitarbeiter von dieser Meinung ‚runter zu kriegen'. Es wird argumentiert, argumentiert und argumentiert. Das kommt einem Überrollen gleich. Mit vielen Worten versucht man, über die Befindlichkeit des Mitarbeiters hinwegzureden, um schnell Ruhe zu haben. So funktioniert Kommunikation nicht.

Wenn Ihr Mitarbeiter voll ist mit Frust, Ärger und Enttäuschung, dann werden Sie ihm mit noch mehr Worten nicht zu neuen Erkenntnissen verhelfen. Im Gegenteil: Wenn ein Gefäß voll ist, lässt es sich nicht weiter füllen. Wenn Sie etwas (eine Einsicht) in den Mitarbeiter hineinbekommen möchten, so muss erst einmal Platz dafür geschaffen werden. Also ist es nur sinnvoll, wenn Ihr Mitarbeiter erst einmal all seinen Frust los wird. Sie geben ihm den Raum, den er braucht, um sich alles von der Seele zu reden. Ihre Rolle verlangt, einfach nur zuzuhören. Auf diese Weise nehmen Sie die Argumente erst einmal an als das, was sie sind: eine Rückmeldung über das subjektive Erleben Ihres Mitarbeiters. Das können Sie mit einem Nicken deutlich machen. Oder Sie sprechen es aus: „Ja, das höre ich!" Vielleicht auch: „Ich bedaure, dass Sie das so erleben." Auf diese Weise kühlen sich aufgewühlte Gefühle wunderbar ab.

Indem Sie das Feedback Ihres Mitarbeiters schlicht akzeptieren, legen Sie die Grundlage für ein sehr ergiebiges Gespräch.

Fettnäpfchen: Sie reagieren in der Verteidigungshaltung (**aK**), indem Sie sich rechtfertigen, Erklärungen liefern oder Schuldgefühle haben. Das hilft gar nicht. Darum geht es nicht. Wenn Sie sich an dieser Stelle missverstanden, falsch interpretiert oder verärgert fühlen, dann sprechen Sie später darüber, nicht jetzt! Jetzt ist der andere dran. Das ist eine Frage der Reihenfolge. Es ist jetzt sein Schachzug und Sie haben Sendepause und halten sich zurück. Sie machen Ihren Zug, wenn Sie an der Reihe sind. Manchmal muss man sich dazu fast auf die Zunge beißen. Doch das ist ein produktives Mitarbeitergespräch allemal wert.

4. Intuition aussprechen

An dieser Stelle des Gesprächs ist Ihnen erlaubt und angeraten, das offen auszusprechen, was Sie sonst eher heimlich vermuten. Sie legen nun Ihre intuitive Ahnung offen auf den Tisch. Jetzt geht es um Vermutungen, die Sie bezüglich des Gesprächs hegen. Sie können dies beispielsweise als Sorge artikulieren: „Gut, ich habe jetzt Ihren Urlaubsantrag. Ich sehe Sie mit Wut vor meinem Schreibtisch stehen. Und ich habe die Vermutung, dass Sie glauben, ich persönlich gönne Ihnen den Urlaub nicht!"

Meist bleibt man auf solchen intuitiven Ahnungen sitzen und grübelt unnötig über Unausgesprochenes. Haben Sie den Mut, auszusprechen, was Sie vermuten. Nur so können Sie schwelende Konflikte lösen, bevor sie sich zu einem Buschbrand ausweiten. Wesentlich ist hier auch nicht, dass Sie Ihre Intuition in Gänze bestätigt bekommen, sondern dass Sie dem Mitarbeiter die Möglichkeit bieten ebenfalls verborgene Phantasien auszusprechen.

So mancher schreckt davor zurück. „Was ist, wenn ich damit erst recht schlafende Hunde wecke?" Ja, was ist dann? Stellen Sie sich vor, der Mitarbeiter erwidert nun: „Ja, so sehe ich das auch – Sie wollen doch nur, dass der Karren läuft. Wie es uns hier geht ist Ihnen doch egal!" Bevor Sie nun handgreiflich werden oder Ihnen einfach nur die Spucke wegbleibt, besinnen Sie sich auf Ihre Selbst-Kontrolle und dieses Gesprächsschema. Ihr Schritt ist es nun, den wahren Kern in der Aussage des Mitarbeiters zu bestätigen – auch wenn er nur Sandkorngröße hat.

5. Eigene Anteile benennen

Dabei ist nicht Ihr kritischer Eltern-Ich-Finger gefragt, der entrüstet schreit: „Was erdreisten Sie sich", noch sollen Sie den Mitarbeiter aus falsch verstandener Liebesmüh beruhigen: „Sch, sch, ist doch nicht so schlimm!" Ein Mitarbeiter braucht in seinem Frusterleben keine Führungskraft, die sich nicht für seine Befindlichkeiten interessiert (+/-). Ihr Mitarbeiter braucht auch keine Führungskraft, die vor Peinlichkeit oder Schuldgefühl zerfließt und sich immer mehr entschuldigt (-/+). Ihr Mitarbeiter braucht eine Führungskraft, die eine klare +/+ Haltung einnimmt und sich in ihrer vollen Größe und mit ihrer vollen Reue für ihre eigenen Anteile an der Situation verantwortet. Sie stehen dann für Ihre eigenen Aktien gerade, die Sie zur Situation beigetragen haben. Das tun Sie, indem Sie Ihrem Mitarbeiter ehrlich den wahren Kern seiner Intuition bestätigen. Sie prüfen genau, wo er wohl Recht hat. Wie viel seiner Aussage entspricht der Wahrheit?

„Hm, nun ich gebe offen zu, dass ich in letzter Zeit sehr viel von allen verlangt habe. Ihre persönlichen Bedürfnisse sind dabei wohl unter den Tisch gefallen. Wenn ich Ihre Reaktion jetzt erlebe, wird mir deutlich, wie sehr wir in letzter Zeit geackert haben."

Manchmal findet man ad hoc nicht seine eigenen Anteile. Dann signalisieren Sie Ihre Bereitschaft, respektvoll mit der Aussage des Mitarbeiters umzugehen: „Momentan erkenne ich mich in Ihren Aussagen nicht wieder. Doch ich will gern darüber nachdenken. Mir ist wichtig, dass wir diese Sache klären."

Eine Kommunikation, die geprägt ist von solcher Offenheit und der Bereitschaft, Verantwortung zu übernehmen, ist immer förderlich. Sie stärkt die Beziehung zum Mitarbeiter und seine Bereitschaft, selbstverantwortlich zu handeln.

6. POSITIVE ZUKUNFTSVISION ZEICHNEN

Im letzten Schritt runden Sie das Gespräch damit ab, dass Sie eine positive Zukunftsvision zeichnen. Sie haben sich beide tapfer unangenehmen Themen gestellt; nun soll es auch angenehm enden. Sie beenden das Gespräch mit Ihrer Bereitschaft, für die zukünftigen Prozesse Ihren Teil beizusteuern: „Ich werde darauf Acht geben, dass auch und besonders in der angespannten wirtschaftlichen Lage jeder seine Auszeiten braucht. Was mir möglich ist an Freiraum zu schaffen, werde ich bewilligen."

ZUSAMMENFASSUNG

In der ersten Phase haben Sie eine gute Grundlage geschaffen. Sie haben angesprochen, wie sich das Verhalten des Mitarbeiters auf die Stimmung und die Arbeitsatmosphäre auswirkt. Und Sie haben Verantwortung dafür übernommen, was Ihre Aktien darin sind. Und schlussendlich haben Sie Ihre Unterstützung zugesichert.

Sind Sie in diesem Kommunikationsschema gut geübt, können Sie ‚im Vorbeiflug' große Themen klären. Diese Form der Kommunikation ist gleichberechtigt und kraftvoll. Sie übernehmen hochgradig Verantwortung (Selbst-Kontrolle). Sie geben Ihrem Mitarbeiter den Raum, den er braucht und schenken ihm Zuwendung (Liebe). Ihre Bereitschaft, sich anzuschauen, was nicht gut läuft (Wissen), weckt die Motivation beim Mitarbeiter, es Ihnen gleich zu tun (Leidenschaft). Über eine kompetente Kommunikation stabilisieren Sie Ihren Kontakt und schaffen eine gesunde Vertrauensbasis (Standfestigkeit).
Glückwunsch!

ANLEITUNG ZUR SPRACHLOSIGKEIT

⋯⟩ Verschieben Sie unangenehme Gespräche – die Zeit heilt alle Wunden.

⋯⟩ Zeigen Sie Ihren Mitarbeitern, dass es Ihnen ganz unwohl dabei ist, etwas anzusprechen. Verwenden Sie hierzu die Redewendung: „Ich muss Ihnen leider sagen ...!"

⋯⟩ Kämpfen Sie um den „schwarzen Gürtel" im Verbal-Karate.

⋯⟩ Zuhören lohnt nicht, was weiß der Mitarbeiter schon von seiner Arbeit.

⋯⟩ Erwarten Sie von anderen eine perfekte Kommunikation.

⋯⟩ Behalten Sie Ihre Anweisungen für sich. Da sollten Ihre Mitarbeiter schon selbst drauf kommen.

⋯⟩ Vermeiden Sie Direktheit, das könnte Ihre Mitarbeiter verletzen.

⋯⟩ Bloß nicht über Gefühle reden, wer weiß, was Sie lostreten.

⋯⟩ Ab und an seine Mitarbeiter verbal abzuwatschen, tut denen auch mal ganz gut.

⋯⟩ Schlecht über Dritte reden, lohnt sich! Warum lassen Sie im Konfliktfall nicht mal die Gerüchteküche für sich arbeiten – irgendwie wird es schon zum richtigen Mitarbeiter weitergetragen.

Fragen aus der PRAXIS

F: Die Phase ‚das Herz öffnen' finde ich wichtig. Gibt es noch andere Möglichkeiten, wie ich mich gut auf ein Gespräch vorbereiten kann, bevor ich auf den Mitarbeiter zugehe?

A: Wann immer Ihre Emotionen hoch kochen, kühlen Sie sie vor dem Gespräch auf ein wohltemperiertes Maß herunter. Bevor Sie Ihren Mitarbeiter mit Ihrer Wut verbrennen, kontrollieren Sie sich so weit, dass Sie wieder in der Lage sind, klar zu denken. Wichtig für alle Kommunikation ist, dass Sie einen Zustand erreichen, in dem nicht die Gefühle Sie haben, sondern Sie Ihre Gefühle haben. Dann lenkt die Kognition die Emotion.

Vielleicht möchten Sie sich das Gespräch schriftlich skizzieren. Es ist ein Zeichen von Professionalität, sich gut vorzubereiten, Argumente und Gegenargumente zu formulieren, auf Abwertungen zu achten etc. Es ist wie beim Kochen. Selbst das beste Rezept kann mit ungenügender Vorbereitung misslingen. Sind Sie aber geübt, so brauchen Sie kein Rezept mehr – egal, was Sie vorfinden, Sie werden etwas Schmackhaftes und Nahrhaftes daraus zaubern. Bis Sie so weit sind, gilt es nach Rezept zu kochen und sich in den Feinheiten zu üben. Wer noch nicht viel Erfahrung hat, muss sich mit einem Kochbuch hinsetzen, genau planen und vorbereiten, indem er sich die Zutaten zurecht legt. Und langsam aber sicher kann man sich an kompliziertere Gerichte heranwagen. Mit jedem Mal wird es besser werden, auch wenn anfangs mal was anbrennt. Irgendwann kommt der Punkt, da werden Sie feststellen, dass es egal ist, was der Mitarbeiter an Sie heranträgt. Sie können professionell und kraftvoll damit umgehen und es wird etwas Gutes dabei herauskommen.

F: Ich habe schon unzählige Rhetorikseminare mitgemacht und halte mich für sehr, sehr schlagfertig. Und wenn ich dann meinen Mitarbeitern rhetorisch überlegen bin, was Fakt ist, warum soll ich diese Überlegenheit nicht auch wirklich einsetzen?

A: Die Frage ist nicht ob Sie überlegen sind – natürlich sind Sie als Führungskraft in vielen Punkten überlegen. Doch nutzen Sie diese Überlegenheit, um sich selbst herauszustellen, Mitarbeiter abzuwerten und bloßzustellen (+/-)? Oder nutzen Sie diese Überlegenheit, um mit dem Mitarbeiter gemeinsam voranzukommen (+/+)? Jedes Konzept, jede Technik schafft Ihnen in gewisser Hinsicht Überlegenheit. Die Frage ist, wie Sie diese Überlegenheit einsetzen – das ist eine Frage Ihrer persönlichen Ethik.

Wenn Sie auf einer +/- Überlegenheit bestehen wird der Konflikt garantiert eskalieren. Sie versuchen, mit Ihrer Überlegenheit den Mitarbeiter in die Minderposition zu drücken, wie einen Ball unter Wasser. Der Ball wird immer Gegenwehr leisten und je stärker der Druck von oben, desto stärker der Auftrieb und der Wunsch auch Sie im Umkehrschluss in die Minderposition zu drücken. Da Sie hierarchisch überlegen sind, wird der Mitarbeiter wahrscheinlich passiv-aggressiv reagieren. Nach außen ist alles in Ordnung, und er gibt sich verständig bis angepasst. Hinten herum wird er sich aber seine Pfründe sichern und Ihnen beweisen, dass Sie nie alles im Griff haben werden – der Widerstand lässt grüßen. Kehren Sie in einem solchen Fall noch einmal zum Kapitel der Standfestigkeit zurück und gehen Sie Ihre innere Haltung an.

F: Zu sagen, was mich intuitiv beschäftigt, verlangt ja auch Aufrichtigkeit von mir. Muss ich alles aussprechen, was in mir vorgeht? Wo ist da die Grenze?

A: Aufrichtigkeit bedeutet nicht, verbal „die Hosen runter zu lassen". Es geht darum, das, was Ihnen im Magen liegt auszusprechen. Dies tun Sie so, dass es niemandem schadet – auch Ihnen selbst nicht. Wenn Sie sich damit unwohl fühlen, den Eindruck haben, Sie würden Angriffsfläche bieten, dann formulieren Sie Ihren Eindruck allgemeiner als Vermutung oder Idee, die Ihnen kommt, wenn Sie das Feedback hören.

F: Was mache ich denn, wenn mein Mitarbeiter mir dann an dem Punkt, an dem ich eigene Anteile benenne, sagt: „Ja, genau, das ging von Ihnen aus!" und auf einmal bin ich der Hauptverursacher?

A: Ja, so kann es kommen. Gern ruht man sich darauf aus, dass der andere alleine die Schuld trägt und auf einmal ist von Eigenverantwortung nicht mehr die Rede.

Bleiben Sie souverän: „Gut dann sind wir einer Meinung, dass auch ich – und ich betone das ‚auch' – meinen Anteil daran habe. Ich will gern für die Zukunft darauf Acht geben, meinen Teil zum Gelingen beizutragen. Wie ist es bei Ihnen, können Sie sich vorstellen, etwas zu verändern in der Zukunft? Wie sehen Sie das?" Gehen Sie aktiv auf den Mitarbeiter zu und fragen Sie: „Und was tun Sie dazu, dass es in Zukunft besser läuft?" Manche Menschen verneinen spontan und brauchen dabei nur etwas Zeit, um nachzudenken.

Ihr Mitarbeiter beschuldigt Sie beharrlich, an allem Schuld zu sein? Bleiben Sie souverän und nehmen Sie es nicht persönlich: Die Person agiert an Ihnen etwas aus, was sie mit jemand anderem nicht hat klären können. Bleiben Sie eindeutig in dem, was Ihre Anteile sind, welche Sie beim Mitarbeiter sehen und was Sie tun werden als auch, was Sie von diesem Mitarbeiter verlangen.

Übungen zur Reflexion

Feedback/Wertschätzung

Formulieren Sie eine ausgiebige Wertschätzung für den Mitarbeiter, den Sie am wenigsten mögen.

BEDÜRFNISANALYSE

Welches Gespräch liegt vor Ihnen?

Wer ist beteiligt?

Notieren Sie jeweils die 10 wichtigsten Bedürfnisse, die Ihre Gesprächspartner bewegen.
Sortieren Sie diese hierarchisch nach Wichtigkeit: Welches sind wohl die drei treibenden
Bedürfnisse?

1

2

3

4

5

6

7

8

9

10

CHECK UP

KOMMUNIKAT

IHRE PERSÖ

 In der Kommunikation zeigt sich Ihre persönliche Entwicklung!

- Das Schlüsselkriterium der Kommunikation ist die Wahrheit.

- Eine wohlwollend machtvolle Kommunikation ist für Führungskräfte wichtig, wenn sie sich austauschen müssen – also immer!

- Im Allgemeinen muss die Kommunikationsfähigkeit verfeinert werden.

- Ihre Kommunikation spiegelt Ihre Innenwelt wider. Sie zeigen, was in Ihnen steckt: Ihre Standfestigkeit, Ihre Leidenschaft, Ihre Selbst-Kontrolle und Ihre Liebe, auch die noch folgenden Machtpotentiale des Wissens und der Ethik.

- Ihre Individualität ist gut entwickelt und verschafft Ihnen Unabhängigkeit.

ON ZEIGT
NLICHE
ENTWICKLUNG

- ⦿ Sie verfügen über eine ausgeprägte Kommunikationsfähigkeit und Sprachbewusstsein.

- ⦿ Im weitesten Sinne des Wortes haben Sie eine Stimme und nutzen die Macht des Wortes.

- ⦿ Sie erkennen, was zwischen den Zeilen steht und finden den roten Faden in einer teils unüberschaubare Masse an Geplapper.

- ⦿ Ihre Lern- und Konzentrationsfähigkeit ist groß und befriedigt Ihren Wissensdurst.

- ⦿ Führungskräfte mit einer stabilen Säule der Kommunikation sind wahre Gewinner!

Ihre Mitarbeiter werden es Ihnen danken!

WISSEN

6

SÄULE

DAS HEILMITTEL
GEGEN UNSICHERHEIT!

DAS

GEGEN

HEILMITTEL

⋯⋗ Sind Sie gut ausgebildet?

⋯⋗ Haben Sie ein Gespür für den richtigen Zeitpunkt?

⋯⋗ Wissen Sie um die Anforderungen an Ihre Rolle?

⋯⋗ Wonach richten sich Ihre Entscheidungen?

⋯⋗ Haben Sie einen Wissensvorsprung?

⋯⋗ Geben Sie Ihr Wissen weiter?

UNSICHERHEIT

WISSEN ALS MACHTPOTENTIAL

Wissen Sie um Ihren ganz persönlichen Weg?

Dieses Machtpotential befähigt Sie, die Wahrheit in den Geschehnissen zu erkennen. Sie sind im Besitz der richtigen Information und damit öffnen sich Ihnen die Türen zur Weisheit. Auch hier arbeiten zwei polare Kräfte:

 Klarsicht und Blindheit

Die Säule des Wissens ermöglicht es, Muster, Strukturen und Rhythmen in der Umwelt zu erkennen. Man durchschaut die Illusionen, mit denen man sein persönliches Wachstum verhindert. In diesem Machtpotential liegt die Fähigkeit, sich das Nicht-Offensichtliche bewusst zu machen: Unsichtbares zu sehen (erkennen, was man Ihnen verbergen will), Unhörbarem zu lauschen (wahrnehmen, was zwischen den Zeilen schwingt) und Ungreifbares zu fassen (spüren, was in der Luft liegt).

Am anderen Ende des Spektrums steht Blindheit in all ihren Abstufungen: So kann sich die Sicht trüben bis verzerren. So kann man sprichwörtlich kurzsichtig sein oder nicht erkennen, was einem direkt vor der Nase liegt.

Ist Wissen als Machtpotential entwickelt, verfügen Sie über:
- ⋯⟩ Konzentrationsfähigkeit
- ⋯⟩ Vorstellungskraft
- ⋯⟩ Offenheit für neue Ideen
- ⋯⟩ Phantasie und schöpferische Energie
- ⋯⟩ Intuition und Weisheit
- ⋯⟩ Klarheit im Denken
- ⋯⟩ Selbstbewusstsein

Als geistiges Zentrum ermöglicht das Stirn-Chakra und damit die Säule des Wissens Achtsamkeit und Bewusstheit. Sie ermöglicht intuitive Erkenntnis und Selbsterkenntnis. Sie erfahren Augenblicke, in denen sich Ihre Augen erstmals wirklich öffnen.

Eine stabil entwickelte Säule des Wissens ermöglicht es einer Führungskraft zu wissen, wer sie wirklich ist. Sie findet ihren persönlichen Weg im Leben, und der Beruf ist Berufung. Eine starke Säule des Wissens weckt die Fähigkeit, sich abstrakte Ziele lebhaft vorzustellen und so auch eine Vision für den weiteren Verlauf der eigenen Karriere und des eigenen Lebens zu entwickeln. Täuschungen und Illusionen werden als solche erkannt. Man lässt Ablenkungen und flüchtige weltliche Erscheinungen hinter sich. Die Gedanken sind klar, ruhig und fokussieren sich auf Ihre Ziele.

Gegensätzliche Aspekte wie Unbewusstes und Bewusstes, Intellekt und Intuition versöhnen sich und arbeiten in fruchtbarer Wechselwirkung zusammen.
Dies ist das Geheimnis des ‚zur rechten Zeit am rechten Ort das Richtige zu tun'.

PROBLEME MIT DEM WISSEN

Der Dämon des Wissens ist die Illusion!

Ist das Machtpotential des Wissens blockiert oder geschwächt, sieht sich die Führungskraft erheblichen Problemen gegenüber, die das Denken betreffen. Vor allem ist die Fähigkeit beeinträchtigt, mit klaren Gedanken zu sinnvollen Schlussfolgerungen zu kommen. Die Betroffenen sind keinesfalls dumm. Das Problem liegt darin, dass diese Führungskräfte ihr persönliches Intelligenz- und Analysepotential nicht voll ausschöpfen können. Besonders intelligente und phantasievolle Menschen leiden sehr darunter und spüren deutlich, dass mehr in ihnen steckt.

Konzentrations- und Lernschwäche sind charakteristisch für eine schwach entwickelte Säule des Wissens.

Im blockierten Zustand ist scheinbar nicht genug Energie vorhanden, um die wesentlichen Gedanken festzuhalten. So springen Gedanken und Aufmerksamkeit hin und her. Das wirkt sich nicht nur auf die intellektuellen Fähigkeiten negativ aus, sondern auch auf die Phantasie (wichtig für kreative Entscheidungsprozesse in der Mitarbeiterführung). Dieses Problem ist den betroffenen Führungskräften selten bewusst, denn sie verwechseln das wilde Hin- und Herspringen von Gedanken und die willkürlichen Assoziationen mit Kreativität.

Nicht selten geht mit der geistigen Verwirrung einher, dass die Führungskraft den so genannten roten Faden im Dschungel des Berufsalltags verliert: Was soll ich? Was ist meine Aufgabe? Wer darf was? Wer ist wofür zuständig? Gefühle der Richtungslosigkeit stellen sich ein. Nicht selten verliert derjenige seinen Weg im Beruf, im Leben und das Empfinden von Sinnlosigkeit (-/- Position) kommt auf. Massive Blockaden in diesem Machtpotential können sich sogar in Form unklarer Ängste zeigen, die sich bis zu Wahnvorstellungen ausweiten können.

Merksatz für gestörtes Wissen:

„Sie findet ihren Weg nicht!"

DER, DIE, DAS, WER

WIESO, WESHALB, WARUM –
WER NICH

WONACH SUCHEN WIR?

WARUM HABEN DIE ANDEREN MIR W

WOH

WAS WOLLEN DIE HIER EIGENTLICH?
WORAUF BEZIEHEN DIE SICH?

IST ES WOANDERS

WAS WILL DER VON M
WIESO GUCKEN

WIE GEHT

WARUM SOLL ICH H

VIE, WAS?

RAGT BLEIBT DUMM!

WIE KOMME ICH HIER RAUS?

WAS SOLL ICH HIER?

SAGEN? GIBT ES HIER NOCH ANDERE?

BIN ICH?

EHT DIE REISE?

WAS PRODUZIEREN WIR NOCH MAL?

IÖNER? WOHIN WILL ICH?

WER BIN ICH? WO BIN ICH?

AM ICH HIERHER?

MUSS ICH HIER BLEIBEN?

ICH ALLE AN?

ORUM GEHT ES HIER?

WER SIND DENN DIE ANDEREN?

AS?

S TUN?

Theoretisches Konzept

Wissen ist Macht!?! Nichts wissen macht auch nichts? – Diese rebellischen Sprüche belassen wir einfach dort, wo sie hingehören: in der unsicheren Zeit der Pubertät.

Wissen ist Macht! Wissen ist Information! Information ist Macht – Informationsmacht! Verfügen Sie über Information, können Sie Ereignisse in Gang bringen oder verhindern. Und: Information ist das Heilmittel gegen Unsicherheit und wird Sie durch den Dschungel des Berufsalltages führen.

Allerdings – da gibt es einen Haken: Selbst im Informationszeitalter, in dem sich alle 2 Jahre das Wissen verdoppelt, ist es schwierig an Information zu gelangen. Einst musste man – einem Spürhund ähnlich – suchen, suchen, suchen, um auch nur etwas zu finden. Denn Information war rar, wenn überhaupt vorhanden. Heute müssen wir ebenfalls suchen, suchen, suchen – um in dem Heuhaufen an banaler, fragmentierter oder falscher Information die gesuchte Stecknadel zu finden.

Information wird gern zum Zwecke der Kontrolle missbraucht, in Form von Desinformation und Propaganda, die zu nichts anderem dient als die Massen zu manipulieren. Dies ist eine Pervertierung des Wissens.

Völlig anders wirkt sich Wissen aus, wenn es von den anderen Säulen der Macht getragen ist. Wird die Macht des Wissens mit der Macht der Liebe kombiniert, dient Informationsweitergabe dazu, Menschen mehr Macht zu verleihen. Beziehungen werden durch psychologisches Wissen und emotionale Kompetenz verbessert. Die Atmosphäre am Arbeitsplatz ist getragen von Offenheit und Vertrauen.

Wenn Sie also die bisherigen Machtpotentiale durchschritten haben, wird es Ihnen eine Freude sein, die Macht des Wissens für sich und Ihre Mitarbeiter zu entfalten. Auf zum Wissen!

4 Formen des Wissens

Wissen wird in unserer Gesellschaft recht einseitig wahrgenommen und vermittelt. So gilt wissenschaftliche Forschung als einzige Quelle des Wissens. Weisheit ist etwas für alte Leute, Intuition haben nur Frauen, und wer Visionen hat ist ein Spinner. Aber ist das wirklich so? Eine solche Einstellung klingt mehr nach Ignoranz als nach Wissen. Wie verhält es sich nun mit dem Wissen – ist die Wissenschaft tatsächlich die einzig wahre Lösung? Keineswegs! Wissen tritt in viererlei Gestalt auf: Wissenschaft, Intuition, Weisheit und Vision.

Jede Form des Wissens hat ihre Berechtigung und ihren Wert. Für Ihre Führungsarbeit, sind Sie sogar darauf angewiesen, dass Ihnen alle vier Wissensqualitäten zugänglich sind.

Wie immer geht es darum, eine Ausgewogenheit zu schaffen, um wahrhaft kraftvoll zu sein. Entwickeln Sie nur eine Form des Wissens – beispielsweise die Wissenschaft – so lernen Sie eher Ihr Unwissen zu kategorisieren, als machtvoll wissend zu werden. Erst alle vier Wissensformen zusammen ergeben Ihre Macht. Sie verfügen dann über ein mechanistisches Denken, welches in Ursache-Wirkungs-Zusammenhängen arbeitet (Wissenschaft). Sie verfügen über intuitives Begreifen komplexer Zusammenhänge (Intuition). Sie verfügen über historisches Bewusstsein, welches Ihnen Lernen aus Erfahrung ermöglicht (Weisheit). Und Sie verfügen über Visionen, die Ihnen Ihren Weg für die Zukunft aufzeigen. All das zusammen ist Wissen!

WISSENSCHAFT

Beginnen wir mit der bekanntesten Form des Wissens – der Wissenschaft. Die Wissenschaft können Sie sich vorstellen wie eine Kamera, die fotografisch die Wirklichkeit ablichtet. Hier bemüht man sich um methodisches Sammeln von Informationen. Phänomene werden sorgfältig studiert und man registriert ihre Erscheinungs- und Funktionsweise. Dies ist eine der Hauptquellen dessen, was wir für sicher und gewiss halten.

All diese wissenschaftlichen Informationen kummulieren sich mittlerweile jedoch zu einem solchen riesigen Wissenshaufen, dass man selbst als Experte kaum noch durchfinden kann. Kann man hier noch von Wissen sprechen? Für alles und jeden Bereich gibt es Spezialisten, die bis in die tiefsten Untiefen vordringen und Spannendes ans Tageslicht bringen. Doch wer behält den Überblick?

INFORMATIONSANALYSE

Damit Sie immer den Überblick behalten, hier ein wissenschaftliches Verfahren, mit Information umzugehen – die Informationsanalyse. Oder für die, die gern mit Fremdwörtern um sich werfen: der hermeneutische Zirkel. Hermeneutik ist die ‚Kunst der Auslegung‘, sprich die Kunst, die gegebenen Informationen richtig einschätzen zu können. So manche Information ist nur schwer bis in die Tiefe zu erschließen. Das Problem besteht darin, dass Sie die Einzelinformation (Inhaltsebene) nur unter einer Voraussetzung verstehen können: Sie verstehen das

INFORMATIONSANALYSE

URHEBER   **INFORMATION**   **ADRESSAT**

WER sagt **WAS** mit welcher **ABSICHT** in welcher **FORM** zu **WEM** mit welcher **WIRKUNG ?**

WER?

Wer ist der Urheber?

Wo steht er (politisch, fachlich, wissenschaftlich, gesellschaftlich, unternehmerisch, sozial ...)?

WAS?

Welches Thema steht im Mittelpunkt?

Welche Fragestellung?

Was sind die Kernaussagen?

Zentrale Begriffe?

Definitionen?

Schlüsselwörter?

ABSICHT?

Was will der Urheber (Motive, Interessen, Absichten ...)?

An wen wendet er sich?

FORM?

Welche Argumentationsformen werden verwendet?

Welche sprachlichen, stilistischen, manipulativen ... Mittel werden verwendet?

WEM?

An wen wendet sich der Urheber?

Warum wird die Information beachtet?

Was weiß der Adressat bereits über den Gegenstand?

Wird vorurteilsfrei gehört?

WIRKUNG?

Was halte ich von der Information?

Wie beurteile ich den Inhalt, die Form?

In welchem Maße beeinflusst mich mein Vorverständnis?

Drumherum, also den gesamten historisch konkreten Situationszusammenhang (Beziehungs-ebene), in dem die Information entstanden ist. Das ist im Führungsalltag wohl kaum zu leisten, allein die Zeit ist nicht vorhanden. Was tun?

Sie – als Informationsempfänger – müssen sich bewusst sein, dass sich Informationsaus-legung und Vorverständnis gegenseitig bedingen. Ihr Vorverständnis bestimmt die Inter-pretation der Information. Ihre Interpretation beeinflusst das zukünftige Vorverständnis.

Für Sie besteht das Problem keineswegs darin, aus diesem Dilemma einen Ausweg zu finden. Ihre Aufgabe ist es, den richtigen Weg hinein zu finden, sozusagen den korrekten Einstieg in den hermeneutischen Zirkel. Sie wissen ja, der einzige Weg hinaus geht mitten hindurch! Aha, und wie geht das jetzt? – Aufgepasst!

Sie sitzen mittags in der Kantine, denken an nichts Böses, die Sonne scheint. Ein Kollege setzt sich dazu. Sie plauschen nett miteinander und er weiht Sie in eine ‚Information' ein: „Ich weiß gar nicht, ob das schon bis zu dir durchgedrungen ist, mir haben sie doch die Frau Müller ins Vorzimmer gesetzt. Die soll mich und mein Team aushorchen. Hat sie sogar zugegeben. Eins sage ich dir, das lasse ich mir nicht gefallen – die habe ich in ein paar Monaten wieder raus. Einen Spitzel kann ich nicht gebrauchen." Den Rest des Tages geht Ihnen die Information nach. Spitzel? Aushorchen? – Stopp! Bevor Sie Ihren Kollegen bedauern oder womöglich selbst noch nach Maulwürfen suchen, untersuchen wir diesen Informationsbrocken, den man Ihnen hingeworfen hat.

Zuerst betrachten Sie sich sorgfältig den Urheber der Information. Seine Persönlichkeit ist der Schlüssel zum Verständnis. Was wissen Sie über ihn? Wo steht er innerhalb des Unterneh-mens? Welche Beziehungen hat er im Unternehmen? Wofür ist er bekannt? *Sie schätzen den Kollegen als sehr einflussreich ein. Macht ist ihm wichtig und er hat gern alle Fäden in der Hand. Logisch, dass es ihm nicht schmeckt, wenn man ihm etwas vorsetzt, das er schlucken muss. Sie haben auch immer schon das Gefühl gehabt, dass er in Opposition zur obersten Führungsebene steht. Selten steht er damit allein, denn im Untergrund kann er gut Stimmung machen. Im Positiven reißt er alle mit, um ein Projekt anzugehen, doch er ist launisch und das Mitreißen kann auch in die entgegengesetzte Richtung gehen. Er ist klug und erfahren.*

Weiter mit der Analyse: Welches Thema steht im Mittelpunkt? Was bleibt bei Ihnen hängen an Kernbegriffen und Kernaussagen? *Spitzel und Aushorchen. Es hat etwas von kaltem Krieg und Aufpassen-müssen, als bestünde Gefahr. Welche Gefahr? Die ist nicht benannt worden, was allen paranoiden Phantasien freien Lauf lässt.*

Weiter: Welche Absicht hat der Kollege wohl? Welche Motive vermuten Sie, welche Inter-essen? *Wenn jemand, der gern die Macht hat, sich einer Macht beugen muss, so können wir im Notfall von einer narzisstischen Kränkung ausgehen. Und die will er umkehren, nach dem Motto: „Ich zeige Euch, wer wirklich die Macht hat, nicht mit mir". Nun das lässt eher ein rebellisches Kind-Ich vermuten als ein sachliches Erwachsenen-Ich. Die Idee von Krieg passt in diesem Zusammenhang, zumal es ja ein Guerrillakrieg von unten nach oben wäre – im Ver-borgenen. Werden hier Mitkämpfer rekrutiert?*

Die Rekrutierungsfrage wird uns die Form der Information beantworten: Welche Mittel werden genutzt, wie wird die Information an den Mann/an die Frau gebracht? *In der Mittagspause, quasi außer der Reihe. Vieles bleibt offen und damit der Phantasie überlassen. Der Kollege präsentiert sich als Opfer, das heroisch den Kampf nicht aufgibt.*

Und wem gegenüber präsentiert sich der Kollege so? Wem wird die Information überbracht? *Ihnen, obwohl Sie gar nichts mit der Abteilung zu tun haben. Wenn Sie es recht betrachten, dann sind Sie gar nicht der richtige Ansprechpartner, um auf offiziellem Wege etwas zu verändern. Wer weiß wohl noch davon? So nach und nach erfahren Sie, dass auch andere Kollegen – so nebenbei – ähnliche Informationsbrocken zugeworfen bekommen haben, dass alle ohne offiziellen Appell auf dem Flur, in der Pause etc. informiert worden sind. Das nennt sich Stimmungsmache.*

Welche Wirkung hat die Information auf Sie? *Anfangs – unreflektiert – war die Information recht verführerisch, um emotional auf den Zug aufzuspringen. Sachlich betrachtet wird Ihnen klar, dass man versucht hat, Sie zu manipulieren. Sie vermuten als Parteigänger rekrutiert worden zu sein, um ...*

Ja, um was eigentlich? Gehen wir noch einmal zurück zum Beispiel: „*Eins sage ich dir, das lasse ich mir nicht gefallen – die habe ich ein paar Monaten wieder raus. Einen Spitzel kann ich nicht gebrauchen.*" Aha. Es ist sehr wahrscheinlich, dass Sie emotional eine Tat decken sollten. Schließlich kann niemand einer Führungskraft einen Vorwurf machen, wenn sie einen Mitarbeiter jagt, der sie bespitzelt. So ist es nicht der Kollege, der gemobbt wurde, sondern der Kollege, der seinem Mobbing einen fruchtbaren Boden bereitet und sicherstellen möchte, von den Kollegen zumindest emotional gedeckt zu werden.

Was tun Sie nun mit seiner Information? *Wenn Sie klug sind, halten Sie sich auf Distanz und archivieren diese Analyse für spätere Manipulationsversuche seitens des Kollegen.* Denn das beste Mittel gegen Fehlverhalten ist Information.

Erst die genaue Analyse solcher Informationsbrocken lässt erkennen, was wirklich dahinter steht. Sie haben sich im Stillen schon gedacht, dass es in diese Richtung geht? Nun, dann ist Ihre Intuition gut entwickelt.

INTUITION

Intuition liefert ebenfalls Information, wenn auch nicht mit derselben Genauigkeit wie die Wissenschaft. Dennoch ist sie ein unverzichtbarer Wissenslieferant. Sie ist das Schlüsselkriterium des Wissens. Die Wissensform der Intuition ist unverzichtbar, da sie zwei unersetzbare Eigenschaften hat:

1. Intuition ist schnell!

Manchmal haben Sie nur den Bruchteil einer Sekunde, um zu verstehen, was der andere meint, um sich zu entscheiden, um zu reagieren. Ohne Intuition wären Sie in einem solchen Falle hilflos.

2. Intuition ist ganzheitlich!

Sie begreift den Lauf der Dinge bildhaft. Schnell und zuverlässig haben Sie ein Bild davon, ob jemand ins Team passt, welche Fettnäpfchen Sie in der Verhandlung umgehen müssen und wo bei dem Projekt der Haken ist.

Kurz: Um sich zu orientieren brauchen Sie Ihre Intuition!

Intuition lässt sich allgemein als subjektiver Erkenntnisprozess erklären. Intuitive Erkenntnisse treten spontan auf. Sie sind ganzheitlich und bildhaft und erscheinen unmittelbar stimmig. Sie sind dabei sicher, etwas Wesentliches zu erfassen, auch wenn Sie nicht wissen, warum. Für diagnostische Aufgaben ist Intuition unentbehrlich. Und es ist immer wieder beeindruckend die Treffsicherheit einer intuitiven Führungskraft zu erleben.

INTUITION EIN BAUCHGEFÜHL?

Im Volksmund wird oft von Bauchgefühl gesprochen. Dies ist ein irreführender Ausdruck, denn es geht hier nicht um eine rein emotionale Wahrnehmung. Wäre das der Fall, würden wir lediglich ein Gefühl haben: Angst, Wut, Trauer. Doch wir haben eine Ahnung: das geht schief, aufgepasst; hey, der ist nett; ja, das ist es, so kann es klappen! Natürlich sind diese Ahnungen stark

mit Gefühlen verknüpft. So mag es von der persönlichen Wahrnehmung der Intuition einen Sinnzusammenhang geben – es schwingen eindrücklich Gefühle mit, also ist es ein Gefühlsgeschehen. Falsch – zu kurz gedacht. Die wahrgenommenen Gefühle dienen uns als Mediatoren. Sie sind Briefträger. Und unser Körper ist die Straße, auf der diese Gefühle, diese Briefträger, fahren. Oben im Hirn angekommen liefern sie ihre Information ab. Nun erfolgt eine unmittelbare Reaktion, die den bewussten Verstand umgeht. Die emotionale Information wird intuitiv sofort verwertet, ohne sie kognitiv geprüft zu haben. Oft bleibt dann nur das emotionale Erleben im Bewusstsein. Die zu kurze Schlussfolgerung lautet: Das sind Gefühle, die gehören in den Bauch (entstehen im Solarplexus) – also ein Bauchgefühl. Jetzt mal ehrlich – alle Gefühle entstehen im Bauch. Damit sind alle Gefühle auch Bauchgefühle. Dort bleiben sie natürlich nicht, sondern breiten sich aus: weiche Knie,

Kloß im Hals, Schweiß auf der Stirn – der Briefträger ist angekommen und liefert die Information ab: Angst. Unser bewusstes Denken überlegt jetzt, ob wir wohl wachsam sein sollten, wo die Gefahr liegt. Das dauert – sofern Sie als Neandertaler einem Säbelzahntiger gegenüberstehen – offen gesprochen zu lange. Also hat Ihnen die Evolution ein schnelleres unbewusstes Denkprogramm mitgegeben. Vielleicht ist es auch Ergebnis einer natürlichen Auslese (die anderen sind gefressen worden). Das funktioniert so: Situation (Säbelzahntiger) und automatische Gefühlsreaktion (Angst) lassen spontan vor Ihrem geistigen Auge das Bild erscheinen (Säbelzahntiger frisst netten Neandertaler). Jetzt heißt es nur noch: laufen oder draufhauen. Damit haben Sie eine intuitive Reaktion.

Und auch das Stichwort ist gefallen – Ihr geistiges Auge ist der Sitz der Intuition. Es handelt sich um das Stirnchakra, das manche auch das Dritte Auge nennen. Dort entsteht innerhalb von Sekundenbruchteilen ein inneres Bild, wie die Situation beschaffen ist. Eine spontane geistige Vorstellung von dem, was vor Ihnen liegt, ohne dass man Ihnen dazu etwas sagen müsste. Sie kennen das auch: Jemand kommt herein und innerlich schrecken Sie zurück: „Vorsicht – mit dem ist nicht gut Kirschen essen."

Intuition ist kein Bauchgefühl, sondern eine Verstandesleistung. Eine Verstandesleistung, die vorsprachlich funktioniert. Sie arbeitet spontan in ganzen Bildern oder emotionalen Gebäuden.

Ein Großteil aller Führungsentscheidungen sind intuitive Entscheidungen. Oft werden sie dann im Nachhinein mit gut ausgedachten Gründen belegt: *Sie erhalten ein hervorragendes Angebot, doch haben schlaflose Nächte dabei. Also lehnen Sie ab, obwohl Sie wissen, dass man Sie für verrückt halten wird, diese Möglichkeit nicht zu nutzen. Ein halbes Jahr später ist das Unternehmen bankrott. Sie sind an der Katastrophe noch einmal vorbeigeschlittert, weil Sie auf Ihre Intuition gehört haben und nicht auf Ihren Verstand.*

Denn Ihre Intuition ahnt schon Dinge, von denen Ihr Verstand noch nichts weiß!

DER KLEINE PROFESSOR

Hat jeder dieses schnelle unbewusste Denkprogramm? Oder gibt es keine natürliche Auslese mehr, weil die Säbelzahntiger ausgestorben sind? – Keine Sorge! Dieses Denkprogramm ist ein stammesgeschichtliches Erbe. Kinder verfügen eindeutig darüber. Noch bevor die Sprache das Denken bestimmt, denken Kinder rein intuitiv. Dieser vorsprachliche Verstand eines Kleinkindes lässt sich nicht von Worten einengen oder von Grammatik in vorgegebene Bahnen zwängen. Erst im so genannten ‚Warum-Alter' entwickeln Kinder die analytischen Denkprozesse, die wir Erwachsene als das einzig wahre Denken anerkennen: das Denken in Ursache und Wirkung. Dieses Ursache-Wirkung-Denken entspricht dem **Erwachsenen-Ich ER**.

Das vorsprachliche intuitive Denken ist ebenso zielsicher und effektiv. Auch hier ist ein Erwachsenen-Ich aktiv – das **vorsprachliche Erwachsenen-Ich ER1** im Kind. Man nennt es den kleinen Professor, der ohne weitere Vorinformation das Wesentliche erfassen kann.

Diese intuitive Qualität des kleinen Professors geht mit dem Erwachsenwerden nicht verloren. Jeder von uns hat also nicht nur ein Kind-Ich in sich, sondern darin enthalten auch einen kleinen Professor.

Diese intuitive Instanz wird allerdings unterschiedlich wertgeschätzt. Einige Führungskräfte sind mit ihrem kleinen Professor in guter Tuchfühlung. Andere unterdrücken ihn, weil er nicht ins aufgeklärte Zeitalter passt, denn 1 + 1 ist immer nur 2 und kann nie mehr ergeben.

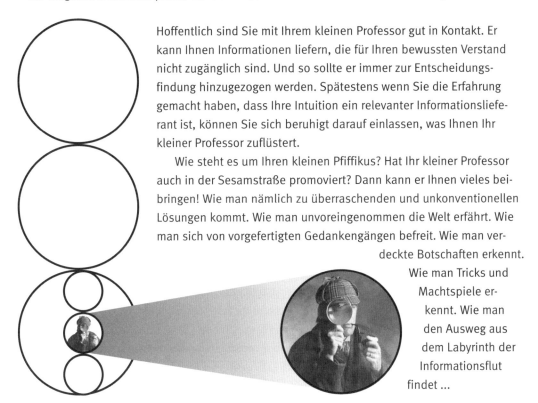

Hoffentlich sind Sie mit Ihrem kleinen Professor gut in Kontakt. Er kann Ihnen Informationen liefern, die für Ihren bewussten Verstand nicht zugänglich sind. Und so sollte er immer zur Entscheidungsfindung hinzugezogen werden. Spätestens wenn Sie die Erfahrung gemacht haben, dass Ihre Intuition ein relevanter Informationslieferant ist, können Sie sich beruhigt darauf einlassen, was Ihnen Ihr kleiner Professor zuflüstert.

Wie steht es um Ihren kleinen Pfiffikus? Hat Ihr kleiner Professor auch in der Sesamstraße promoviert? Dann kann er Ihnen vieles beibringen! Wie man nämlich zu überraschenden und unkonventionellen Lösungen kommt. Wie man unvoreingenommen die Welt erfährt. Wie man sich von vorgefertigten Gedankengängen befreit. Wie man verdeckte Botschaften erkennt. Wie man Tricks und Machtspiele erkennt. Wie man den Ausweg aus dem Labyrinth der Informationsflut findet ...

WAS PASSIERT GENAU?

Bei der intuitiven Verarbeitung dessen, was wir wahrnehmen, werden vorbewusste Sinneseindrücke unter der Bewusstseinsebene zu Merkmalsbündeln zusammengefasst. Diese Cluster fügen sich zu einem Eindruck zusammen und werden Ihrem Bewusstsein als Symbol übermittelt. Ein solches Symbol kann sich Ihnen als Bild präsentieren: Ein Mitarbeiter schimpft über die Arbeitszuteilung und Sie sehen gleichzeitig vor Ihrem inneren Auge ein Kind, das trotzig mit dem Fuß aufstampft. Ein solches Symbol kann auch verbal in allgemeinsprachlicher Form auftreten und Ihnen liegt das Wort ‚Trotzkopf' auf der Zunge oder aber fachsprachlich erkennen Sie: „Aha, rebellisches Kind-Ich!"

Solche intuitiven Erkenntnisse sind das Ergebnis von Wahrnehmungen, die Sie intern mit Erfahrungen (Weisheit) oder Fachwissen (Wissenschaft) unterhalb der Bewusstseinsschwelle abgleichen.

Leider können Ihre intuitiven Prozesse von innen gestört werden. So mag sich das Erwachsenen-Ich mit rationalen Überlegungen dazwischen schieben: „Das entbehrt jeder logischen Grundlage!" Oder Kopfbewohner im Eltern-Ich werden mit moralischen Vorurteilen aktiv: „Jeder hat eine zweite Chance verdient!" Beide Instanzen wollen Sie vor falschen Gewissheiten schützen. Doch oft bewahrheitet sich: Das Gegenteil von Gut ist gut gemeint.

Und so gilt es, die eigenen Trübungen zu klären, damit Ihre Intuition sauber und frei arbeiten kann. Dann ist Ihr Zugang zum Mitarbeiter intuitiv (kleiner Professor), die Interventionen aber bleiben rational (Erwachsenen-Ich).

INTUITION WEITERENTWICKELN

Durch Training in einer bestimmten Theorie und Fachsprache (wie es auch durch dieses Buch geschieht) wird Ihre Intuition geschult. Die erlernte Fachsprache und die theoretischen Konzepte erweitern Ihren Bezugsrahmen. Sind sie dann noch Ihrem Kind-Ich zugänglich durch anschauliche Darstellungen, eingängige Sprache, etc. sind weitere Symbolisierungsmöglichkeiten für Ihren kleinen Professor geschaffen.

Aus diesem Grund ist die Fachsprache der 7 Säulen der Macht erlebnisnah und handlungsorientiert. Gleichzeitig kann sie sich in differenzierte theoretische Überlegungen entfalten. Dies ermöglicht den bruchlosen Übergang von einfacher Theorie bis hin zur komplexen Tiefenerkenntnis. Sie bietet auf diese Weise miteinander vereinbare Anwendungen im privaten Alltag wie in der professionellen Führung. Theoretisches Wissen und Begreifen werden so einander nahe gebracht und die Kooperation von Intuition und Verstandeskontrolle erleichtert.

Über die neuen Konzepte erhalten Sie die Möglichkeit, neue Erkenntnisse des kleinen Professors für Ihr Erwachsenen-Ich verständlich zu symbolisieren (Fachsprache). Sie intuieren also mit dem kleinen Professor und gleichen diese Erkenntnisse bewusst über Ihr Erwachsenen-Ich mit den erlernten Führungskonzepten ab. Das bewusste Denken verfolgt diesen Prozess aufmerksam, es kontrolliert nicht. Ebenso wie die Selbst-Kontrolle die Energie der Leidenschaft in die entsprechende Richtung lenkt, aber nicht blockiert.

Erst die Wechselwirkung von intuitivem Erkennen und rationaler Analyse macht die Qualität und Stärke einer wissenden Führungskraft aus.

Die neue Fachsprache ermöglicht Ihnen zusätzlich, Ihr intuitives Wissen bei Bedarf professionell in die Kommunikation mit Mitarbeitern und Kollegen einfließen zu lassen. Das Wechselspiel von intuitivem Erkennen und Diskussion in Fachsprache erhöht dann tagtäglich die Treffsicherheit Ihrer Intuition.

Diese erweiterte, geradezu geschulte Intuition ist eine Weiterentwicklung der einst kindlichen Intuition. Hier handelt es sich um eine Expertenintuition. Die kindliche Fähigkeit des kleinen Professors (Intuition) wird durch die Integration von Fachwissen (Wissenschaft) und Erfahrung (Weisheit) bereichert.

Intuition, die neue Möglichkeiten eröffnet, und Wissenschaft, die Sicherheit bietet, sind dann gemeinsame Grundlage kreativen Handelns.

Die Loslösung von gängigen Denkschemata ermöglicht Ihnen, einen Blick für das Wesentliche, das Unsagbare und Nicht-Gesagte zu bekommen. Ihre innere Haltung ist dabei ausschlaggebend. Eine Führungskraft, die bei Ihrer Arbeit erfolgreich intuitive Fähigkeiten einsetzt, verfügt über eine Haltung, die Unvoreingenommenheit, Neugier, Wachheit, Interessiertheit und Empfängnisbereitschaft vereint.

WEISHEIT

Ebenso wie die Intuition verfügt die Weisheit nicht über die Exaktheit der Wissenschaft und doch ist sie ein unverzichtbarer Bestandteil des Wissens. Weisheit kommt einem historischen Bewusstsein gleich. Ein Wissen über das, was war. Diese Kenntnis vergangener Ereignisse ermöglicht Ihnen, wirkungsvolle Prognosen über die Zukunft zu erstellen. So ist es sehr wahrscheinlich, dass Sie mit Verhaltensweisen, die Ihnen schon einmal zu einer Bauchlandung verholfen haben, beim nächsten Mal auch nicht weiterkommen. Das nennt man schlicht: aus Fehlern lernen!

Sie müssen natürlich nicht alle Fehler selbst machen, um daraus lernen zu können. Eine weise Person erkennt auch die Fehler anderer und lernt für sich selbst daraus. Da man nicht täglich das Rad neu erfinden muss, ist davon auszugehen, dass die Dinge, die einmal schief gegangen sind, wieder schief gehen werden, wenn Sie nicht irgendetwas verändern. Welche Faktoren Sie dabei zu verändern haben, auch das kann Ihnen die Weisheit vermitteln. Denn auch in der Vergangenheit waren Menschen erfolgreich. Wenn also jemand irgendwann einmal eine ähnliche Herausforderung gemeistert hat, haben Sie ein Vorbild für die Situation und können sich einiges abgucken.

Dieses Wissen um Vergangenes ist ein Schatz. Er geht verloren, wenn Sie sich nicht mehr erinnern. Hier lautet also die Frage nicht: Wie komme ich auf die Lösung des Problems? So würde ein Wissenschaftler fragen. Die Weisheit fordert: Erinnere die Lösung des Problems!

Zur Erlangung von Führungskompetenz reicht es also nicht, einfach nur ein Studium und Lehrgänge gemacht zu haben. Die aufmerksame Beobachtung des Umfeldes, der Politik, der Geschichte und psychologische Kenntnisse fördern die Möglichkeit, täglich weiser zu werden. Erfahrung ist sprichwörtlich Gold wert. Für ältere Führungskräfte ist dies oft entlastend zu wissen. Leider werden Weisheit und Erfahrung (wie auch die Intuition) unterschiedlich wertgeschätzt. Unternehmen, die keinen Mitarbeiter über dem 50. Lebensjahr akzeptieren, nehmen sich diese Quelle der Macht.

À PROPOS: ALTER!

In der Psychologie werden zwei Formen von Alter unterschieden:

Da ist zuerst einmal das Alter, das in Ihrem Personalausweis angegeben ist – das ist Ihr Lebensalter. Doch Lebens- und Entwicklungsalter sind oft zweierlei. Sind Sie wirklich auch stabil so weit entwickelt, wie man es von jemandem Ihren Alters erwartet? Manchmal hat man das Gefühl, einem Pubertierenden gegenüber zu stehen, doch die Person hat schon lange graue Haare. Und manchmal glaubt man, sich mit einer gereiften Person von 40 Jahren zu unterhalten, doch die Person ist erst um die 20. Diese Phänomene sind ein Hinweis darauf, dass das Lebensalter nicht automatisch dem Entwicklungsalter entspricht. So mancher ist in seiner Entwicklung stehen geblieben, weil er einfach nicht mehr weiter wollte oder konnte. Und wieder andere haben in jungen Jahren schon so viel erlebt und verarbeitet, dass sie schier mit Sieben-Meilen-Stiefeln durch die Entwicklung rauschten. Dies ist eine Frage der Unterstützung im Umfeld, eine Frage des persönlichen Widerstandes und eine Frage der Umweltfaktoren, denen man sich ausgesetzt sieht.

Weisheit ist nicht an das Lebensalter gekoppelt. Weisheit ergibt sich aus dem Entwicklungsalter einer Führungskraft. Und das Entwicklungsalter hängt eng mit der Lernfähigkeit und Lernbereitschaft zusammen.

Weisheit ist also nicht automatisch eine Frage des Alters. Weisheit meint vor allem den Erkenntnisgewinn, der über Erfahrungen möglich wird. Manche Führungskräfte sind sehr alt geworden und noch immer nicht reich an Erfahrungen, weil sie Neues vermeiden. Andere Führungskräfte machen immer wieder dieselbe negative Erfahrung – dann ist dies ein eindeutiges Zeichen, dass sie nicht daraus lernen. Beides steht nicht für Weisheit, sondern für Passivität. Wenn Führungskräfte über wenig Weisheit verfügen, müssen sie dieselben Fehler immer und immer wieder machen. Zurück zur Selbst-Kontrolle meine Herrschaften!

Das Leben meint es gut mit uns. Aufgaben, die wir nicht gelöst haben, werden uns ganz einfach wieder und wieder präsentiert. Damit haben wir die Chance zu lernen – ob wir wollen oder nicht. Werden Sie immer wieder von denselben Leuten über den Tisch gezogen? Fallen Sie immer wieder auf dieselben Maschen herein? Dann haben Sie Ihre Aufgabe nicht richtig gelöst. Um genau zu sein, haben Sie aus den vergangenen Fehlschlägen nicht die nötigen Konsequenzen für eine sinnvollere Handlungsalternative abgeleitet.

AUTOBIOGRAPHIE IN 5 KURZEN KAPITELN

ICH GEHE DIE STRASSE ENTLANG.
IM BÜRGERSTEIG EIN TIEFES LOCH.
ICH FALLE HINEIN.
ICH BIN AM ENDE.
ICH BIN HILFLOS,
ABER ICH KANN NICHTS DAFÜR.
ES DAUERT EWIG, BIS ICH WIEDER HERAUSKOMME.

ICH GEHE DIESELBE STRASSE ENTLANG.
IM BÜRGERSTEIG EIN TIEFES LOCH.
ICH TUE, ALS SÄHE ICH ES NICHT.
ICH FALLE WIEDER HINEIN.
ICH KANN NICHT GLAUBEN, DASS ICH WIEDER DRINSTECKE.
ABER ICH KANN NICHTS DAFÜR.
UND WIEDER DAUERT ES LANGE, BIS ICH HERAUSKOMME.

ICH GEHE DIESELBE STRASSE ENTLANG.
IM BÜRGERSTEIG EIN TIEFES LOCH.
ICH SEHE, DASS ES DA IST
UND FALLE WIEDER HINEIN ... ES IST SCHON GEWOHNHEIT.
MEINE AUGEN SIND OFFEN.
ICH WEISS, WO ICH BIN.
ICH KANN SEHR WOHL ETWAS DAFÜR.
ICH STEIGE SOFORT HERAUS.

ICH GEHE DIESELBE STRASSE ENTLANG.
IM BÜRGERSTEIG EIN TIEFES LOCH.
ICH GEHE DRUMHERUM.

ICH GEHE EINE ANDERE STRASSE ENTLANG.

Gewinn- und Verlustformeln

Wie ist es in Ihrem Leben? Überwiegen die Wiederholungen oder die Erkenntnisse? Überwiegen die Gewinnformeln oder die Verlustformeln?

In mathematischen Gleichungen müssen Sie bestimmte Rechenwege einhalten und nur bestimmte Rechenformeln werden Sie weiterbringen. So ist es oft auch im Leben. Haben Sie die richtige Formel für die aktuelle Situation? So manche frühere Gewinnformel wird noch heute angewandt, doch sie ist nicht mehr passend. Es ist wie ein altes Passwort, das das Gewinnprogramm nicht mehr öffnen wird. Es immer und immer wieder einzugeben, bringt Sie nicht weiter. Im Gegenteil, Sie werden völlig entnervt irgendwann die Brocken hinschmeißen und sagen: „Ist eh alles Mist." Doch das liegt nur daran, dass Sie den falschen Schlüssel benutzen. Anstatt nach dem neuen passenden Schlüssel zu schauen, vertrödeln Sie Ihre Zeit und Energie

damit, dass Sie den alten immer wieder vorzeigen. So ist aus einer einstigen Gewinnformel eine Verlustformel geworden, denn sie ist überholt.

Führungskräfte mit veralteten Gewinnformeln finden sich auf Dauer gar nicht so selten in einer der -Grundhaltungen wieder. Ihr Führungsalltag ist von Höhen und Tiefen geprägt und gleicht einem Melodrama. Wenn der Abschluss nicht gelingt, dann sprechen Sie lange davon und schlagen sich mit der Faust an die Stirn. Sie setzen ihre Energie eher fruchtlos ein und holen sich negative Bestätigung über kritische Kopfbewohner.

Wenn Sie wieder und wieder und wieder die gleiche frustrierende Erfahrung mit Mitarbeitern machen, ist das kein Beweis dafür, dass Mitarbeiter unberechenbar sind. Es ist ein Beweis, dass Sie veralteten Formeln aufsitzen. Prüfen Sie sich: Für welche Gewinnformel habe ich mich einst entschieden, die heute keine Gewinn- sondern eine Verlustformel ist?

Die Frage ist nicht, was ist an dem Mitarbeiter verkehrt, dass er nicht zu lenken ist. Die Frage ist, welche Aktien haben Sie im Spiel, dass Sie miteinander nicht weiterkommen. Fragen Sie

sich also nie: Macht der Mitarbeiter etwas falsch oder mache ich etwas falsch? Die Frage lautet: Was mache ich falsch? Wo und wann benutze ich den falschen Schlüssel? Welchen Schlüssel brauche ich stattdessen?

Dann entwickeln Sie sich zu einer Führungskraft, die Fehler nur noch einmal macht. Sie werden in der Lage sein, jede einzelne Situation in größere Sinnzusammenhänge zu übertragen und so neue Erkenntnisse abzuleiten. Das ist Weisheit!

Dann arbeiten Sie mit zeitlosen und aktuellen Gewinnformeln. Ihnen gelingt nicht alles, doch in der Krise verzagen Sie nicht, sondern entwickeln sich beständig weiter.

Kurz: Sie wissen sich selbst zu helfen. Und geben sich selbst positive Bestätigung aus dem fürsorglichen Eltern-Ich. Führungskräfte mit Gewinnformeln sind logischerweise vorwiegend in der +/+ Grundhaltung.

Ihr Erfolg ist die Summe Ihrer Gewinnformeln!

Vision

Das visionäre Wissen gibt Ihnen Aufschluss über das, was unmittelbar vor Ihnen liegt. Es zeigt Ihnen Ihren ganz persönlichen Weg im Leben. Das kann in Träumen geschehen, in intuitiven Ahnungen oder in Form von Hellsichtigkeit. Sie können es sich vorstellen wie eine Membran, durch die Sie sich und Ihre Zukunft sehen können. Bei manchen Menschen ist diese Membran recht durchsichtig, bei anderen undurchdringlich wie eine Betonmauer. Das ist schade, denn nur wenn Sie eine Vision davon haben, worum es in Ihrem Leben geht und wo es lang geht, werden Sie sich so manchen Umweg sparen. Die Gefahr, sich vollends zu verlaufen, geht dann gegen Null. Sicherlich möchten Sie sich nicht verlaufen.

Doch wo wollen Sie eigentlich hin? Was ist Ihr Ziel?
Diese Frage beantworten sich Führungskräfte in den unterschiedlichsten Intensitätsgraden:

- **Grad 1**: „Ich tue, was man von mir verlangt, was auch immer das ist. Jemand wird es mir sagen."
- **Grad 2**: „Ich nehme mir nur kurzfristige Ziele vor. In diesem Jahr möchte ich das Projekt abschließen."
- **Grad 3**: „Das Ziel meiner Führungsarbeit in diesem Unternehmen sehe ich langfristig in ..."
- **Grad 4**: „Den Sinn meiner Führungsrolle sehe ich grundsätzlich in ..."
- **Grad 5**: „Der Sinn meines Lebens ist ..."

Egal welchem Intensitätsgrad Sie momentan folgen: Ihr individueller Weg beträgt lediglich vier Schritte. Ob Sie gar nicht, kurzfristig, mittel- oder langfristig planen oder sogar spirituell denken, immer sind es nur vier Schritte, die Sie zum Erfolg bringen.

Na, und vier Schritte sind doch zu schaffen, oder?

DIE 4 SCHRITTE ZUM ERFOLG

Was wissen Sie über den Sinn des Lebens? Oder wollen Sie lieber etwas niedrigschwelliger beginnen? Was wissen Sie über den Sinn einer Führungskraft? Was ist Ihr Weg – ganz privat? Was ist Ihr Weg – als Führungskraft?

Gehen wir gemeinsam diese vier Schritte – für die Hardliner im fünften Intensitätsgrad und für Neulinge der Selbstreflexion im dritten Intensitätsgrad.

SCHRITT 1

Schon gleich zu Beginn die Gretchenfrage – die alles entscheidende Frage: **Was ist der Sinn dessen, wer Sie sind und was Sie tun?**

Diese Frage können Sie sich auf dem **5. Intensitätsgrad** beantworten in Bezug auf Ihr Mensch-Sein: Was ist der Sinn meines Lebens?

Oder Sie beantworten sich diese Frage im **3. Intensitätsgrad**: Was ist das Ziel meiner Führung in diesem Unternehmen, mit diesen Mitarbeitern? Sprich: Was soll ich hier?

Leider scheitern an diesem ersten Schritt bereits 95% der Führungskräfte. Allein weil sie sich diese Frage niemals stellen. Oder weil sie ihren Sinn im Außen suchen: dicker Wagen, teurer Anzug, eigener Dienstparkplatz. Diejenigen, die Macht um ihrer Insignien willen wünschen und nicht, um etwas zu bewirken, sind mit sich selbst beschäftigt und damit, eine gute Show zu liefern. Diese Führungskräfte sind nicht mit dem beschäftigt, für das sie bezahlt werden, mit der Mitarbeiterführung. Sie sind mit ihrem Narzissmus beschäftigt. Zurück zur Standfestigkeit!

Noch ein paar Fragen zur Anregung: Was ist der Sinn Ihrer Führung? Wie lauten Ihre Aufgaben? Was ist Ihr Weg als Führungskraft? Oder als Mensch grundsätzlich? Wo fühlen Sie sich angesprochen? Wo sind Sie mit ganzem Herzen dabei?

Erst, wenn Sie diese Fragen für sich beantwortet haben, ist dieser Schritt vollbracht.

Diese Fragen werde ich Ihnen nicht beantworten – denn dies ist Ihr Leben und Ihr Weg, vollkommen individuell. Lassen Sie sich Zeit bei der Beantwortung dieser Gretchenfrage. Oft braucht es für diese Antwort viele Jahre. Darum überprüfen Sie Ihre Antwort mindestens jährlich und gleichen Sie sie an Ihren Entwicklungsstand an – die Antwort wird sich verändern.

SCHRITT 2

Im zweiten Schritt werden Sie nicht mehr aufgefordert, über sich selbst und Ihre Rolle nachzudenken. Nun sollen Sie das, was Ihnen klar geworden ist auch tun. Es geht darum, diesen Sinn im Leben, in der Führung, **Ihr Ziel so zu leben, dass es Sie und die Ihren ernährt**. Die ist ein pragmatischer und materieller Schritt. Kurz: Sie machen Ihre Berufung zum Beruf. Im theologischen Bereich ist dieses Wissen auch noch sprachlich präsent. Da fragt man nicht, wann man sich für den Beruf des Priesters oder der Nonne entschieden hat. Man fragt: „Wann hast du den Ruf gehört?"

Sie müssen also Ihren Ruf hören (Schritt 1) und dann diesem Ruf folgen (Schritt 2). Diese Be-Rufung zu einem Beruf werden zu lassen ist das Geheimnis des Erfolgs. Das, was Sie emotional satt macht, da wo Sie mit dem Herzen dabei sind, das muss in Ihrem Job zur Geltung kommen. Dann ist der zweite Schritt getan.

5. Intensitätsgrad: Leben Sie den Sinn Ihres Lebens so, dass er Sie und die Ihren ernährt! Geben Sie Acht, dass Sie dies nicht nur spirituell verstehen. Sie müssen nicht von Luft und Liebe leben. Hier sollen Sie sich auch materiell von dem Sinn Ihres Lebens nähren. Koffer also wieder auspacken – es geht nicht ins Kloster, sondern zurück ins Unternehmen. Auch mitten in der unheiligen Geschäftswelt können und sollen Sie Ihren Lebenssinn verwirklichen.

3. Intensitätsgrad: Wie können Sie Ihre Führungsaufgaben so angehen, dass es Sie und Ihre Mitarbeiter ernährt? Sprich, was ist zu tun, damit das Unternehmen nachhaltig liquide bleibt, Ihre Mitarbeiter langfristig einen Job haben und Sie über die Qualität Ihrer Führungsarbeit rechtfertigen, den Führungsposten weiterhin inne zu haben? Füllen Sie die Rolle der Führung und fördern Sie sich und Ihre Mitarbeiter so, dass alle Bereiche des Seins genährt werden: Denken, Fühlen, Handeln. Wie können Sie also das Unternehmen, Ihre Mitarbeiter und sich selbst emotional, geistig und materiell satt bekommen?

SCHRITT 3

Im ersten Schritt haben Sie reflektiert, was Sie und Ihre Rolle von Ihnen verlangen. Im zweiten Schritt haben Sie dies umgesetzt. Im dritten Schritt geht es nun darum, sicherzustellen, dass Sie von diesem Weg des Erfolgs nicht wieder abkommen. Sie legen nun an alles, was Ihnen im Leben bzw. im Führungsalltag begegnet ein Beurteilungsmaß an. An diesem Beurteilungsmaß messen Sie, ob es sinnvoll ist, einer Sache nachzugehen oder nicht. Ihr Beurteilungsmaß ergibt sich aus dem Ziel bzw. dem Sinn, den Sie für sich und Ihre Führungsrolle herausgefunden haben (Schritt 1).

Kurz: Dient etwas oder jemand Ihrem Ziel, dann nutzen Sie die Möglichkeit. Dient es Ihrem Ziel nicht, dann lassen Sie es. Das hört sich einfach an, doch wie immer – die Theorie ist simpel, die Tücke liegt in der Umsetzung. Hier ist Konsequenz gefragt und manchmal sind Weg und Irrweg kaum voneinander zu trennen. Wer weiß schon, was Ihre Lernaufgaben sind. Seien Sie also immer achtsam und lassen Sie sich nicht vom Weg abbringen.

5. Intensitätsgrad: Alles – wirklich alles – was Ihnen im Leben begegnet, gilt es für Sie an Ihrem Lebenssinn zu messen: Dient es dem Sinn Ihres Lebens? Dann folgen Sie diesem Weg und tun Sie das Notwendige. Dient es Ihrem Lebenssinn nicht? Dann lassen Sie es außer Acht und gehen Sie vorbei.

3. Intensitätsgrad: Alles, was Ihnen im Berufsalltag begegnet messen Sie an Ihrem Maßstab – dem Ziel Ihrer Führungsrolle. Dient es Ihrem Führungsverständnis? So nutzen Sie die Möglichkeit und Gunst der Stunde. Dient es Ihnen und Ihren Mitarbeitern nicht, so beachten Sie diese Ablenkung nicht weiter.

Schritt 4

Im vierten Schritt brauchen Sie nichts mehr zu tun. Sie dürfen nun das Wunder des Erfolgs genießen. Oder etwas weniger bescheiden – Sie ernten die Früchte Ihrer Saat.

Wenn Sie sich an die vorherigen Schritte gehalten haben und nicht vom Weg abgekommen sind, dann werden Sie erfolgreich sein. Und so lange Sie sich an diese vier Schritte halten, werden Sie erfolgreich bleiben – privat wie professionell. Na, wie ist das?

5. Intensitätsgrad: Sollten Sie vom Weg abgekommen sein, schnell wieder zurück. Sie leben in Sünde. Sünde – laut christlicher Definition – ist nichts anderes, als vom Weg abzukommen. Status um des Status willen, Materielles nur um des Haben-Wollens ist Sünde, denn es dient nur einem egoistischen Zweck. Sofern es nichts für die Gemeinschaft bringt, ist es der falsche Weg. Finden Sie wieder zu sich selbst und Ihrem Weg zurück.

3. Intensitätsgrad: Lassen Sie sich nicht von leeren Versprechungen zu schnellem, einfachem Erfolg verführen. Sie wollen doch nicht nur mal kurz erfolgreich sein, sondern dauerhaft. Gehen Sie den langen Weg, er ist der einzig gesunde Weg zum Erfolg!

Nun sind Sie in Gedanken die vier Schritte des Erfolgs gegangen. Vier Schritte – das ist alles! Sie finden heraus, was der Sinn, das Ziel Ihres Lebens bzw. Ihrer Führungsrolle ist. Diesen Sinn, dieses Ziel gehen Sie so an, dass es Sie und die Ihren ernährt – nachhaltig. Alles, was Ihnen im Arbeitsleben begegnet, messen Sie an Ihrem Ziel: Dient es Ihrem Ziel – tun Sie es. Dient es nicht Ihrem Ziel – lassen Sie es. Wenn Sie sich daran halten, werden Sie feststellen, dass sich Erfolg nicht mehr vermeiden lässt. Und Sie werden befreit sein – von Zweifeln, Ängsten, Unsicherheiten. Denn das beste Mittel gegen Unsicherheiten ist und bleibt Information!

ANLEITUNG ZUR UNWISSENHEIT

⋯➤ Das haben wir immer schon so gemacht, da könnte ja jeder kommen.

⋯➤ Never touch a running system!

⋯➤ Lassen Sie sich von der Masse leiten. 1.000 Führungskräfte können sich nicht täuschen.

⋯➤ Bevor Sie eine Entscheidung treffen – immer im Betriebshandbuch nachschlagen.

⋯➤ Glauben Sie an nichts, was man nicht sehen kann.

⋯➤ Das Unterbewusstsein ist was für Traumtänzer, das hat noch keinem geholfen.

⋯➤ Wenn Sie Visionen haben, gehen Sie zum Arzt.

⋯➤ Ergeben Sie sich Ihrem Schicksal, es ist in Stein gemeißelt.

⋯➤ Haben Sie denn noch nie etwas von Karma gehört? Da kann man nichts machen, das soll so sein!

⋯➤ Wenn etwas an sie herangetragen wird, fragen sie sich grundsätzlich: Wo steht das? Hat das eine Frau geschrieben, ist es Mist! Oder ein Psychologe: Sowieso ganz abgedreht. Und hat es ein Mann geschrieben, fragen Sie sich: Hat der Kerl überhaupt Ahnung?

FRAGEN AUS DER PRAXIS

F: Also, ich weiß, dass ich viel weiß. Ich habe studiert und eine Menge Seminare besucht. Mein Problem ist, dass ich dieses Wissen nicht umsetze.

A: Nun, dann sind Sie ein Wissensriese, aber ein Handlungszwerg.
Hier sind zwei mögliche Ursachen denkbar:

1. Sie kämpfen mit Ihrem Widerstand, das vertraute Bezugssystem zu verlassen – dann müssen Sie noch einmal zur Selbst-Kontrolle zurück.

2. Oder Sie lassen sich nicht genug Zeit, das Wissen auch zu verinnerlichen und ins Tun umzusetzen. Dann hetzen Sie gierig von Seminar zu Seminar, um möglichst viel zu bekommen. Doch bei all dem vielen Anschaffen von Wissen bleibt nicht die Zeit, es zu integrieren, was zur Weiterentwicklung nötig wäre.

   Sie archivieren Ihr Wissen wie in einer Bibliothek, doch keine der Seminarmappen schlagen Sie wieder auf, um das gehortete Wissen zu nutzen. Dann verfügen Sie über viel Wissen, nutzen es aber nicht. Sie müssen zurück zur Leidenschaft und Ihren Beeil-dich-Antreiber und vielleicht noch andere Kopfbewohner entschärfen.

F: Wo ist denn die Abgrenzung zwischen Intuition und Gefühlen?

A: Gefühle sind körperliches Erleben. Sie spüren sie körperlich, damit Ihr Verstand erfährt, was los ist. Dann erst können Sie sich Gedanken zu Ihrer Gefühlsreaktion machen: „Ich habe so ein Kribbeln im Magen, ich glaube, mit der Entscheidung wird es mir nicht gut gehen."

Intuition dagegen ist ein inneres Bild von etwas oder von jemandem. Dieses bildhafte Wesen der Intuition lässt sich mit einer Metapher vergleichen: Eine ganzheitliche Wahrnehmung dessen, was vor sich geht, wird Ihnen als Symbol vor Augen (vor das innere Auge) gehalten. Nun müssen Sie nur noch verstehen, wie Ihre innere Bilderwelt funktioniert. Ähnlich wie bei Träumen gilt es, die Intuition zu entschlüsseln. Sie übersetzen sich dann die Symbolsprache Ihrer Intuition in Ihre Verstandessprache.

F: Man sagt ja, Weisheit kommt im Alter. Aber was kann ich denn jetzt tun, um weiser zu werden?

A: Weisheit kann man nicht machen – die können Sie nur zulassen. Doch die zwingend nötigen Erfahrungen, die es für die Weisheit braucht, die sollten Sie machen. Meine Empfehlung: Machen Sie Ihre Erfahrungen, warten Sie nicht damit, und lernen Sie daraus.

Zusätzlich können Sie sich, wann immer Sie vor einer Entscheidung stehen, fragen: Wann habe ich oder jemand anderes schon einmal vor einem ähnlichen Problem gestanden? Was war nicht effektiv? Was hat damals geholfen? Was braucht es jetzt?

F: Ich möchte noch wissen, was mit Menschen ist, denen Visionen fehlen?

A: Eine Führungskraft, der Visionen nicht zugänglich sind, wird im Berufsalltag nur operativ gut zurecht kommen. Sie wird in Schwierigkeiten geraten, wenn es darum geht, einen Entwurf für die Zukunft vorzulegen. Vielleicht sind einzelne Ideenentwürfe vorhanden, wohin das Unternehmen gehen, was man mit diesem Mitarbeiter erreichen könnte. Doch diese Entwürfe sind meist abgekupferte Versionen beobachteter Interventionen und Entwicklungen. Es fehlt also ein eigenständiger Weg, der auf das Unternehmen oder den Mitarbeiter maßgeschneidert ist. Man könnte auch sagen: Die Kreativität fehlt.

Übungen zur Reflexion

Informationsanalyse

Welche Information wurde in letzter Zeit an Sie herangetragen, auf die Sie argwöhnisch oder irritiert reagiert haben?

Führen Sie nun eine Informationsanalyse durch:
Wer ist der Urheber der Information? Was wissen Sie über diese Person?

Welches Thema steht im Mittelpunkt? Welche Schlüsselbegriffe oder Kernaussagen bleiben hängen?

Welche Absicht vermuten Sie? Welchen Interessen dient die Information?

Auf welche Art und Weise wird die Information an Sie herangetragen?

Welche Wirkung hat die Information auf Sie?

Die 4 Schritte zum Erfolg

1. Was ist das Ziel Ihrer Führung?

2. Was gilt es tagtäglich umzusetzen, um Ihrem Führungsziel gerecht zu werden?

3. Welche Angebote, Möglichkeiten sind in der vergangenen Woche an Sie herangetragen worden, die Sie Ihrem Führungsziel nicht näher bringen? Haben Sie diese Dinge außer Acht gelassen? Oder sind Sie darauf eingegangen? Warum? Wie werden Sie in Zukunft mit solchen Ablenkungen umgehen?

4. Welche Möglichkeiten haben Sie in der vergangenen Woche mit Blick auf Ihr Ziel vorangebracht?

Check Up

WISSEN

IHREN KLEIN

 Wissen braucht Ihren kleinen Professor in Aktion!

- ⦿ Das Schlüsselkriterium des Wissens ist die Intuition.

- ⦿ Wissen ist unverzichtbar für Führungskräfte, die Entscheidungen treffen müssen – also immer!

- ⦿ Im Allgemeinen muss Wissen immer wieder aktualisiert werden.

- ⦿ Wissen setzt sich aus vier Formen zusammen: Wissenschaft, Intuition, Weisheit und Vision.

- ⦿ Sie sind zur rechten Zeit mit der richtigen Intervention am rechten Ort.

BRAUCHT

EN

PROFESSOR

- ⦿ Sie nehmen die Zeichen der Zeit wahr und reagieren professionell.

- ⦿ Sie finden Ihren Weg im Leben – beruflich wie privat.

- ⦿ Ihre Gedanken sind klar und ruhig. Sie fokussieren sich auf Ihre Ziele.

- ⦿ Dieses Machtpotential macht Ihren Beruf zur Berufung.

- ⦿ Führungskräfte mit einem pfiffigen kleinen Professor sind wahre Gewinner!

Ihre Mitarbeiter werden es Ihnen danken!

ETHIK

SÄULE

7

MAßSTAB FÜR IHR HANDELN!

MAßSTAB FÜR

···⟩ Erkennen Sie Machtspiele?

···⟩ Wie gehen Sie mit Manipulationen um?

···⟩ Welcher Moral verschreiben Sie sich?

···⟩ Haben Sie eine eigene Ethik?

···⟩ Sind Sie eine verantwortungsvolle Person?

···⟩ Sind Sie vertrauenswürdig?

HR HANDELN

ETHIK ALS MACHTPOTENTIAL

Was ist Ihnen heilig?

Die Macht der Ethik erschließt sich aus Ihrem Bewusstsein für die höheren Werte der Menschheit wie Gerechtigkeit und Respekt. Wenn Sie sich diesen höheren Werten zuwenden und sie tagtäglich umsetzen, sind Sie im Einklang mit sich selbst. Auch in diesem Machtpotential erfahren wir zwei polare Kräfte:

 Einheit und Dualität

Einheit ist das höchste spirituelle Ziel. Erst wenn wir wahrhaftig verstanden haben, dass es zwischen uns und anderen keine Trennung gibt, fühlen wir uns in unserem Alltagsleben eingebettet in einen Sinn. Mit viel Leidenschaft streben wir nach dieser Einheit. Es mag in Glücksmomenten vorkommen, dass wir im Einklang mit der Natur sind, ‚im Fluss' mit uns selbst oder mit anderen Augenblicke der Nähe erleben. Doch da das Wesen des Menschen ist, was es ist, spielt uns die Einheit nach der wir streben, einen Streich und der glückselige Zustand löst sich wieder auf. In die Dualität zurückgeworfen glauben Viele, dies sei das menschliche Los – eine duale Natur. Doch dann sind wir nicht nur von anderen, sondern auch von uns selbst entfernt.

Die Macht der Ethik stellt Ihnen einen Maßstab für Ihr alltägliches Handeln bereit. Sie gibt Ihnen Glauben und Hoffnung an das Gute im Menschen – auch, wenn man es nur wenig entwickelt sieht. Ethik gibt Ihnen den nötigen Halt, dieses Gute bei sich selbst und Ihren Mitarbeitern zu entwickeln. Dies verschafft Ihnen Abgeklärtheit und einen Standpunkt über den Dingen. Sie können dem Geschehen seinen Lauf lassen, ohne sich aufzuregen oder sich über Gebühr einzumischen. Sie können Ruhe bewahren inmitten erschütternder Ereignisse, klar sehen, was um Sie herum vorgeht, ohne von anderen manipuliert zu werden.

Ethik lässt Sie eine Macht spüren, die sich nicht auf Materielles stützt.

Ist Ethik als Machtpotential stabil entwickelt, verfügen Sie über:
···⟩ Zufriedenheit
···⟩ Selbstverwirklichung
···⟩ ein Gefühl der Verbundenheit
···⟩ geistige Kraft
···⟩ Spiritualität
···⟩ tiefen Frieden
···⟩ unumstößliche Gelassenheit

Eine stabil entwickelte Säule der Ethik ermöglicht es einer Führungskraft, tiefen Frieden zu spüren. Dieses Gefühl der Stabilität und Harmonie geben Sie an Ihr Umfeld weiter. So sind Sie für Ihre Mitarbeiter eine Quelle der Kraft und Inspiration. Die Säule der Ethik, als Ziel-Säule, steht für Vollendung und Vollkommenheit. Im Verlauf der Entwicklung der sieben Säulen der Macht vollzog sich eine Erweckung Ihres ureigenen Machtpotentials. So wie eine Pflanze aus der dunklen Erde dem Licht zuwächst, so hat sich Ihr menschliches Bewusstsein der animalischen Qualitäten der ersten drei affektgesteuerten Säulen enthoben (Standfestigkeit, Leidenschaft, Selbst-Kontrolle). Sie haben die beiden verbindenden Säulen der Liebe und Kommunikation passiert und sind über die reflektierende Säule des Wissens nun am höchsten Punkt, der Ethik, angelangt. Sind alle sieben Säulen stabil entwickelt, so sind Sie zu einer Führungskraft mit wahrem Charisma geworden!

PROBLEME MIT DER ETHIK

Der Dämon der Ethik ist der Mitläufer!

Menschen, deren Ethik schwach entwickelt ist, spüren einen Mangel, den sie nicht erfassen oder beschreiben können. In erster Linie zeigt sich dies in fehlender Lebensfreude: Selbst wenn alle äußeren Bedingungen zu stimmen scheinen, bleibt ein Gefühl der Leere und Unzufriedenheit. Dieses Gefühl kann sich bis zum Weltschmerz oder depressiven Verstimmungen steigern. Oder in einen Zustand von Dumpfheit und geistiger Erschöpfung übergehen. Sie spüren, dass eine Leere in ihnen ist, aber sie können nicht feststellen, wo oder warum. Es ist wie ein blinder Fleck in ihrem Bewusstsein. Sie

vermuten oft, der Mangel rühre von materiellen (oder gesundheitlichen) Schwierigkeiten her. Dann versuchen sie im Außen über materielle Güter, Titel oder Erfolge auszugleichen, was innerlich fehlt.

Doch welche materiellen Anstrengungen sie auch unternehmen, das Gefühl der Unzufriedenheit bleibt. Immer mehr muss es dann sein, denn viel hilft viel. Und bald sind sie auf eher krummen Pfaden unterwegs, um die materielle Gier zu befriedigen: Lügen und Manipulationen gehören dann zum Tagesgeschäft. Machtspiele und kriminelle Tendenzen werden mit dem macchiavellistischen Motto gerechtfertigt: Der Zweck heiligt die Mittel. „Warum soll ich mich verantwortlich und ethisch verhalten – die anderen tun es doch auch nicht. Ich allein, kann die Welt nicht retten – ich mache doch nur mit."

Ethik lässt sich natürlich auch pervertiert in einer +/- Grundhaltung vortäuschen. Dies ist keine wahre Ethik, wird aber als solche verkauft. Dann wird die Führungskraft missionarisch allen Mitarbeitern ihre ‚Ethik' aufzwingen und moralisieren. Sie sieht sich als den Mittelpunkt des Geschehens und wird um keinen Preis von ihren Überzeugungen ablassen. Diese Führungskräfte wirken egoistisch und unsensibel.

Neben dem herrischen Missionar aber lebt auf der anderen Seite der falschen Ethik-Münze der spirituelle Einsiedler. Der Manager zieht sich zurück und wird zunehmend weltfremd. Die Flucht vor der Realität erfolgt in überzogener Abgrenzung. Die Führungskraft ‚hebt ab' und bringt den irdischen Dingen nur noch wenig Interesse entgegen.

Je nach innerer Grundeinstellung, wird sich eine Blockierung in der Säule der Ethik anders ausprägen. Während die einen enttäuscht mit nichts und niemandem mehr etwas zu tun haben wollen (**-/-** Haltung), sind andere bereit, sogar ihre Großmutter zu verkaufen, wenn es sie nur weiterbringt (**+/-** Haltung). Und dann sind da noch die, die tun, was alle tun und sich damit auch noch schlecht fühlen: „Was soll man machen, wenn das der Lauf der Dinge ist?!" (**-/+** Haltung).

Merksatz für eine gestörte Ethik:

„Ihm ist nichts heilig."

Theoretisches KONZEPT

Ethisch meint sittlich. Es geht darum verantwortlich zu handeln – in allen beruflichen Situationen. Dies entspricht einer Grundhaltung, mit der Sie sich im Berufsleben bewegen. Diese Grundhaltung oder dieser Handlungsmaßstab leitet sich aus der Verantwortung für das Unternehmen, der Verantwortung für die Teams und der Verantwortung für jeden einzelnen Mitarbeiter ab.

Die grundsätzliche Frage lautet: Woran glauben Sie, wenn es um die Mitarbeiterführung geht? Was ist Ihr Führungscredo? Wofür stehen Sie?

Hier verbinden sich die erste und die siebte Säule der Macht miteinander. Wir können auch sagen: Nun schließt sich der Kreis. Sobald Ihre Ethik entwickelt ist, wird sich in Ihrer Standfestigkeit zeigen, wofür Sie stehen!

Von Führungskraft zu Führungskraft wird der ethische Handlungsmaßstab also sehr unterschiedlich ausfallen. Da sind Führungskräfte, die über keinerlei Ethik verfügen, von der sie wüssten und wieder andere, die geradezu vorbildlich führen. Die Ethik einer **+/-** Führungskraft, die glaubt, dass Mitarbeiter eine feste Hand brauchen, wird anders aussehen, als die Ethik einer **+/+** Führungskraft, die vom Leistungswunsch und Weiterentwicklungspotential ihrer Mitarbeiter überzeugt ist.

Die Ethik der Führungskräfte

Führungskräfte sind weder besser noch schlechter als andere Menschen. In ihren beruflichen Rollen, die oft mit entsprechenden gesellschaftlichen Positionen verbunden sind, betätigen sie allerdings größere Hebel. Nachlässigkeiten, Inkompetenz und fehlende Skrupel haben damit weit größere Auswirkungen. Selbst wenn sich die einzelne Führungskraft nicht schuldig fühlt oder tatsächlich auch nicht schuldig ist, so muss sie sich doch verantworten. Wenn diese Verantwortung ausbleibt, werden Manager zu Erduldern von Unrecht und zu Verwaltern der Skrupellosigkeit ihrer Unternehmen. Sie folgen dem Dämon der Ethik und werden Mitläufer und Parteigänger der Würdelosigkeit.

Solch kritischen Argumenten zur mangelnden Ethik werden oft scheinbare Sachzwänge entgegengehalten. Als könnten Umstände nicht verändert werden, als wären Meinungen zementiert, als müsste der Manager zwingend bestimmten Gesetzmäßigkeiten folgen. Wenn das so wäre, hieße der Manager nicht ‚Führungskraft‘, sondern ‚Folgeschwäche‘. Nicht selten steckt einfach nur Einfallslosigkeit, Trägheit oder Korruptheit dahinter. Sofern tatsächlich im Unternehmen eine Entmündigung der Manager stattfindet, gilt es als erstes, die Meinungs-, Entscheidungs- und Handlungsfreiheit wieder herzustellen.

Auch der Druck des Tagesgeschäfts, darf kein Grund für das Zurückstellen unternehmerischer Weitsicht und ethischer Führung sein. Sonst verhalten Sie sich wie die Holzfäller, die mit einer stumpfen Kettensäge arbeiten, und behaupten keine Zeit zu haben diese zu schärfen, weil sie Holz fällen müssen.

Die ethische Grundhaltung in der Führung ist besonders wichtig, weil Abhängigkeiten bestehen. Der Mitarbeiter ist abhängig von seiner Führungskraft und so besteht die Gefahr der Ausbeutung und des Machtmissbrauchs. Das wichtigste Prinzip der Führung ist das ‚nihil nocere‘ das Nicht-Schaden. Damit kommen wir zum **Schlüsselkriterium der Ethik: Achtsamkeit!**

Erst mit dem Bewusstsein über die Rolle, die Sie im Leben Ihrer Mitarbeiter einnehmen und der daraus resultierenden Verantwortung für Ihr Tun und Lassen können Sie für sich eine angemessene Ethik entwickeln.

Moral versus Ethik

Nun gut, wie entwickelt man eine angemessene Ethik? Was unterscheidet Moral und Ethik voneinander? Können wir auf Ethik verzichten, wenn wir eine Moral haben? Oder können Sie alle Moral aufgeben zugunsten einer gut durchdachten Ethik?

Erinnern wir uns der Ich-Zustände: Im Eltern-Ich sind Normen und Werte gespeichert. Ist das unsere Ethik? Nein! Die Vorgaben, die wir im Eltern-Ich gespeichert haben, sind vorrangig unreflektiert übernommene Werte. Es handelt sich um Gebote und Verbote – wie ein Knigge für Führungskräfte. Doch dieser Knigge besteht aus Inhalten, die im Wesentlichen nicht von Ihnen stammen. Lieferanten für diese Inhalte sind so genannte ‚significant others‘, VIPs, Ihnen wichtige Personen. Das sind primär Ihre Eltern, darum heißt der Ich-Zustand auch Eltern-Ich.

Moral ist etwas, das man befolgt und Moral ist starr! So kann jemand sehr moralisch sein, ohne jede Ethik. Kurz: Beim Moralapostel sind die Menschen für die Regeln da und nicht die

Regeln für die Menschen. Die Regeln sind absolut, was fundamentalistisch ist. Reine Moral im Unternehmen bedeutet den Kadavergehorsam ans Reglement und ist unzweifelhaft gefährlich für Mitarbeiter und Unternehmung.

Moralischen Verhaltensregeln haben Sie nicht eingehend reflektiert. Darum haben Sie auch keine eigenständige Meinung dazu. Das moralische Denken funktioniert in ‚man sollte', und ‚man darf nicht'. Es handelt sich dabei um die Anpassung des Kind-Ichs, den Regeln zu folgen. Dementsprechend ist die vorhandene Moral auch nicht dahingehend überprüft worden, ob die Verhaltensregeln angemessen sind.

Der Schlüssel zur Ethik ist die gewissenhafte Überprüfung über das Erwachsenen-Ich, ob bestimmte Verhaltensweisen, bestimmte Werte, bestimmte Einstellungen angemessen sind. Dies ist der Unterschied: Moral ist übernommen, Ethik ist selbst entwickelt.

Diese selbst entwickelte Ethik speisen Sie aus zwei möglichen Quellen:

1. Inhalte, die Sie im Eltern-Ich von anderen übernommen haben, werden von Ihnen überprüft und gegebenenfalls überholt. Sie lesen in diesem Buch etwas über Führung und Vertrauen. „Okay", sagen Sie, „das macht erst mal Sinn, das mache ich." Bis hierhin ist es noch Moral. Dann erfahren Sie, dass es Ihnen etwas bringt, wenn Sie Ihren Mitarbeitern vertrauen. Jetzt fließt Ihre Lebenserfahrung ein und ein übernommener moralischer Wert wird zu einer ethischen Richtlinie, für die Sie stehen. „Ich mache das so, weil ..."

2. Sie machen sich im Erwachsenen-Ich zu bestimmten Themen eigenständig Gedanken, losgelöst von allen Vorgaben. So ist eine neue Technologie entstanden, zu der Sie sich vollkommen neue Gedanken machen müssen, um eine Positionierung zu finden (wie beispielsweise zu Themen der Gentechnik – hierzu hatten die alten Griechen noch nicht diskutiert). Sie informieren sich also, machen sich Gedanken und bilden sich auf dieser Grundlage eine eigene Einstellung.

Auch Unternehmensleitlinien sind erst einmal Moralrichtlinien. Für denjenigen, der die Unternehmensleitlinien geschrieben hat, sind sie natürlich seine Ethik. Für alle anderen, die diese Leitlinien präsentiert bekommen, sind sie Moral. Erst wenn sich die einzelnen Führungskräfte und Mitarbeiter damit auseinandersetzen und sie sich zu eigen machen, werden sie zu einer allgemeingültigen Ethik im Unternehmen. Wird dieser Integrationsprozess vernachlässigt, hat man tolle Leitlinien auf dem Papier, an die sich niemand gebunden fühlt: Außen hui und innen pfui.

Besonders kontraproduktiv sind leere Leitlinien. So liest man in vielen Unternehmen: „Unsere Führungskräfte sind Vorbild." Aha! Und? Das ist kein Leitbild, sondern eine Tatsache. Natürlich sind Führungskräfte Vorbilder. Ich vermisse dabei die ethische wie auch die verbindliche Komponente: Was für ein Vorbild sind Sie? Bemühen Sie sich darum, ein positives Vorbild zu sein? Oder macht einfach jeder so wie er mag, und mal ist man positives und mal negatives Vorbild, je nach Wetterlage?

Eine ethische, verbindliche Leitlinie lautet: „Unsere Führungskräfte stehen dafür ein, verantwortungsvoll und vertrauenswürdig zu arbeiten. Sie stehen ihren Mitarbeitern zur Seite." Das ist ein ethisches Leitbild!

MÖCHTEGERN-ETHIK

Seit einigen Jahren wird über eine falsche Kooperations-Welle im Management viel Nebel erzeugt. So werden Mitarbeiter ermutigt, Ideen zu Fragestellungen zu entwickeln, die geheim schon längst entschieden sind. Und das Motivationsgespräch gleicht eher einem Aufklärungsmanöver, bei dem auf alle Büsche geklopft wird, um herauszufinden, an welcher Motivationsschraube man beim Mitarbeiter noch drehen kann. Dies sieht auf den ersten ungeschulten Blick gut aus, fühlt sich aber mies an. Hier haben wir eine ungesunde Mischung aus Manipulation und Motivation: Der Vorgesetzte hat seine **+/-** Haltung noch nicht verändert, will aber auf der Inhaltsebene Mitarbeiterführung leisten, die den Anspruch an eine **+/+** Haltung hat. Hier wird von Ethik gequatscht und mit Ethik kokettiert, doch der Zuckerguss soll nur vom bitteren Kern ablenken, dass es sich um Machtspiele handelt, den Hauptinstrumenten der Kontrolle.

MACHTSPIELE – HAUPTINSTRUMENTE DER KONTROLLE!

In einem Machtspiel strebt eine Führungskraft ganz bewusst danach, das Verhalten eines Mitarbeiters den eigenen Zwecken entsprechend zu kontrollieren. Machtspiele kann man auch als Manöver verstehen, durch die ein Mensch einem anderen etwas zu entlocken versucht, statt direkt danach zu fragen und es offen auszuhandeln.

Machtspiele sind gespickt mit Abwertungen und reine Manipulation. Bei Machtspielen geht es darum, sich durchzusetzen, Macht zu erhalten, Einfluss zu nehmen, Recht zu haben und

das Gesicht zu wahren. Nicht selten als Kompensation von Scham, Ohnmacht, Hilflosigkeit oder Unsicherheit. Solche Führungskräfte ruhen nicht in sich selbst. Weder sind sie mit sich selbst im Reinen, noch können sie sich angemessen auf andere beziehen. So missbrauchen sie ihr Umfeld für ihr Ego.

Doch nicht nur Führungskräfte spielen solche Spielchen – Mitarbeiter stehen ihnen oft in nichts nach. Und so gibt es wohl ebenso viele Machtspiele, wie es Menschen gibt. Dieses reichhaltige Angebot an Manipulationen lässt sich in übersichtliche vier Schubladen sortieren:

Alles oder Nichts   Einschüchterung   Lügen   Passivität

ALLES ODER NICHTS

Diese Kategorie von Machtspielen ist die erpresserische Variante des Entweder-Oder. Entweder Sie tun alles, was ich verlange, oder Sie werden einen herben Verlust erleiden. Beim Raubüberfall heißt es „Geld oder Leben", im Vertrieb heißt es „die Zahlen stimmen oder Sie fliegen", im Management heißt es „einsparen oder seinen Hut nehmen", in Tarifverhandlungen heißt es „Lohnerhöhung oder Streik" ...

Bei dieser Form von Machtspielen wird manipulativ mit der Angst des Gegenübers gearbeitet. Je größer die Angst vor dem angedrohten Verlust, desto besser kann das Machtspiel funktionieren.

Besonders beliebte Varianten des Alles oder Nichts:

···> **den Ball wegnehmen**

„Entweder wir machen das Projekt jetzt so und so – oder wir lassen es ganz."

Dieses Spiel kennen alle von früher: Wenn Fritzchen nicht der Spielführer sein darf, dann nimmt er uns den Ball weg und keiner kann mehr Fußball spielen.

···> **der schmollende Riese**

„Dann sehen Sie doch zu, wie weit Sie ohne mich kommen."

Hier wendet sich jemand beleidigt ab und zeigt die kalte Schulter. Wer hier seine Schuldgefühle ausbeuten lässt, sieht sich schnell auf Knien um Gnade flehen.

···> **nicht mehr mit sich reden lassen**

„Ende der Diskussion!", „Das wird jetzt so gemacht und basta!"

Hier wird jede Zusammenarbeit eingestellt. Der Machtspieler hört nicht mehr zu, geht weg oder stellt sich taub.

···> **den Spieß umdrehen**

„Ganz wie Sie wünschen!"

Hier übertreibt jemand die zugedachte Rolle und gibt sich betont ergeben. Es trieft vor falscher devoter Hingabe. Die Zurschaustellung der Unterordnung ist passiver Widerstand nach dem Motto: „Ich tue zwar, was du verlangst, aber du wirst schon sehen, was du davon hast – ein elendig schlechtes Gewissen. Wollen wir doch mal sehen ob du dich das noch einmal traust."

Das alles wollen Sie nicht mehr mitmachen?

Dann stelle ich Ihnen die für den Ausstieg alles entscheidende Frage: „Können Sie verzichten?" Nur wenn Sie wirklich auf das verzichten können, was der andere Ihnen androht zu entreißen, dann sind Sie wahrhaft immun gegen dieses Machtspiel. Beantworten Sie sich die Frage ehrlich: Sind Sie willens und in der Lage, darauf zu verzichten? Wenn Sie nur bluffen, kann der Schuss nach hinten losgehen. Vorsicht!

EINSCHÜCHTERUNG

Diese Art der Machtspiele arbeitet ebenfalls mit Angst. Hier wird allerdings die Angst etwas zu erleiden genutzt, um jemanden gefügig zu machen. Beide Machtspielvarianten ,Alles oder Nichts' und ,Einschüchterung' sind sich recht ähnlich und treten nicht selten kombiniert auf. In so einem Fall verlässt sich der Machthaber auf das Androhen negativer Konsequenzen, um sein Ziel, Arbeitsleistung zu erhalten, durchzusetzen. Logischerweise reagiert der Untergebene mit Angst oder Ärger. Das scheint diesen Führungskräften entweder nicht bewusst oder egal zu sein. Womöglich haben sie auch kein Gespür für den daraus resultierenden Verlust oder sie nehmen ihn in Kauf, um schneller an die Arbeitskraft des Mitarbeiters zu gelangen. Der Untergebene soll wie eine Maschine arbeiten – zuverlässig und vorhersehbar in Qualität und Quantität. Diese Galeeren-Strategie ist geradezu unfehlbar in der Demotivation der Mitarbeiter. Es ist nur eine Frage der Zeit, bis die Mitarbeiter das sinkende Schiff fluchtartig verlassen oder sich in passivem Widerstand spezialisieren. Denn eins ist klar, wenn einer peitscht und der Rest muss rudern, wird der Ruderer versuchen, möglichst wenig zu arbeiten und nach Möglichkeit zu fliehen – und sei es in Gedanken. Das nennt sich innere Kündigung.

Einschüchterung lässt sich platt und grob betreiben, indem man die nackte Angst des Menschen ausbeutet und im schlimmsten Fall auch tatsächlich eine Bedrohung besteht, durch bedrohliche Gesten, Prügel, Misshandlung oder Vergewaltigung. Dies ist die so genannte Mafia-Methode: Wer stört wird umgebracht. Auch Mobbing gehört in diese Kategorie: Wer stört wird rausgeekelt.

Einschüchterung lässt sich aber auch subtil betreiben. Unser Berufsalltag ist so sehr von Einschüchterungen durchsetzt, dass wir diese kaum noch registrieren.

Hier einige Varianten:

⋯⇢ **verbale und nonverbale Einschüchterung**

Durch schnelles Reden, Lautstärke und Wut in der Stimme wird das Kind-Ich des Gesprächspartners eingeschüchtert. Das wird auch schnell durch einen Sprachstil erreicht, der durchsetzt ist mit Beleidigungen und versteckten Drohungen.

⋯⇢ **Gleichnisse**

Sie sind die subtilste Form verbaler Einschüchterung. „Müller, Sie sind ein Weichei!" Trifft eine solche Abwertung auf ein ohnehin schon geringes Selbstvertrauen, dann wird eine Flut von Schuldgefühlen und Zweifeln ausgelöst.

⋯⇢ **den Faden abschneiden**

Indem man seinen Gesprächspartner beständig unterbricht und seine Gedanken durcheinander bringt, verunsichert man ihn.

⋯⇢ **„Das meinen Sie doch nicht im Ernst?!"**

Im entsetzten Unglauben gesprochen hat dieser Satz eine enorme Hebelwirkung, die Selbstzweifel auslösen soll.

⋯⇢ **mit der Logik spielen**

Punkt für Punkt wird scheinbar logisch verworfen, was der Gesprächspartner vortrug. Dieser Stapel logisch klingender Täuschungen wirkt einschüchternd. Nicht selten tritt der Machtspieler als geduldiger Lehrer auf, der seinem dummen Schüler zum angeblich richtigen Schluss führt. Wenn jeder Satz noch mit einem „Nicht wahr?" oder aufmunternden Blicken begleitet wird, ist es nicht selten, dass der ‚Schüler' tatsächlich reflexartig nickt und sich willig führen lässt.

⋯⇢ **die Informationsquelle diskreditieren**

Ist die Informationsquelle nichts wert, ist auch automatisch der Inhalt des Arguments entwertet. So erspart man sich die Auseinandersetzung mit einem Wunsch.

⋯⇢ **Ablenkungsmanöver/Themenwechsel**

Die Gesprächsgrundlage wird gewechselt. Meist bleibt das Thema grob erhalten, aber das Diskussionsziel verschiebt sich. Sie werden subtil vom eigentlichen Thema weggelockt.

Jede dieser Varianten verlangt ihre spezielle Antithese. Besonders wirkungsvoll für einen Ausstieg aus solchen Machtspielen ist es, bei sich zu bleiben, anstatt sich ein X für ein U vormachen zu lassen. Sie brauchen sich und Ihre Meinung nicht zu rechtfertigen.

Sollten Sie sich nicht sicher sein, ob mit Ihnen ein Machtspiel gespielt wird, fragen Sie sich nicht ob, sondern welches Machtspiel mit Ihnen gespielt wird.

LÜGEN

Lügen machen sich die Leichtgläubigkeit der Menschen zunutze. Zudem wird massiv die Angst vor Konfrontation ausgenutzt. Wer sagt seinem Kollegen schon gern ins Gesicht: „Du lügst mich an!"

Lügen sind die wirksamste Einzelmethode, den Mitarbeiter um Verstand und Selbstbehauptung zu bringen. Da Lügen die Wahrnehmung verfälschen, sind sie eine besondere Gefahr für die persönliche Gesundheit. Sie können den Verstand verwirren und in Verfolgungsängste treiben. Kurz: Lügen haben das Potential, jemanden verrückt zu machen.

Doch was ist eine Lüge? Die Unwahrheit, die Teilwahrheit und das Fehlen von Wahrheit, wenn diese Wahrheit relevant ist! Noch einmal: Jemand lügt, wenn er definitiv die Unwahrheit spricht. Jemand lügt, wenn nur ein Teil seiner Aussage der Wahrheit entspricht. Und jemand lügt, wenn eine für die Frage oder Situation relevante Information zurückgehalten wird.

Bezüglich des Machtspiels der Lügen sind wir derart desensibilisiert, dass wir gar nicht mehr davon ausgehen, dass jemand die Wahrheit sagt. Oder euphemistisch gesprochen: Wir sind, was Lügen anbelangt, sehr flexibel geworden. Ist es nicht so?

Wenn Sie morgens ins Büro kommen. Wie lautet die erste Frage? Natürlich: „Wie geht es Ihnen?" „Danke, gut!" wird zu 99% die Antwort sein. Etwas anderes erwarten Sie auch nicht, Gott bewahre, dass jemand nun auspackt und von all seinen Sorgen berichtet. Dies ist oft die erste Lüge am Arbeitstag. Und wie oft lügt Ihre Sekretärin für Sie?

Wer kennt das nicht? „Wenn ich jetzt die Wahrheit sage, dann bekomme ich erst so richtig Probleme: Sie wird sich aufregen, er kann kaum noch an sich halten ..." Und dann fragen Sie sich: „Sollte ich das wirklich tun? Ist uns allen nicht mehr geholfen, wenn ich einfach etwas auslasse, eine Notlüge erzähle, eine Geschichte erfinde?"

Was meinen Sie? Wann darf man lügen, wann nicht? Darf man überhaupt lügen? Das ist eine Frage Ihrer Ethik. Hand aufs Herz: Ist es nicht eher so, dass wir nach Ausflüchten suchen, um uns vor Konfrontationen und unangenehmen Situationen zu schützen? Und dazu ist so manchem jedes Mittel recht und sei es eine Lüge. Da gibt es die Ausrede, Notlügen seien erlaubt und barmherzige Lügen kein Kavaliersdelikt, sondern Nächstenliebe. Zurück zur Standfestigkeit, meine Herrschaften!

Lügen schwächen Sie und Ihre Mitarbeiter. Lügen kommen immer irgendwann ans Tageslicht und kosten Sie den Verlust von Vertrauen. Und das Vertrauen eines Menschen zu verlieren ist ein nicht wieder gut zu machender Verlust.

Hier noch einige beliebte Lügen-Varianten:

⋯⋗ **Statistiken**

Für alles und jedes gibt es eine Statistik. Und eine Statistik, die das eine beweist, hat mindestens eine Gegenstatistik, die das Gegenteil belegt. Sofern Sie sich nicht mit der Erstellung einer solchen Statistik auskennen, werden Sie Schwierigkeiten haben, diese korrekt zu lesen. Wer schon einmal eine Statistik erstellt hat, weiß, wie einfach man diese über gezielte Fragestellungen in jede beliebige Richtung beeinflussen kann.

⋯⋗ **die große kaltschnäuzige Lüge**

In solch einem Fall weiß Ihr Verstand, dass Sie belogen werden, doch die Lüge ist derart dreist, dass Sie es entweder nicht glauben können oder Ihnen die Spucke wegbleibt.

⋯⋗ **Lügen durch Auslassung und Halbwahrheiten**

Indem man relevante Informationen unter den Tisch fallen lässt, bekommt alles einen völlig anderen Charakter. Man lässt jemanden gern etwas glauben, ohne es direkt zu bestätigen – am Ende wird er schon sehen, wo er nicht genau hingeschaut hat – selbst Schuld?!

⋯⋗ **Lockvogel**

Hier werden Sie über einen Lockvogel oder einen Blickfang vom eigentlichen Thema abgelenkt. Sie werden mit einem Nebenkriegsschauplatz beschäftigt, damit Sie nicht hinter die Scharade blicken. Sie schauen nach rechts und merken nicht, dass Sie links etwas untergeschoben bekommen.

⋯⋗ **Klatsch & Gerüchte**

Hinter Ihrem Rücken wird etwas in Umlauf gebracht. Automatisch ist es damit Wirklichkeit geworden. Ob dies den Tatsachen entspricht oder nicht ist irrelevant – das Thema ist in die Welt gesetzt und Sie werden es nie wieder los.

Wie begegnen Sie diesem teuflischsten der Machtspiele?

Nun könnte man meinen, man arbeitet einfach gezielt an der Aufklärung der Lügen. Theoretisch gebe ich Ihnen Recht – gute Idee. Praktisch warne ich Sie dringend davor, dies öffentlich zu tun. Lügen sind ein Machtspiel, welches in jedem Falle eskalieren wird: Je mehr Sie auf Aufklärung drängen, desto mehr wird der Falschspieler mit einer Verstärkung des Machtspiels reagieren, in Form von Spott und Ablenkungsmanövern, er wird Sie und Ihre Vermutungen lächerlich machen, mit Intrigen und vor allem mit noch dickeren Lügen. Finger weg, wenn Sie nicht selbst ein Meister der Intrige sind. Vorsicht, wenn Sie nicht gut im Umgang mit Machtspielern trainiert sind.

PASSIVITÄT

Die vierte und letzte Kategorie der Machtspiele ist die Passivität. Über Passivität haben wir schon einiges in der Säule der Selbst-Kontrolle erfahren. Auch hier wird Passivität als Hebel-Mechanismus eingesetzt, um persönliche Ziele zu erreichen, besser um den anderen auszubremsen. Sie kennen diese Schnarchnasen, die sich gern überfordert und übermüdet geben, um sich selbst vor Aufträgen zu schützen. Diese Personen möchte man gern mal schütteln, um sie wieder in die hektische Realität zu befördern.

Die beiden beliebtesten Varianten, die hier noch nicht vorgestellt wurden, sind:

···⟩ **Ist was? Niemand da!**

Der Kollege oder Mitarbeiter weigert sich, die Erwartungen und Anforderungen an ihn zur Kenntnis zu nehmen. Sie kennen doch den Effekt, wenn Sie um Freiwillige bitten und immer wieder dieselben Mitarbeiter an die Decke, auf den Fußboden oder auf ihre Fingernägel schauen.

···⟩ **Du stehst in meiner Schuld.**

Hier wird Dankbarkeit ausgebeutet und massiv mit Schuldgefühlen gearbeitet: „Also, dass kann ich gar nicht glauben, da habe ich Sie jahrelang gefördert und Sie können mir noch nicht einmal diesen Vortrag abnehmen?! Ich weiß nicht, was ich davon halten soll." Alle logischen Argumente, warum etwas aus bestimmten Gründen nicht machbar ist, sind irrelevant. Sie werden auf die Loyalitätsfrage zurückgeworfen. Und wenn Sie nicht tun, was derjenige verlangt, dann sind Sie eben ein Schwein.

Lassen Sie sich nicht für dumm verkaufen. Sagen Sie Ihrem Gegenüber direkt ins Gesicht, dass Sie wissen, was läuft und was Sie davon halten. Dann erst reichen Sie ihm die Hand zur Kooperation – Sie wollen doch miteinander weiterkommen.

UMGANG MIT MACHTSPIELEN

Grundsätzlich ist es eine dämliche Idee, das eine Machtspiel mit einem anderen Machtspiel toppen zu wollen. Zum einen ist es unethisch, zum anderen werden Sie nicht weit kommen. Selbst wenn Sie diese Runde gewinnen sollten, wird sich Ihr Gegner nur zum Kräftesammeln zurückziehen und beim nächsten Mal besser vorbereitet sein. Nutzen Sie Ihre Kräfte und Ihren Intellekt, um das Machtspiel zu beenden und miteinander wieder in das Fahrwasser der Kooperation zu gelangen.

Zuerst einmal stoppen Sie den Machtspieler. Dazu bedarf es keiner großen Kunst. Sagen Sie einfach: „Stopp!" oder wenn Sie gern viele Worte machen: „Stopp! Ich weiß was hier gespielt wird, die Karten liegen auf dem Tisch. So kommen wir nicht weiter!"

Zu jedem Machtspiel gibt es eine Antithese, eine Entwaffnung, die das Machtspiel neutralisiert. Dies ist kein Aufrüstungs-, sondern ein Abrüstungsverfahren. Diese Antithese darf niemals, wirklich niemals, ein Bluff sein, sonst kontern Sie nur mit einem Gegenmachtspiel und treiben die Situation in die Eskalation. Hier geht es nicht um Verbal-Karate, sondern darum, wieder miteinander auf eine respektvolle Ebene zu kommen. Dann erst ist der Weg frei für kooperative Verhandlungen zwischen beiden Partnern.

Mit einer Ausnahme: Wenn unser Gegner wild entschlossen ist, alles an sich zu reißen, kommen wir wohl um einen Krieg nicht herum, wenn wir das, was uns zusteht, behalten wollen. In einem solchen Krisenfall ist Ethik besonders wichtig. Als fest in Ihrem Wertesystem verankerter Handlungsmaßstab ist Ethik Ihr Schutzschild vor Manipulationen und Machtspielen Ihres Umfeldes. Sie werden immun gegen macchiavellistische Verlockungen.

Jenseits von Machtspielen – Kooperation

Positive Macht ist immer wechselseitig, von persönlicher Wertschätzung begleitet und getragen von offenem Verhandeln. Kooperation meint ein gegenseitiges Ab- und Einstimmen nach dem Motto: „Lassen Sie uns schauen, ob wir zueinander kommen können." Es wird zweiseitig abgestimmt und verhandelt. Angebote werden gemacht und kreativ gestaltet. Gesucht wird eine Konstellation, bei der beide Seiten die Gewinner sind. In dieser Win-Win-Strategie beeinflussen beide Seiten und lassen sich beeinflussen. Führungskraft und Mitarbeiter erkennen die vorhandenen Hierarchie- und Rollenunterschiede an, denn ihr Spielraum wird von Rahmenbedingungen beeinflusst wie persönliche Kompetenz, Erfahrungen, Gehaltsgefüge, Tarifverträge, Arbeitsmarktlage und den Erfordernissen der Aufgabe. Dabei fühlen sich beide Seiten ebenbürtig.

Wie Sie ein kooperatives Gespräch optimal gestalten? Zurück zur Kommunikation!

Ethik und Unternehmen

Ethisch orientierte Führungskräfte erweisen sich als vertragstreuer und kompromissbereiter. Ethisch orientierte Unternehmen erweisen sich als krisensicherer und schreiben schwärzere Zahlen als nicht ethisch orientierte Konkurrenten. Ethik bringt Ihnen also nicht nur ein reines Gewissen und ein gutes Image, sondern auch mehr Gewinn.

Dies motiviert nicht nur Sie, sondern auch Ihre Mitarbeiter. Mitarbeiter-Motivation heißt einstimmen, abstimmen, verhandeln und werben, Grenzen abstecken und kreativ nach Konsens suchen. Der Motivationsprozess ist eine Zweibahnstraße. Motivation gleicht einer Entfaltung, in deren Verlauf über die Ebene der Werte (Eltern-Ich) und der Vernunft (Erwachsenen-Ich) hinaus das freie Kind-Ich Energie freisetzt. Motivation kann stimuliert, aber nicht kontrolliert werden. Der gute Ruf der Firma ist dabei ein wichtiger Faktor in ihrer Gesamtattraktivität für einen Mitarbeiter und ist Teil Ihres Angebotes. Dasselbe gilt für ein in der Firma lebendes Wertesystem, für das sich ein Mitarbeiter gern engagiert, wenn er in ihm viele Ideen, Werte und Visionen wiederfindet, die ihm selbst wichtig sind.

In Schwierigkeiten kommt ein ethisch geführtes Unternehmen nur, wenn Ethik in zwei Punkten falsch verstanden wird:

1. Zum einen, wenn persönliche oder sachliche Konflikte unter den Teppich gekehrt werden, möglicherweise um niemandem wehtun zu müssen. Die ungelösten Fragestellungen belasten die Gesamtatmosphäre, worunter dann wieder die Problemlösungs- und Lernkompetenz des Systems leidet. Zurück zur Selbst-Kontrolle und auch zurück zur Liebe!
2. Zum anderen, wenn aus einem falschen Demokratieverständnis heraus angemessene Führung vernachlässigt wird. Dies kann geschehen, weil ein Vorgesetzter Angst davor hat, als autoritär angesehen zu werden, wenn er beispielsweise die Befugnisse seiner Gruppenleiter regeln würde. Das Gerangel mutiert oft zu einem kräfteverschleißenden Dauerthema. Zurück zur Standfestigkeit!

Zur ethischen Haltung in der Führung

Methoden und Techniken sind definitiv Machtmittel. Die Frage ist, ob sie für kooperative oder für manipulative Zwecke eingesetzt werden. Techniken sind nicht an sich schlecht, weil sie missbraucht werden können. Entscheidend ist immer, mit welcher Einstellung und in welcher Absicht die Führungskraft sie einsetzt. Eine gute Grundlage für jede Form der Führung ist die produktive Grundeinstellung: „Ich bin OK, du bist OK!" So regt die Führungskraft ihre Mitarbeiter zur Nutzung ihres Potentials an und schafft Transparenz in Bezug auf Methoden und Ziele. Ein solch beispielhafter Umgang wird helfen, unnötige Reibungsverluste zu vermeiden und neuen Spielraum für lustvolle und effektive Kommunikation zu eröffnen.

Ein Lied nicht für Duckmäuser

Glücklich der Mensch,
der seine Hoffnung nicht auf den Mammon setzt,
der sich nicht einrichtet im Alltag dieses Lebens,
der unbestechlich ist, auch wenn es etwas kostet.
Glücklich ist er.

Glücklich der Mensch,
der sein Haupt vor den Mächtigen nicht beugt,
der den Kollegen am Arbeitsplatz nicht verrät,
der unbeugsam ist im Kampf, Tag für Tag.
Glücklich ist er.

Glücklich der Mensch,
der sich den Launen der Mode widersetzt,
der nicht Gehör schenkt der trügerischen Werbung,
der auch nicht Parolen von Scharlatanen folgt.
Glücklich ist er.

Glücklich der Mensch,
der sein Gewissen nicht um jeden Preis verkauft,
der auf dem Pfad nicht in die Irre geht,
der nicht versinkt in komplizenhaftes Schweigen.
Glücklich ist er.

Glücklich der Mensch,
der seine Schritte auf Deine Pfade lenkt.
Er wird sein wie ein Baum, wuchtig und stark,
der Schatten und Freude spendet auf dem Weg.
Glücklich ist er.

Anleitung zur Kriminalität

⋯⟩ Missionieren Sie die Welt mit Ihren Moralvorstellungen.

⋯⟩ Es geht nicht darum, ehrlich zu sein. Der Trick ist, sich nicht erwischen zu lassen.

⋯⟩ Dreist gewinnt.

⋯⟩ Seien Sie kreativ im Entdecken und Anwenden von Notlügen.

⋯⟩ Es ist egal, wie Sie zum Ziel kommen, wichtig ist, dass Sie es erreichen.

⋯⟩ Ihr Papst ist Macchiavelli.

⋯⟩ Alle sündigen, warum sollten gerade Sie damit aufhören?

⋯⟩ Nur die Stärksten und Gemeinsten überleben. Nur die!

⋯⟩ Es kann nur einen geben: Dich oder mich.

⋯⟩ Alles oder nichts – hopp oder topp – sind sie zu stark, bist du zu schwach.

Fragen aus der PRAXIS

F: Wenn wir von Moral reden, reden wir über Werte. Und wenn wir von Ethik reden, reden wir über Werte. Wo ist der Unterschied?

A: Wenn wir von Moral sprechen, dann meinen wir fremde Werte, die übernommen sind. Wenn wir von Ethik sprechen, geht es um Werte, die man für sich selbst formuliert hat.

Eine Überprüfung ist einfach. Fragen Sie die betreffende Person: „Warum ist Ihnen dieser Wert wichtig?" Ist die Erklärung eher blass und beinhaltet ‚man' und ‚sollte', handelt es sich eindeutig um Moral. Erhalten Sie dagegen kraftvolle Aussagen, die Ihnen präzise vermitteln, worum es der Person mit jenem Wert geht, so handelt es sich um Ethik.

F: Wie erkenne ich den Unterschied zwischen einem Moralisten und einem Ethiker?

A: Beispielsweise am Umgang mit dem Machtspiel ‚Lügen'. Ein Moralist würde die Meinung vertreten und durchfechten: „Lügen werden aufgedeckt und bestraft. Lügen darf man nicht, also soll die Person zusehen, wie sie mit den Konsequenzen zurecht kommt."

Auch für einen Ethiker sind Lügen nicht akzeptabel. Doch er würde in Ruhe abwägen, wie er sich in dieser Situation verhält, um nicht noch mehr Schaden anzurichten. So kann es durchaus sein, dass er lediglich unter vier Augen konfrontiert, um eine unnötige Bloßstellung zu vermeiden.

Einem Moralisten geht es um das Prinzip, einem Ethiker geht es um Gerechtigkeit.

F: Ich weiß, dass ich nachts nicht gut in den Schlaf komme, wenn ich mich gegen meine Werte verhalte. Ist das ein Zeichen für meine Ethik oder für meine Moral?

A: Beides ist möglich. Wenn Sie sich gegen die Werte Ihrer Moral verhalten, kommen Sie nicht in den Schlaf, weil Sie Stress mit Ihren Kopfbewohnern haben. Sie werden dann mit einem schlechten Gewissen dafür bestraft, dass Sie illoyal waren. Sie wissen ja, wie Eltern reagieren können, wenn man nicht tut, was sie sagen.

Wenn Sie sich gegen die Werte Ihrer Ethik verhalten, kommen Sie nicht in den Schlaf, weil Sie sich selbst gegenüber illoyal geworden sind. Ihre Ethik ist das, wofür Sie stehen und womit Sie sich identifizieren. Wenn Sie sich gegen Ihre ureigensten Überzeugungen verhalten, verlieren Sie sich selbst, und das macht mehr Bauchschmerzen und schlaflose Nächte als ein Loyalitätskonflikt mit den internen Eltern.

F: Ist die kriminelle Variante nicht doch die kraftvollere? Und Ethik können sich nur die leisten, die eh am Hebel sitzen?

A: Nein, keineswegs! Die kriminelle Variante ist schneller darin, einen Effekt zu erzielen. Und damit erscheint sie verführerischer. Mit Macchiavelli und kriminellen Tendenzen kommen Sie vielleicht schnell an großes Geld. Doch der Haken bei der Sache ist, dass Sie keinen gesunden Nährboden geschaffen haben, um auf Dauer Blüten zu treiben. Sie werden feststellen, dass Ihnen nach kurzer Zeit alles wieder jämmerlich eingeht.

Ethik dagegen ist langsamer in den Effekten, doch diese sind dann stabil. Ethisch erzielte Erfolge sind damit nachhaltiger und kraftvoller. Auf Dauer gesehen ist Ethik also die einzig erfolgreiche Variante.

F: Wie soll ich in einem Umfeld, wo wenig Ethik gelebt wird, meine Ethik ausleben?

A: Schaffen Sie Tatsachen! Tun Sie es einfach. Selbst in die dunkelste Bude können Sie ein Licht tragen, und vielleicht gehen dann noch anderen Menschen ein paar Lichter auf.

Übungen zur Reflexion

Ich und meine Machtspiele

Welchen Ihrer Mitarbeiter haben Sie im letzten halben Jahr mit ‚Alles oder Nichts' konfrontiert? Was wollten Sie erzwingen?

Wen schüchtern Sie schon mal gerne ein? Und wann tun Sie das?

Wie oft lügen Sie am Tag? Wie rechtfertigen Sie diese Lügen vor sich selbst?

Mit wem spielen Sie ‚Passivität'? Wie weit kommen Sie damit?

Persönlicher Ethikkatalog

Formulieren Sie Ihren persönlichen Ethik-Katalog.
Welches sind die zentralen Werte in Ihrem Leben? Für welche Prinzipien stehen Sie? Worauf
kann man sich bei Ihnen verlassen? Was ist Ihnen heilig?

Check Up

ETHIK

IHR

 Ethik ist Ihr Schutzschild vor Manipulationen und Machtspielen.

- Das Schlüsselkriterium der Ethik ist Achtsamkeit.

- Ethik ist für Führungskräfte unverzichtbar, wenn sie Verantwortung tragen – also immer!

- Im Allgemeinen muss man sich ein Leben lang mit seiner Ethik auseinandersetzen.

- Ethik lässt Sie eine Macht spüren, die sich nicht auf Materielles stützt.

- Sie stehen mit Gelassenheit über den alltäglichen Dingen und bewahren sich den Blick für das Wesentliche.

IST

SCHUTZSCHILD

- ● Die Macht der Ethik lässt Sie eine tiefe Zufriedenheit spüren.

- ● Für Ihre Mitarbeiter sind Sie eine Quelle der Kraft und Inspiration.

- ● Sie können Ruhe bewahren inmitten erschütternder Ereignisse, klar sehen, was um Sie herum vorgeht, ohne von anderen manipuliert zu werden.

- ● Dieses Machtpotential fördert Stabilität und Harmonie in Ihrem Umfeld.

- ● Führungskräfte mit einer stabilen Ethik sind wahre Gewinner!

Ihre Mitarbeiter werden es Ihnen danken!

ALLES AUF EINEN BLICK

SÄULE	CHAKRA	CHAKRENQUALITÄT
Standfestigkeit	Wurzel-Chakra	in der Welt sein
Leidenschaft	Sakral-Chakra	in Bewegung sein
Selbst-Kontrolle	Solarplexus-Chakra	die Bewegung kontrollieren
Liebe	Herz-Chakra	sich andern zuwenden
Kommunikation	Hals-Chakra	interaktiv sein
Wissen	Stirn-Chakra	seinen eigenen Weg finden
Ethik	Kronen-Chakra	Vorbild sein

MACHTQUALITÄT	DÄMON	SCHLÜSSELKRITERIUM
+/+ Grundeinstellung	Angst	Vertrauen
freies Kind-Ich	Scham	Genuss
Erwachsenen-Ich	Schuld	Verantwortung
fürsorgliches Eltern-Ich	Leid	Zuwendung
Selbstausdruck	Lüge	Wahrheit
kleiner Professor	Illusion	Intuition
Schutzschild	Mitläufer	Achtsamkeit

ZIEL ERREICHT!?!

Herzlichen Glückwunsch – Sie haben nun alle 7 Säulen der Macht durchlaufen. Oder sind Sie ein Vorblätterer?

Wo sind Sie nun angekommen? Sind Sie zufrieden wo Sie stehen? Soll es für Sie weitergehen? Halten Sie einen Moment inne, um Bilanz zu ziehen:

Was haben mir die 7 Säulen der Macht bis jetzt gebracht?

Entwicklung hat kein natürliches Ende. Und so wird es immer für Sie weitergehen, wenn Sie der Natur ihren Lauf lassen. Oder hätten Sie lieber, dass es einzig nach Ihrem Willen geht? Wollen Sie anhalten in der Persönlichkeitsentwicklung? Versuchen Sie es spaßeshalber einmal. Sie werden feststellen, dass das nur unter Verlusten möglich ist. Sie wissen ja, das Leben meint es gut mit uns, und so bekommen wir all die Aufgaben, die wir nicht zufrieden stellend gelöst haben, erneut vorgesetzt. Wenn Sie also nicht immer wieder in derselben Sackgasse landen wollen, müssen Sie sich weiterentwickeln. Das ist doch wohl nicht zu viel verlangt, oder? Und Spaß gemacht hat es ja auch, sich von unnötigen Belastungen zu befreien.

Hier noch ein paar Erlaubnisse für den Fall versehentlichen Bergauf-Bremsens:

Wissensriese – Handlungszwerg

Sie kennen das ja, man weiß es schon, doch man macht es nicht. Denn auch morgen ist noch ein Tag oder warum nicht zum Jahreswechsel damit beginnen. Machen Sie sich nicht selbst den Druck von guten Vorsätzen, der später als schlechtes Gewissen auf Ihnen lastet. Tun Sie es oder lassen Sie es!

Rückfälle

Sicherlich kennen Sie auch die so genannten Rückfälle: Ein Ich-Zustand hat etwas begriffen und rennt begeistert vor – ein anderer pfeift ihn dann wieder zurück. Nun, ja. Eltern lernen auch, nur langsamer. Alle neuen Entscheidungen brauchen ihre Zeit. Im Team der Ich-Zustände brauchen wir einen tragfähigen Konsens, um Ängste und Herausforderungen zu meistern. Gut Ding will Weile haben!

Sind Sie eine Führungspersönlichkeit?

Wenn Sie alle 7 Säulen der Macht tragfähig entwickelt haben, sind Sie zu einer Führungspersönlichkeit geworden – einer charismatischen und beeindruckenden Person im Umgang mit Menschen.

Sie entsprechen dann dem Ideal einer integrierten Persönlichkeit. Integriert bedeutet hier nicht, dass Sie in bestimmte Kreise integriert wurden, sondern dass Sie bestimmte Qualitäten erfolgreich in Ihren Charakter integriert haben. Sie zeichnen sich durch einen Charme und eine natürliche Offenheit aus, die auch bei unbefangenen Kindern zu beobachten ist. Dazu gesellen sich moralische Qualitäten wie Mut, Ernsthaftigkeit, Redlichkeit und Zuverlässigkeit. Sie verfügen über positive Ausstrahlung und hohes soziales Verantwortungsgefühl. Kurz: Sie sind eine gereifte Persönlichkeit!

Wie haben Sie das geschafft? Wie haben Sie diese gewinnenden Qualitäten miteinander in Einklang gebracht?

Erinnern wir uns der Ich-Zustände.

Als Nachhall von etwas Vergangenem stehen uns Kind-Ich und Eltern-Ich zur Verfügung, die wir von Zeit zu Zeit wie eine gute Schallplatte wieder auflegen. Natürlich sind diese alten Muster nicht alle schlecht – im Gegenteil, wer und was Sie heute sind, haben Sie zum Teil diesen Ich-Zustandsanteilen zu verdanken.

Doch jeder Mensch hat auch ein paar ungünstige Vorgaben mit auf den Lebensweg bekommen. Wenn Sie diese unproduktiven alten Muster in eine aktuelle, heute stimmige Form bringen, also zu Gewinnformeln umwandeln, dann ist Ihr Erwachsenen-Ich aktiv. Die Umwandlung unsinniger in sinnige Gewinnformeln erfolgt über eine Realitätsprüfung: Informationen werden mit früheren Erfahrungen abgeglichen, um realistische Entscheidungen zu treffen. Sie sind weder von Vorurteilen (Eltern-Ich-Trübung) noch von Wunschdenken (Kind-Ich-Trübung) geleitete. Dieses realitätsgerechte Verhalten bezieht sich nicht nur auf trockene Geschäfte, sondern auch auf Menschen. Gegenüber dem frustrierten Mitarbeiter zeigt sich die mitmenschlich bezogene Sachlichkeit in tätiger Motivation, gegenüber dem Geschäftspartner in aktiver Beziehungsintelligenz.

In Ihrem Erwachsenen-Ich-Zustand liegt also der Beweis für Ihre Integrationsfähigkeit – Erfahrenes und Aktuelles werden miteinander in Einklang gebracht. Im Gegenteil zur Trübung des Erwachsenen-Ichs geschieht hier eine Synthese von bewusst ausgewählten Inhalten. In diesem Transformationsprozess trennen Sie die Spreu vom Weizen. Sie wissen mittlerweile, dass Kinder nicht vom Klapperstorch kommen und erzählen es darum nicht weiter. Und während Sie damals noch von Ihrer Mutter dressiert werden mussten ‚Bitte' und ‚Danke' zu sagen („Was sagt man?"), haben Sie mittlerweile die Erfahrung gemacht, dass es das Geschäftsleben weniger kühl sein lässt, wenn Sie Ihre gute Kinderstube zeigen.

Je mehr Sie die Inhalte Ihres Eltern- und Kind-Ichs kennen lernen, durchforsten und überprüfen, desto mehr entwickeln Sie Ihr getrübtes Erwachsenen-Ich zum integrierten Erwachsenen-Ich.

Dieses integrierte Erwachsenen-Ich ist nicht mehr nur noch ein Ich-Zustand – es ist Ihr wahres Selbst. Das sind Sie!

Als biologisch reife Person haben Sie Ihre erwachsenen Intelligenzfunktionen voll entwickelt (Logos), Sie verfügen emotional über ein breites Reaktionsspektrum (Pathos) und orientieren sich an einem überprüften Wertesystem (Ethos).

Damit verfügen Sie über drei wesentliche Charaktereigenschaften:
- ⋯⇢ ethisches Verantwortungsbewusstsein (Ethos),
- ⋯⇢ die Fähigkeit zu objektiver Informationsverarbeitung (Logos) und
- ⋯⇢ persönliche Anziehungskraft und Aufgeschlossenheit (Pathos).

Ethos
Von Führungskräften werden universal und archetypisch ethische Eigenschaften erwartet: Aufrichtigkeit und Mut, Ernsthaftigkeit und Verantwortungsbewusstsein, Loyalität und Verlässlichkeit.

Logos
Der so genannte Verstand mit seiner Logik und Überlegtheit ermöglicht die objektive Verarbeitung von Informationen.

Pathos
Charme ergibt sich aus persönlicher Anziehungskraft und natürlicher Offenheit. Auch Empfindsamkeit und Emotionalität gehören dazu.

Diese drei Wesenszüge machen als integriertes Ganzes Ihr Charisma aus. Ihre Mitarbeiter werden es Ihnen danken.

Für Sie selbst gibt es noch mehr zu gewinnen, neben dem Vertrauen, dem Einsatz und der Loyalität Ihrer Mitarbeiter. Sie gewinnen Autonomie. Autonomie gibt es natürlich nicht in der Lotterie zu gewinnen, sie ist der Lohn für Ihren Einsatz. Autonomie ist das Ergebnis Ihrer Selbstreflexion und Persönlichkeitsentwicklung.

Im allgemeinen Sprachgebrauch wird Autonomie mit Eigenverantwortlichkeit und dem Recht auf Selbstbestimmung gleichgesetzt. Im Rahmen der Persönlichkeitsentwicklung versteht sich Autonomie als die (oft wiedergewonnene) Fähigkeit selbständig zu denken, eigen- und fremdverantwortlich zu handeln und unabhängig zu fühlen. Dies sind genau genommen drei Fähigkeiten, die sich gegenseitig unterstützen: Bewusstheit, Spontaneität und Intimität.

Bewusstheit ist die Fähigkeit, die Wirklichkeit ohne einschränkende Prägung aus der Vergangenheit im Hier und Heute ungetrübt wahrzunehmen. Ihr Erleben der Welt ist Ihr eigenes und entspricht nicht elterlichen Definitionen oder kindlichen Wunschvorstellungen. Die Stimmen Ihrer Kopfbewohner sind verstummt. Dies ist Ihr Realitätsbezug.

Spontaneität meint die Fähigkeit, aus einer großen Zahl von Alternativen im Fühlen, Denken und Verhalten frei auszuwählen. Sie besitzen die Freiheit und die Möglichkeit Ihre Empfindungen vorbehaltlos und angemessen auszudrücken. So, wie Sie die Welt als bewusster Mensch erleben, so reagieren Sie: spontan und direkt. Sie können sich frei entfalten ohne andere zu begrenzen und ohne von inneren Kopfbewohnern oder Ängsten begrenzt zu werden.

Intimität ist Ihre Begegnungs- und Beziehungsfähigkeit. Ohne die Fähigkeit zu einer vorbehaltslosen, aufrichtigen und manipulationsfreien Beziehung können Sie nicht das Glück und die Erfüllung erfahren, die mitmenschliche Nähe mit sich bringt. Nähe ist echte menschliche Begegnung in der **+/+** Haltung. Sie sind bereit, sich für den Moment ganz auf den anderen einzustellen. Nimmt Ihr Gesprächspartner dies wahr und antwortet Ihnen in gleicher Weise, so entsteht ein Sich-Begegnen. Intimität ist Beziehung. Beziehung verlangt offene Gegenseitigkeit und ermöglicht tiefes Erkennen, aufrichtige Anteilnahme, ein Verbunden-Sein und gleichzeitig die Empfindung von Freiheit und Leichtigkeit.

Beziehung ist sehr schön und auch sehr notwendig. Zu Beginn Ihres Lebens waren Sie biologisch und emotional abhängig von Ihrer menschlichen Umwelt. Im Verlauf Ihrer Entwicklung strebten Sie nach immer mehr Unabhängigkeit. Sie wollten Autonomie. Es ist das Streben, sich selbst zu beherrschen und unabhängig von äußerer Kontrolle zu werden. Diese Eigenverantwortlichkeit erleben wir als befreiend. Und nur ein Individuum, das sich selbst gegenüber verantwortlich ist, kann auch Verantwortung für andere Menschen übernehmen.

Doch Autonomie steht nie allein. Sie ist immer im Zusammenhang mit sozialer Interdependenz zu sehen – der andere Grundbedingung unseres menschlichen Daseins. Wie stark Sie auch nach Autonomie streben, Sie sind eingebettet in ein soziales und kulturelles Umfeld, das Ihnen erst zur Individualität verhilft, indem andere Menschen bereit sind, sich mit Ihnen auseinanderzusetzen und auszutauschen.

Nun sind Sie in der Klemme. Da sind Ihre Autonomiebestrebungen und die damit einher gehende Entwicklung zu einem eigenständigen, von anderen unterscheidbaren Individuum. Gleichzeitig spüren Sie das Bedürfnis, in Beziehung zu sein. Beziehung aber ist mit einer Relativierung Ihres Autonomieanspruchs verbunden. In diesem Spagat zwischen Selbstverwirklichung und sozialer Bezogenheit müssen Sie Ihren Standort finden. Das gelingt Ihnen nur im ständigen kommunikativen Austausch. Sie erfahren also in dem Maße eine günstige Persönlichkeitsentwicklung, wie Sie über sich selbst hinaus auf andere bezogen sind.

Gelingt Ihnen dieses Kunststück, dann reifen Sie zu einer Führungspersönlichkeit – einem Mentor mit effektiver Kommunikation, ethischer Konfliktlösung und potenter Führung.

Ihre Mitarbeiter werden es Ihnen danken!

An dieser Stelle beenden wir die gemeinsame Entdeckung Ihrer 7 Säulen der Macht.
Halten Sie inne, um zu prüfen wo Sie angekommen sind.
Ich wünsche Ihnen alles Gute für die weitere Reise.

Testen Sie Ihren Erfolg:
Sind Sie eine vollendete Führungspersönlichkeit?

O Sie sind von manchen Sprüchen einfach geplättet?
   Zurück zur Standfestigkeit!
O Sie wissen manchmal nicht, welcher Teufel Sie reitet?
   Zurück zur Leidenschaft!
O Sie geraten immer mal wieder in Sackgassen?
   Zurück zur Selbst-Kontrolle!
O Sie können manchen Mitarbeitern nicht aufs Fell schauen?
   Zurück zur Liebe!
O Sie kommen mit Ihren Ideen manchmal einfach nicht durch?
   Zurück zur Kommunikation!
O Sie können sich manchmal nur schwer entscheiden?
   Zurück zum Wissen!
O Sie müssen sich trotz besseren Wissens äußeren Zwängen beugen?
   Zurück zur Ethik!

Sie sind noch nicht vollkommen? Herzlichen Glückwunsch – Sie sind ein Mensch!

Sie wissen doch, **der Weg ist das Ziel**! Gehen Sie die 7 Säulen der Macht einfach noch einmal an, sobald Ihnen danach ist. Oder kommen Sie ins Training – hier lernen Sie nette Weggefährten kennen und sich noch mehr zu entfalten.

Das Training

Wenn es mit einem guten Buch getan wäre, würden wohl alle Trainer im Büro länger auf dem Bleistift kauen, um etwas Wissenswertes aufs Papier zu bringen, oder mit Elan in die Tasten hauen. Stattdessen reisen ganze Hundertschaften durch die Weltgeschichte. Was soll das?

So sehr auch die intellektuelle Auseinandersetzung mit persönlichen Themen über ein Buch gut und effektiv ist: Nichts kann das Erleben im Training ersetzen. Buch und Training – beide haben ihre Berechtigung, ihre Wichtigkeit und ihren Platz.

Ein Buch lässt sich immer mal wieder zur Hand nehmen, um etwas nachzuschlagen. Ein Buch lässt Sie selbst das Tempo bestimmen. Ein Buch lässt sich zuklappen, wenn es unangenehm wird. Ein Buch ist geduldig, es erwartet nichts, es verlangt nichts. Ein Buch ist gut!

Ein Training ist lebendig, es pusht voran, es hilft Ihnen über die eigenen Hürden, es bringt Sie weiter, es lässt Sie Ihre Grenzen überwinden. Ein Training geht weiter!

STANDFESTIGKEIT — LEIDENSCHAFT — SELBST-KONTROLLE — LIEBE — KOMMUNIKATION — WISSEN — ETHIK

Die 7 Säulen der Macht sind für Einsteiger (weil keinerlei Vorkenntnisse erforderlich sind) und für Profis (die ihr Repertoire bereichern und ihre Kompetenzen erweitern wollen) gleichermaßen geeignet. So erfahren Sie als Teilnehmer die evolutionäre wie auch revolutionäre Entwicklung Ihrer Führungskompetenzen.

SÄULEN DER MACHT

Wenn die Inhalte dieses Buches Sie ‚angeleckert' haben, werden Sie im Training keine Widerholung erfahren, sondern dass es weiter geht.
Wir arbeiten intensiv weit über die vorgestellten Inhalte hinaus.

„Learning by Doing" bedeutet, Sie machen es gleich. Dies ist nicht der Versuch am lebenden Objekt im ‚Wie-du-mir-so-ich-dir'-Verfahren mit dem Trainingsgenossen, sondern kompetente Umsetzung der erlernten Inhalte mit gezielter Rückmeldung durch die Trainerin.

Im Training werden Sie Ihre Selbsteinschätzung immer anhand wissenschaftlicher Tests abgleichen können. Sie erhalten Checklisten, Aufgabenpässe und Kartenmaterial, um die erlernten Inhalte überall mit hinnehmen zu können, falls der Platz im Kopf vorübergehend nicht ausreichen sollte.

DIE AUTORIN Suzanne Grieger-Langer

Liebe Leserin, lieber Leser,

ich freue mich, dass Sie sich für die 7 Säulen der Macht interessieren. Seit 1996 arbeite ich mit diesem Konzept. Die Inspiration dazu entnahm ich einem Artikel von Claude Steiner. In wenigen Zeilen dachte er die 7 Chakren als Schutz vor Ausbeutung an.

Die Chakrenqualitäten als Schutz vor dem alltäglichen Machtmissbrauch? Ich war begeistert!

In meiner Ausbildung zur Reikimeisterin war ich über Jahre in der Chakrenarbeit ausgebildet worden. Neu war mir der Gedanke, dies außerhalb einer uralten japanischen Entspannungs- und Heilmethode zu tun. Die Idee ließ mich nicht mehr los!

Als Profiler bin ich täglich mit der Beobachtung von Menschen beschäftigt. Ich beobachte, dass es den Menschen weniger an Techniken und Methoden mangelt. Das Problem ist, dass sie sich oft genug selbst im Weg stehen.

Wenn aber Konfliktpunkte und Störquellen in der Person selbst liegen, dann ist es ja ganz einfach: Man kann bei sich selbst ansetzen und Fortschritt bewirken, ohne andere mitziehen zu müssen.

Also habe ich mich daran gemacht, den Muff aus dem jahrtausendealten Stoff der Chakren zu klopfen und für Menschen von heute zu übersetzten. Die Transaktionsanalyse war mir dabei der größte Helfer.

Mich freut besonders, dass ich so viele Menschen mit den 7 Säulen begeistern, begleiten und bewegen kann. Sie sind einfach eine Erfolgsstory: Seit vielen Jahren schon sind die 7 Säulen der Macht® eine eingetragene Marke, die Deutsche Gesellschaft für Transaktionsanalyse hat sie als Grundlage für die Ausbildung zum Coach (DGTA) akkreditiert, an der Wirtschaftsuniversität Wien gehören sie zum Curriculum des internationalen Doktorenprogramms ...

Mittlerweile kann ich selbst den Bedarf an Vorträge und Seminaren dazu nicht mehr allein bewältigen und lizenziere Coaches, Trainer und Speaker für die 7 Säulen der Macht®. Fühlen Sie sich berufen? Rufen Sie uns an.

Sie möchten ein Seminar zu den 7 Säulen der Macht erleben? Kontaktieren Sie uns.

Für Führungskräfte habe ich ein besonderes 7 Säulen-Format entwickelt, das Führungstechniken mit Persönlichkeitsentwicklung nach den 7 Säulen der Macht kombiniert. Dieses Jahrestraining ist ein Turbo für die Karriereentwicklung. Haben Sie Interesse? Sprechen Sie uns an.

Ihnen wünsche ich Erfolg in und Freude an Ihren Unternehmungen.
  Suzanne Grieger-Langer

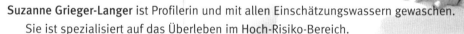

Suzanne Grieger-Langer ist Profilerin und mit allen Einschätzungswassern gewaschen.

Sie ist spezialisiert auf das Überleben im Hoch-Risiko-Bereich.

Die ressourcenorientierte Erkennung von Potenzialen wie auch die defizitorientierte Erkennung von Betrug sind ihr tägliches Geschäft.

Die von ihr entwickelte Formula Infiltration® gilt als Meilenstein des Betrugsmanagements. Entsprechend gestaltete die Lehrbeauftragte verschiedener Hochschulen nun für die Frankfurt School of Finance and Management den Studiengang ‚Profiler‘.

Mit ihrem internationalen Team von Profilern ist sie in der Lage, Charakterprofile auf dem Niveau des psychogenetischen Codes zu erstellen. Mit dieser Kompetenzbreite und -tiefe ist sie seit der Jahrtausendwende Europas unangefochtener Profilingexperte!

Die Mentorin der Menschen an neuralgischen Punkten der Macht instruiert seit über zwanzig Jahren nicht mehr nur Nachrichtendienstler, sondern auch Entscheider der Wirtschaft und Wissenschaft.

Wenn nicht sie, wer dann kann Ihnen helfen, die Untiefen des Menschen zu umschiffen?!

AKADEMIE DER
MÖGLICHKEITEN FÜR PERSÖNLICHKEITEN

Geistiges Menthol, das Sinn und Sinne weckt

- **LIZENZ ZUR FÜHRUNG**

- **ZERTIFIZIERUNG ZUM COACH**

- **AUSBILDUNG ZUM TRANSAKTIONSANALYTIKER**

Lizenzierung der 7 Säulen der Macht®
für Coaches, Trainer & Speaker

WWW.MOEGLICHKEITEN-

Ausbildung zum Coach (DGTA)
Nach den 7 Säulen der Macht®

Akkreditiert von der Deutschen Gesellschaft für
Transaktionsanalyse

PERSOENLICHKEITEN.DE

Etwas ganz Besonderes zum Schluss

Profil & Profession

Profil & Profession

WWW.GRIEGER-LANGER-COACHING.DE

Ein Intensivcoaching, in dem Sie sich positionieren,
um schnellstmöglich Ihre Position zu optimieren!

PROFIL &

WER SIND SIE?

WAS KÖNNEN SIE?

WAS WOLLEN SIE?

WO SIND SIE RICHTIG?

WIE KOMMEN SIE DAHIN?

All diese Fragen werden in einer einzigen Coachingsitzung beantwortet!
Wie? – Stellen Sie sich vor:

Ein Profiler für Sie ganz allein – einen ganzen Tag lang.

Was könnten Sie alles erfahren? Was wollten Sie alles wissen? Was wäre alles möglich?
– Finden Sie es heraus!

Kommen Sie morgens mit all Ihren Fragen – Ihr Profiler kommt mit Ihrem Profil. Und dann geht es los. Ihr Profiler präsentiert Ihnen Ihre Persönlichkeit – Kompetenz für Kompetenz. Wie bei einem Puzzle sehen Sie, wie sich die einzelnen Bausteine Ihrer Persönlichkeit zu einem Bild zusammensetzen. Sie verstehen sofort, welche Wege für Sie gangbar sind und welche Fallstricke es in Zukunft zu vermeiden gilt. Ziel des Coachingtages ist, dass Sie mit einem völligen Verständnis für Ihre Persönlichkeit und einer langen To-Do-Liste für Ihre Karriere nach Hause gehen.

Nach dieser intensiven Arbeit können Sie Ihren Profiler selbstverständlich immer wieder kontaktieren – per mail, per fon oder im Coaching – um weiter zu arbeiten oder auch spätere Fragen zu klären. Egal, wann Sie sich melden – und sei es in 10 Jahren.

PROFESSION

LITERATUR, DIE MICH INSPIRIERT UND BEGLEITET HAT:

ABELE, PAUL RÜDIGER; 1994
Teamtraining im Kontext von Organisationen. Zeitschrift für Transaktionsanalyse, 3-4, 187-224

BALDWIN, B.R.; CARNEY, K.; DUVALL, D.; GOLDIN, A.; MORRIS, T.; 1986
Ego state dominance and occupational role selection. Transactional Analysis Journal, 16, 50-56

BALLING, ROLF; 1989
Manipulation, Motipulation, Motivation. Oder: „Wie kriege ich Deine Arbeitskraft?" Zeitschrift für Transaktionsanalyse, 2-3, 109-119

BAY, ROLF H.; JESSEN, FRED M.; 1985
Zuwendung für ‚Sein' oder ‚Verhalten' – eine neue Art der Darstellung. Zeitschrift für Transaktionsanalyse, 1, 51-53

BELKE, URSULA; 2004
Die Methode der Selbstbeelterung nach Muriel James. Zeitschrift für Transaktionsanalyse, 4, 316-318

BERNE, ERIC; 1957
Ego States in Psychotherapy. The American Journal of Psychotherapy 11, 293-309. Nachdruck in Berne, E. 1977, 121-144/153-17

BERNE, ERIC; 1961
Transactional Analysis in Psychotherapy. New York, Grove Press

BERNE, ERIC; 1962
Classification of Positions. Transactional Analysis Bulletin, 1, 23

BERNE, ERIC; 1963
The Structure and Dynamics of Organisations and Groups. Philadelphia, Lippincott (Struktur und Dynamik von Organisationen und Gruppen. Frankfurt Main, Fischer, 1986)

BERNE, ERIC; 1966
Principles of Grouptreatment. o.A., o.A, (Grundlagen der Gruppenbehandlung – Gedanken zur Gruppentherapie und Interventionstechniken. Paderborn, Junfermann, 2005)

BERNE, ERIC; 1970
Sex in Human Lovin. New York, Simon & Schuster (Spielarten und Spielregeln der Liebe – Psychologische Analyse der Partnerbeziehung. Frankfurt Main, Rowohlt, 1971(1994))

BERNE, ERIC; 1972
What Do You Say after You Say Hello? New York, Grove Press (Was sagen Sie, nachdem Sie ‚Guten Tag' gesagt haben? Frankfurt Main, Fischer, 1991(1983))

BERNE, ERIC; 1976
Beyond Games and Scripts. New York, Grove Press

BERNE, ERIC; 1977A
Primal images and primal judgment. In: McCormick, Pd. (Ed.): Intutition and ego states. San Francisco, TA Press, 67-97

BERNE, ERIC; 1977B
The ego state image. In: McCormick, Pd. (Ed.): Intutition and ego states. San Francisco, TA Press, 99-120

BERNE, ERIC; 1977C
Intuition and Ego States. San Francisco, TA-Press (Transaktionsanalyse der Intuition. Paderborn, Junfermann, 1991)

BINDER, WALTER; 1990
Der Energiekörper im Feld der Reiki-Kraft. Deggendorf, Verlag für Naturmedizin und Bioenergetik

BIRKENBIEHL, VERA F.; 1986
Kommunikationstraining. Landsberg am Lech, mvg

BRENNAN, T.; MCCLENAGHAN; 1978
The transactional behavior questionaire. Transactional Analysis Journal, 8, 52-55

BRUCE, TED T.; ERSKINE RICHARD G.; 1978
Verfälschung von Strokes. Neues aus der Transaktionsanalyse, 2, 28

BUCHHOLZ, MICHAEL B.; 1988
Macht im Team – intim. Praxis Kinderpsychologie & Kinderpsychiatrie. 37, 281-290

BURKHARD, KLAUS; 1991
Ethik in Wirtschaftsorganisationen. Zeitschrift für Transaktionsanalyse, 4, 160-162

BURKHARD, KLAUS; 2002
Werte und Ideen der Transaktionsanalyse in der Machtdiskussion. Zeitschrift für Transaktionsanalyse, 2, 138-142

CAMERON-BANDLER, LESLIE; LEBEAU, MICHAEL; 1988
The Emotional Hostage – Rescuing your Emotional Life. Moab USA, Real People Press (Die Intelligenz der Gefühle – Grundlage der ‚Imperativ Self Analysis' I. Paderborn, Junfermann, 1991)

CAMPBELL, JOSEPH; 1949
The Hero with a thousand Faces. New York, Bollingen Foundation Inc., (Der Heros in tausend Gestalten. Frankfurt Main, Fischer, 1999)

CAMPBELL, JOSEPH; 1988
The Power of Myth. New York a. o., Doubleday, (Die Kraft der Mythen. Bilder der Seele im Leben des Menschen. München, Artemis, 1994)

CAMPBELL, JOSEPH; 1990
Tansformations of Myth Through Time. New York, Harper & Row, (Mythen der Menschheit. Kempten, Kösel, 1993)

CAMPBELL, JOSEPH; 2001
Thou Art That – Transforming Religious Metaphor, California USA, New World Library, (Das bist Du – Die spirituelle Bedeutung biblischer Geschichten, Wunder und Gleichnisse. München, Ansata, 2002)

CARTMEL, GERALD; 1986
A Systematic Approach to Psychosomatic Disease. Transactional Analysis Journal, 4, 212-223 (Über einen systemischen Zugang zu psychosomatischen Erkrankungen. Zeitschrift für Transaktionsanalyse, 3, 105-125, 1991)

CHOY, ASEY; 1990
The Winner's Triangle. Transactional Analysis Journal, 20, 40-46

COOPER, TERRY; KAHLER, TAIBI; 1978
Ein Acht-Punkte-System zur Klassifizierung von Strokes und Abwertungen. Neues aus der Transaktionsanalyse, 2, 29-30

COPRAY, NORBERT; 1986
Viel mehr als ein Computer. Zeitschrift für Transaktionsanalyse, 2, 65-72

DALBERG, ANDREAS; 1997
Der Weg zum wahren Reiki-Meister. München, Droemer-Knaur

DALEY, B.L.; 1973
An instrument to determin basic ego states as defined by transactional analysis. Doctoral Dissertation. O.O.: University of South Carolina

DOELKER, R. JR. & GRIFFITHS, J.; 1984
Development of an instrument to measure ego state functions and its application to practice. Transactional Analysis Journal, 14, 149-152

DRYE, ROBERT C.; 1978
Strokes für das rebellische Kind – ein Aspekt des Umgangs mit Widerstand. Neues aus der Transaktionsanalyse, 2, 37-40

ENGLISH, FANITA; PAULA, MICHAEL HRSG.; 1980
Transaktionsanalyse: Gefühle und Ersatzgefühle in Beziehungen. Salzhausen, iskopress, 4. Auflage (1994)

ENGLISH, FANITA; PAULA, MICHAEL HRSG.; 1982
Es ging doch gut, was ging denn schief? Beziehungen in Partnerschaft, Familie und Beruf. München, Kaiser, 5. Auflage (1992)

ENGLISH, FANITA; WONNEBERGER, KLAUS-DIETER; HAGEHÜLSMANN, HEINRICH (HRSG.); 1992
Wenn Verzweiflung zu Gewalt wird . . .: Gewalttaten und ihre verborgenen Ursachen. Paderborn, Junfermann

ERNST, FRANKLIN H.; 1971
OK Corral: The Grid for Get-On-With. Transactional Analysis Journal, 1, 33-42

ERSKINE, RICHARD G.; TEXLEY, RONALD F.; 1975
An Action Structure for Feeling Fine Faster. Transactional Analysis Journal, 5, 186-187

ERSKINE, RICHARD G.; 1989
Erkennung und Heilung erpresserischer Suche nach Zuwendung. Zeitschrift für Transaktionsanalyse, 1-2, 29-60

ERSKINE, RICHARD G.; 1995
Scham und Selbstgerechtigkeit: Transaktionsanalytische Sichtweisen und klinische Interventionen.
Zeitschrift für Transaktionsanalyse, 1-2, 29-60

ERSKINE, RICHARD G.; 2002
Relational Needs. EATA Newsletter, 73, 5-9

FISHER, ROGER; URY, WILLIAM; PATTON, BRUCE; 1981
Getting to Yes. Massachusetts, Houghton Mifflin & Co (Das Harvard-Konzept: Sachgerecht verhandeln – erfolgreich verhandeln. Frankfurt Main & New York, Campus, 19. Auflage (2000))

FORGAS, JOSEPH P.; 1987
Interpersonal Behaviour: the Psychology of Social Interaction. Rushcutters Bay (Australia), Pergamon Press

FRANK, JULIAN S.; 1975
How to ‚cure' organizations. Transactional Analysis Journal, 5, 354-358 (‚Heilbehandlung' von Organisationen.
Zeitschrift für Transaktionsanalyse, 1, 43-49, 1984)

FRENCH, J.R.P.; RAVEN, B.H.; 1959
The bases of social power. In: D. Cartwright (Ed.) Studies in Social Power. Ann Arbor, University of Michigan Press

FRESE, UTE; 2002
Kopfbewohner oder wer bestimmt unser Denken? Zeitschrift für Transaktionsanalyse, 4, 312-313

GARCIA, FELIPA N.; 1991
Responsivity; Transactional Analysis Journal, 21, 212-217

GELLERT, MANFRED; NOWAK, CLAUS; 2002
Teamarbeit, Teamentwicklung, Teamberatung: Ein Praxisbuch für die Arbeit in und mit Teams. Meezen, Limmer, 2. Auflage (2004)

GELLERT, SHEPARD; 1975
Drivers. Transactional Analysis Journal, 5, 422-425

GELLERT, SHEPARD; 1976
Mixed Emotions. Transactional Analysis Journal, Vol 6, 129-130

GERLACHER, CHRISTIANE; STUMPF, DR. SIEGFRIED; 2002
Macht und Veränderung in Organisationen, Zeitschrift für Transaktionsanalyse, 2, 93-116

GETTY, R.E.; 1978
Recycling von Strokes – Ein gesundheitsförderndes Verfahren. Neues aus der Transaktionsanalyse, 2, 26-27

GILLESPIE, JOHN A.; 1976
Feelings in the Adult Ego State. Transactional Analysis Journal, Vol 6, 69-72

GOLEMAN, DANIEL; 1995
Emotional Intelligence: Why it can matter more than IQ. New York, Bantham (Emotionale Intelligenz. München, Hanser, 1996)

GOLEMAN, DANIEL; 1998
Working with Emotional Intelligence. New York, Bantham

GOULDING, MARY; GOULDING, ROBERT; 1979
Changing Lives through Redecision Therapie. New York, Brunner, (Neuentscheidungstherapie. Stuttgart, Klett-Cotta, 4. Auflage, 1992 (1981))

GOULDING, MARY; 1985
Who's Been Living in Your Head? – Fun and Easy Ways to Stop Being Your Own Enemy and Start Being Your Own Best Ally, o.A., o.A., (‚Kopfbewohner' oder: Wer bestimmt Dein Denken? – Wie Du die Feindschaft gegen Dich selbst mit Spaß und Leichtigkeit in Freundschaft verwandelst. Paderborn, Junfermann, 1988)

GOVINDA, KALASHATRA; 1999
Atlas der Chakras – Der Weg zu Gesundheit und spirituellem Wachstum. München, Uhlstein Heyne List, 8. Auflage 2003

GOVINDA, KALASHATRA; 2002
Chakra Praxishandbuch. München, Ludwig Verlag

GRIEGER-LANGER, SUZANNE; 1993
Shoden – 1. Reiki-Grad. Aktivierung körperlicher Energie. Unveröffentlichtes Seminarmaterial

GRIEGER-LANGER, SUZANNE; 1994
Okuden – 2. Reiki-Grad. Aktivierung psychischer Energie. Unveröffentlichtes Seminarmaterial

GRIEGER-LANGER, SUZANNE; 1995
Shinpiden – 3. Reiki-Grad. Aktivierung spiritueller Energie. Unveröffentlichtes Seminarmaterial

GRIEGER-LANGER, SUZANNE; 1995
Shihan – 4. Reiki-Grad. Lehrberechtigung im Usui-System der natürlichen Heilung. Unveröffentlichtes Seminarmaterial

GRIEGER-LANGER, SUZANNE; 1997
Transaktionsanalyse: Emotionale Kompetenz mit individuellen Fördermaßnahmen im Unterricht der Primarstufe. Diplom-Arbeit, Universität Bielefeld, Fakultät für Pädagogik

GRIEGER-LANGER, SUZANNE; 2000
Die 7 Säulen der Macht®. Von der Führungskraft zur Führungspersönlichkeit. Unveröffentlichtes Trainingsmaterial

GROBI & SEINE FREUNDE FEAT. SPACE ERNIE; 1995
Der die das (Original TV Mix), Boy Records

GROSS, STEFAN F.; 1997
Beziehungsintelligenz® - Talent und Brillanz im Umgang mit Menschen. Landsberg/Lech, Verlag Moderne Industrie

GÜHRS, MANFRED; NOWAK, CLAUS; 1991
Das konstruktive Gespräch. Ein Leitfaden für Beratung, Unterricht und Mitarbeiterführung mit Konzepten der Transaktionsanalyse. Meezen, Limmer Verlag, 5. Auflage (2002)

GÜHRS, MANFRED; NOWAK, CLAUS; 2003
Training Gesprächsführung. Trainingshandbuch zur konstruktiven Gesprächsführung. Meezen, Limmer Verlag, 5. Auflage (2002)

GÜNDEL, JÜRGEN; 1989
Nimm nichts wahr, sondern (!) denke und arbeite; Psychische Einflüsse bei Krebs und Burnout. Lesebuch der Kongressbeiträge des 10. Kongresses der Deutschen Gesellschaft für Transaktionsanalyse, Regensburg

GYATSO, TENZIN SEINE HEILIGKEIT DER XIV. DALAI LAMA; 1999
Ehtics for the new Millennium. New York, Riverhead Books, (Das Buch der Menschlichkeit, eine neue Ethik für unsere Zeit. Berglisch Gladbach, Bastei Lübbe, 2002)

GYATSO, TENZIN SEINE HEILIGKEIT DER XIV. DALAI LAMA; 2001
The Compassionate Life. Somersville USA, Wisdom Publications (Die Kraft der Menschlichkeit. Berlin, Theseus, 2003)

HARBISON, HELEN; 1978
TA and Cancer. Transactional Analysis Journal, 8,

HAUSER, HANS-GEORG; 1991
Unternehmenskultur aus transaktionsanalytischer Sicht. Zeitschrift für Transaktionsanalyse, 4, 179-192

HAY, LOUISE L.; 1983
Heal Your Body. Santa Monica, Hay House Inc. (Heile deinen Körper. Freiburg i. Br., Lüchow, 19. Auflage (1990)

Hay, Julie; 1992
Transactional Analysis for Trainers. London, McGraw-Hill

Henderson, Mary; 1997
Star Wars. The Magic of Myth. Bantam Books (Star Wars – Magie und Mythos: die phantastischen Welten des George Lucas und ihre Ursprünge. Köln, vgs, 1998

Hennig, Grudrun; Pelz, Georg; 2002
Transaktionsanalyse: Lehrbuch für Therapie und Beratung. Paderborn, Junfermann

Heyer, N. Robert; 1979
Development of a questionnaire to measure ego states with some applications to social and comparative psychiatry. Transactional Analysis Journal, 9, 9-19

Horn, Paula; 1989
Die Reiki-Kraft. Ein Handbuch für persönliche und globale Transformation. Aitrang, Windpferd 3. Auflage (1990)

Hullmann, Almut; Weber, Susanne; 1995
Im Dschungel des Berufsalltags – Ein Kompass für Ihre Kommunikation und Zusammenarbeit. München, Lexika

Jensen, Klaus; 1988
Zur Gefühlsambivalenz – Eine Form des Widerstands? Psychotherapeutische Gruppendynamik, 24, 43-52

Johns, H.D.; 1974
Three Pots of Anger. Transactional Analysis Journal, 4, 18-22

Jongeward, Dorothy; Blakeney, Roger N.; 1979
Guidelines of Organizational Applications of Transactional Analysis. Transactional Analysis Journal, 9, 174-178 (Leitlinien für die Anwendung von Transaktions-Analyse in Organisationen. Zeitschrift für Transaktionsanalyse, 4, 141-148, 1988)

Jung, Carl Gustav; 1971
Archetypen. München, dtv, 10. Auflage (2003)

Kälin, Karl; Müri, Peter; 1985
Se diriger soi-meme et diriger les autres. Muri pres Berne, Edition Cosmos (Sich und andere führen. Psychologie für Führungskräfte und Mitarbeiter. Thun, Ott Verlag, 12. Auflage (2000))

Kahler, Taibi; Capers, Hedges; 1974
The Miniskript. Transactional Analysis Journal, 4, 26-42

Kahler, Taibi; 1975
Drivers: The Key to the Process of Scripts. Transactional Analysis Journal, 5, 280-284

Karpman, Stephen; 1968
Fairy Tales and Script Analysis. Transactional Analysis Bulletin, 7, 39-53

Kiltz, Rolf Reiner; 1991-2005
Unveröffentlichte Seminarmitschriften, Detmolder Seminare

Kleemann, Joseph; 1979
Spielfreie Wirtschaft: Über Verkaufen und Kaufen hinaus. Neues aus der Transaktionsanalyse, 3, 126-130

Köster, Reinhard; 1999
Von Antreiber-Dynamiken zur Erfüllung grundlegender Bedürfnisse. Zeitschrift für Transaktionsanalyse, 4, 145-169

Kouwenhoven, Maarten; Kiltz, Rolf Reiner; Elbing, Ulrich; 2002
Schwere Persönlichkeitsstörungen: Transaktionsanalytische Behandlung nach dem Cathexis-Ansatz. Wien, Springer

Krausz, Rosa R.; 1989
Macht und Führung in Organisationen. Zeitschrift für Transaktionsanalyse, 2-3, 92-108

Kreyenberg, Jutta; 1997
Überlegungen zum Nutzen der Konzepte ‚Passivität und Symbiose' in der Unternehmensentwicklung. Zeitschrift für Transaktionsanalyse, 3, 98-117

Kreyenberg, Jutta; 1999
Machtspiele im Betrieb. Zeitschrift für Transaktionsanalyse, 4, 185-199

Kreyenberg, Jutta; 2001A
Grundhaltung von Führungskräften und Kommunikationsstile. e-book, www. active-books.de

Kreyenberg, Jutta; 2001B
Emotionale Kompetenz in Veränderungsprozessen. e-book, www. active-books.de

Kreyenberg, Jutta; 2002A
Macht und Machiavelli. Zeitschrift für Transaktionsanalyse, 1, 64-73

Kreyenberg, Jutta; 2002B
Auch Führungskräfte brauchen Streicheleinheiten. e-book, www. active-books.de

Kreyenberg, Jutta; 2003
Arbeitsstil- und Kommunikationsanalyse mit Hilfe von AKA. Zeitschrift für Transaktionsanalyse, 4, 185-199

Kübler-Ross, Elisabeth; 1980A
Leben, Tod und Übergang. Vortragsmitschnitt, Stuttgart

Kübler-Ross, Elisabeth; 1980b
Neuer Mut zum Leben. Vortragsmitschnitt, Stuttgart

L'Abate, L.; 1978
An experminatal paper-and-pencil test for assessing ego states. Transactional Analysis Journal, 8, 262-265

Laotse; o. A.
Die stärkste Heilkraft auf Erden (freie überlieferte Übersetzung)

Levin, Pamela R. N.; 1973
A ‚Think Structure' for Feeling Fine Faster. Transactional Analysis Journal, 3, 38-39

Levin, Pamela R. N.; 1974
Becoming the way we are: An introduction to personal development in recovery and in life. Health Communications, Deerfield Beach

Levin, Pamela R. N.; 1982
The Cycle of Development. Transactional Analysis Journal, 12, 129-139

Levin, Pamela R. N.; 1988
Cycles of Power: A Users's Guide to the Seven Seasons of Life. Health Communications, Deerfield Beach

Levin, Pamela R. N.; 1994
Developmental Aspects of Anger. The Script, 24, 1-10

Loomis, Maxine; 1982
Contracting for change. Transactional Analysis Journal, 12, 51-55

Lübeck, Walter; 1990
Das Reiki-Handbuch. Aitrang, Windpferd, 2. Auflage (1991)

Lübeck, Walter; 2000
Das Reiki-Kompendium. Aitrang, Windpferd, 2. Auflage (2002)

Lüthie, Peter; 2004
Gedanken zur Intimität und zum Experiment von Eric Berne. Zeitschrift für Transaktionsanalyse, 1, 39-53

May, Dorothy; 2000
Archetypal Reiki – Spiritual, emotional & physical healing. North Clarendon, USA, Tuttle Publishing (Reiki-Karten. Freiburg i. Br., Bauer)

McCarley, D. G.; 1975
Manual for ego state inventory (ESI). Chicago: Stoelting Company

McKenna, Jim; 1978
Stroke-Profil – Anwendung auf die Skriptanalyse. Neues aus der Transaktionsanalyse, 2, 31-34

Mellor, Ken; Schiff, Eric; 1977
Redefinieren – Umdeuten. Neues aus der Transaktionsanalyse, 3, 140-149

Mellor, Ken; Schiff, Eric; 1977
Missachten (Abwerten, discount). Neues aus der Transaktionsanalyse, 3, 133-139

Mescavage, Alexandra; Silver, Claudia; 1979
„Streng dich an" und „Mach's mir zuliebe". Neues aus der Transaktionsanalyse, 3, 177-180

Mohr, Günther; 1996
Führungsbeziehungen: ein systemischer Zusammenhang in Unternehmen. Zeitschrift für Transaktionsanalyse, 2-3, 83-97

Mohr, Günther; 1999
Führungskräftesupervision. Zeitschrift für Transaktionsanalyse, 1-2, 51-71

Mohr, Günther; 2002
Macht aus systemischer Sicht. Zeitschrift für Transaktionsanalyse, 2, 143-148

Motoyama, Dr. Hiroshi; 1980
Chakra-Physiologie – Die subtilen Organe des Körpers und die Chakra-Maschine. Freiburg i.Br., Aurum

Nehoda, Hans; 2002
Ethik bei Führungskräften – ein Ost-West-Vergleich. Aachen, Shaker Verlag

Nelson, Portia; 1993
Autobiography in five short Chapters. In: There's a hole in my sidewalk. Beyond Words Publishing, Hillsboro Oregon USA, (freie deutsche Übersetzung)

Novey, Theodore B.; 1979
Management ist ‚in die mittleren Jahre gekommen: Mittel-Management Melancholie. Neues aus der Transaktionsanalyse, 3, 102-115

Orten, James; 1978
Beiträge zum Stroke-Vokabular. Neues aus der Transaktionsanalyse, 2, 23-25

Peterson, Gary; 1976
Feelings and Sickness. Transactional Analysis Journal, 6, 73-77

Petzold, Hilarion (Hrsg.); 1981
Das Konzept des Widerstands in der modernen Psychotherapie. In: Widerstand ein strittiges Konzept der Psychotherapie, Paderborn, Junfermann

Preukschat, Oliver; 2003
Warum gerade fünf? Ein neues Licht auf die Antreiber, ihren Status und Ursprung. Zeitschrift für Transaktionsanalyse, 1, 5-35

PRICE, D. A.; 1975
A paper and pencil instrument to measure ego states. Transaktional Analysis Journal, 5, 242-246

RAKAVAN, DR.; O.A.
4 Stufen zur Befreiung (moksa). Kerala (Indien)

RUBIN, Z.; 1973
Liking and Loving: an Invitation to Social Psychology. New York, Holt, Rinchard & Winston

RÜTTINGER, ROLF; KRUPPA, REINHOLD; 1998
Übungen zur Transaktionsanalyse: Praxis der Transaktionsanalyse in Beruf und Organisation. Hamburg, Windmühle

RÜTTINGER, ROLF; O. A.
Transaktions-Analyse. Frankfurt Main, Verlag Recht und Wirtschaft (9. Auflage 2005)

RUPERTINI, A.; 1978
Cycles of becoming, the planetary pattern of growth. Transactional Analysis Journal, 8, 117-118

SAMUELS, SOLON D.; 1978
Stroke-Strategie: Die Basis der Therapie. Neues aus der Transaktionsanalyse, 2, 22-25

SCHARFETTER, CHRISTIAN; 1994
Der spirituelle Weg und seine Gefahren. Stuttgart, Enke

SCHEIBER, WOLFGANG; 2002
Emotionale Intelligenz steigert die Führungsqualität. e-book, www. active-books.de

SCHIBALSKI, BERNHARD; 1984
Persönlichkeitsentwicklung und Organisationsziele: ein Widerspruch? Zeitschrift für Transaktionsanalyse, 1, 33-42

SCHIBALSKI, BERNHARD; 1989
Transaktions-analytische Ansätze der Führungskräfte-Entwicklung. Zeitschrift für Transaktionsanalyse, 2-3, 120-133

SCHIBALSKI, BERNHARD; 1991
Verträge – Kläranlage der Kommunikation. Zeitschrift für Transaktionsanalyse, 1, 37-45

SCHIBALSKI, BERNHARD; 1991
Ethik in Wirtschaftsorganisationen – die Beteiligten und ihre Verantwortung. Zeitschrift für Transaktionsanalyse, 4, 163-168

SCHIBALSKI, BERNHARD; 1991
Ethik in Wirtschaftsorganisationen – die Quellen der Macht entdecken. Zeitschrift für Transaktionsanalyse, 4, 169-178

SCHIFF, JACQUI LEE; 1980
A Discussion of Ego State Pathology. unveröffentlichtes Skript

SCHLEGEL, LEONHARD; 1990
Missachtung und Ausblendung (auch: Abwertung; engl.: Discounting). Zeitschrift für Transaktionsanalyse, 1, 23-31

SCHLEGEL, LEONHARD; 1992
Überblick über das Modell der Ich-Zustände nach Berne. Zeitschrift für Transaktionsanalyse, 2/3, 33-58

SCHLEGEL, LEONHARD; 1993
Die Transaktionale Analyse. Tübingen & Basel, Francke, 4. Auflage (1995)

SCHLEGEL, LEONHARD; 1993
Handwörterbuch der Transaktionsanalyse. Sämtliche Begriffe der TA praxisnah erklärt. Freiburg i. Br., Herder

SCHLEGEL, LEONHARD; 2001A
Gedanken zum „Erwachsenen-Zustand der ‚integrierten' Person" nach Berne. Zeitschrift für Transaktionsanalyse, 3, 77-90

SCHLEGEL, LEONHARD; 2001B
Der theoretische Hintergrund des O.K.-Korrals von Franklin Ernst als Umdeutung des Begriffs der Grundeinstellungen nach Berne. Zeitschrift für Transaktionsanalyse, 4, 174-188

SCHMID, BERND; 1986
Theorie, Sprache und Intuition. Zeitschrift für Transaktionsanalyse, 2, 73-77

SCHMID, BERND; FAUSER, PETER; 1989
Kontext-Bewusstsein und Fokusbildung in einem Trainingsseminar. Zeitschrift für Transaktionsanalyse, 1, 33-45

SCHMID, BERND; 1991
Auf der Suche nach der verlorenen Würde. Kritische Argumente zur Ethik und zur Professionalität in Organisationen. Institutsschriften des Institutes für Systemische Beratung, Wiesloch, www.systemische-professionalitaet.de

SCHMID, BERND; 1997
Hat die Personalarbeit den Menschen aus den Augen verloren? Zeitschrift für Transaktionsanalyse, 4, 180-193

SCHMID, BERND; HIPP, JOACHIM.; 2000
Antreiber-Dynamiken: Persönliche Inszenierungsstile und Coaching. Institutsschriften des Institutes für Systemische Beratung, Wiesloch, www.systemische-professionalitaet.de

SCHMID, BERND; MESSMER, ARNOLD; 2002
Macht und Autorisierung. Institutsschriften des Institutes für Systemische Beratung, Wiesloch, www.systemische-professionalitaet.de

SCHNEIDER, EBERHARD; 1990
Arbeit mit dem Discounting-Konzept bei der Therapie mit arbeitslosen Alkoholikern. Zeitschrift für Transaktionsanalyse, 3, 120-134

SCHNEIDER, JOHANN; 1987
Zuwendungsprofil: Eine Erweiterung des Stroke-Profils von McKenna. Zeitschrift für Transaktionsanalyse, 2, 90-94

SCHNEIDER, JOHANN; 1997
Dreistufenmodell transaktionsanalytischer Beratung und Therapie von Bedürfnissen und Gefühlen. Zeitschrift für Transaktionsanalyse, 1-2, 66-83

SCHNEIDER, JOHANN; 2000
Supervidieren und Beraten lernen. Praxiserfahrene Modelle zur Gestaltung von Beratungs- und Supervisionsprozessen. Paderborn, Junfermann

SCHNEIDER, JOHANN; 2002
„Von der Kunst erwachsen zu handeln" – Die Ethos, Pathos- und Logosqualitäten der Erwachsenen-Ich-Zustände und die Auflösung und Transformation von Eltern- und Kind-Ich-Zuständen. Zeitschrift für Transaktionsanalyse, 4, 148-164

SCHNEIDER, JOHANN; 2004
Das dynamische Handlungspentagon – Dynamik und Struktur des Getriebenseins, eine Weiterentwicklung der Antreibertheorie. www.active-books.de

SCHULZ-WALLENSTEIN, UWE H.; 2004
Betrachtungen zur transaktionsanalytischen Autonomie. Zeitschrift für Transaktionsanalyse, 1, 16-25

SEIDL; CONRAD; BEUTELMEYER, WERNER; 1999
Die Marke Ich® – so entwickeln Sie Ihre persönliche Erfolgsstrategie. Wien/Frankfurt, Ueberreuther

SEIFERT, ANGELA HRSG.; 1996
Ethik in Beziehungen. Frankfurt Main, Henrich Verlag

SHAPIRO, LAWRENCE E.; 1998
EQ für Kinder. Wie Eltern die Emotionale Intelligenz ihrer Kinder fördern können. München, dtv

SHARAMON, SHALILA; BAGINSKI, BODO J.; 1985
Reiki - Universale Lebensenergie. Essen, Synthesis, 8. Auflage (1990)

SHARAMON, SHALILA; BAGINSKI, BODO J.; 1998
Das Chakra-Handbuch. Aitrang, Windpferde, 47. Auflage (2003)

SPITZ, RENÉ; 1957
Die Entstehung der ersten Objektbeziehung. Stuttgart, Klett

SPONSEL, T.S.; 1983
The construction and implementation of clinical staff programm for a christian child care institution. Doctoral Dissertation, Mill Valley, CA: Golden Gate Baptist Theological Seminary

SRI AUROBINDO, DIE MUTTER; 1968
Über die Liebe. Sri Aurobindo Ashram Publication Department, Pondicherri Südindien, 4. Auflage (1995), Text 63, S. 52

STARY, JOACHIM; KRETSCHMER, HORST; 1994
Umgang mit wissenschaftlicher Literatur. Frankfurt Main, Cornelsen

STEINER, CLAUDE, 1974
Scripts People live. New York, Grove Press (Wie man Lebenspläne verändert – Die Arbeit mit Skripts in der Transaktionsanalyse. Paderborn, Junfermann, 8. Auflage 1991(1982))

STEINER, CLAUDE; 1977
The original Warm Fuzzy Tale. Rolling Hills Estates CA, Jalmar Press

STEINER, CLAUDE; 1978
Die Stroke-Ökonomie. Neues aus der Transaktionsanalyse, 2, 15-20

STEINER, CLAUDE, 1981
The Other Side of Power. New York, Grove Press (Macht ohne Ausbeutung – Zur Ökologie zwischenmenschlicher Beziehungen. Paderborn, Junfermann, 4. Auflage 1998(1985))

STEINER, CLAUDE; 1984
Emotional Literacy Training: The Application of Transactional Analysis to the Study of Emotions. Transactional Analysis Journal, 26, 31-39

STEINER, CLAUDE; 1984
Emotional Literacy. Transactional Analysis Journal, 14, 162-173

STEINER, CLAUDE; 1987
The seven sources of power: an alternative to authority. Transactional Analysis Journal, 17, 102-104

STEINER, CLAUDE; 1997
Achieving Emotional Literacy, New York, Avon Books, (Emotionale Kompetenz. München, Carl Hanser Verlag 1997)

STEINER, CLAUDE; 1998
Emotionale Kompetenz. Unveröffentlichtes Seminarmaterial

STEWARD, IAN; JOINES, VANN; O. A.
TA Today. o.A., o.A. (Die Transaktionsanalyse – eine neue Einführung in die TA. Freiburg i.Br., Herder, 3. Auflage 1993 (1990))

TEMERE, S.; 1986
A correlational study between the ego state variables of a manager and work climate variables. Master's Thesis. Detroit, MI: Wayne State University

THOMSON, G.; 1972
The identification of ego states. Transactional Analysis Journal, 2, 196-211

THOMSON, GEORGE; 1983
Fear, Anger and Sadness. Transactional Analysis Journal, 13, 20-24

THORNE, S.; FARO, S.; 1980
The ego state scale: A measure of psychopathology. Transactional Analysis Journal, 10, 49-52

VANDERBURGH, JAN; 1979
Enttrüben von Konkurrenz. Neues aus der Transaktionsanalyse, 3, 158-162

VELLGUTH, KLAUS (HG.); 2002
Ein Lied nicht für Duckmäuser (Psalmnachdichtung Peru) In: Wo die Sehnsucht Heimat findet. Gebete aus der jungen Kirche, Kevelear: Butzon & Bercker/Aachen, München: missio, 2002

VOGELAUER, WERNER; 1991
Unternehmenskultur aus transaktionsanalytischer Sicht – ‚Organisationspersönlichkeit und Organisationsskript'. Zeitschrift für Transaktionsanalyse, 2,138-142

VOGELAUER, WERNER; 1999
Organisationsveränderung, -entwicklung und -erstarrung. Zeitschrift für Transaktionsanalyse, 3, 104-118

VOGLER, CHRISTOPH; 1992
The Writer's Journey. Mythic structure for storytellers and screenwriters. London, Pan Books, 2. edition

WAIBLINGER, ANGELIKA; 1989
Neurosenlehre der Transaktionsanalyse. Berlin, Springer

WALLGREN, KENNETH R.; 1989
Ein Diagramm für Grundpositionen der Betriebsführung (Managerial Corral). Zeitschrift für Transaktionsanalyse, 1,. 27-32

WATZLAWICK, PAUL; U.A.; 1969
Menschliche Kommunikation. Bern, Huber

WATZLAWICK, PAUL; 1983
Anleitung zum Unglücklichsein. München, Pieper

WEIL, THOMAS; 1986
Vom Umgang mit dem Widerstand des Klienten in der Therapie. Zeitschrift für Transaktionsanalyse, 1, 17-24

WHITE, TONY; 1996
Character Feelings. Transactional Analysis Journal, 26, 167-174

WIEDEMANN-BORNÉ; MONIKA; 1990
Krebs – eine Möglichkeit ‚ohne böse zu sein' aus einer destruktiven Beziehung auszusteigen – oder ein neue letzte Chance zu leben? In: Sell, Matthias (Hrsg.): Lesebuch der Kongressbeiträge des 11. Kongresses der DGTA

WILLIAMS, J., WATSON, J.; WALTERS, P. III; ; 1983
Construct validity of ego states. Transactional Analysis Journal, 13, 43-49

WOOLLAMS, STANLEY J.; 1978
Wenn weniger Strokes besser sind. Neues aus der Transaktionsanalyse, 2, 35-36

GRIEGER-LANGER
COACHING

- **PROFILING** (CHARACTER & COMPORTMENT PROFILING)
- **COACHING** (CXOs ONLY)
- **TRAINING** (INHOUSE & OPEN ENROLLMENT)

WWW.GRIEGER-LANGER.DE

Werden Sie immun gegen Machtspiele!

SUZANNE GRIEGER-LANGER · DIE TRICKS DER TRICKSER · 128 Seiten, kart. · € (D) 16,90 · ISBN 978-3-87387-786-3

IMMUNITÄT GEGEN MACHENSCHAFTEN, MANIPULATION UND MACHTSPIELE

SUZANNE GRIEGER-LANGER

»Die Tricks der Trickser«

Immunität gegen Machenschaften, Manipulation und Machtspiele

Sie werden an die Wand gespielt? Frech umdribbelt oder gar gefoult? In der Vergangenheit haben Sie erlebt, wie es ist, wenn man die Spielregeln des kleinen und großen Machtpokers nicht kennt.

Sie wollen Fair Play? Nun, mit netten Bitten und gutem Zureden kommen Sie nicht weiter. Und jetzt ist guter Rat teuer? Keineswegs! Machtspiele folgen einfachen Regeln, und klaren Strukturen. Je nach Spieltyp reduzieren sich die Spielzüge zu einem übersichtlichen Set an Varianten. In diesem Buch erhalten Sie Übersicht über:

- die gängigen Machtspiele,
- deren Spielregeln,
- Spiel(er)-Typen,
- Machtspiel-Stopper,
- Joker zum Bluffen,
- galante Paraden und
- Kooperationsvarianten.

Kurz: Nach der Lektüre dieses Buches sind Sie fit für die Arena, denn Sie können jetzt nicht nur mithalten, sondern selbst das Spiel fair bestimmen.

Suzanne Grieger-Langer ist wissenschaftliche Lehrbeauftragte, Persönlichkeitstrainerin, Coach und verdeckter Profiler. Seit 1993 entwickelt sie Führungskräfte zu Führungspersönlichkeiten.